Außergerichtliches Verbraucherinsolvenzverfahren

Rechtstatsachenforschung

Herausgegeben vom Bundesministerium der Justiz

Bundesanzeiger

Außergerichtliches Verbraucherinsolvenzverfahren

Anforderungs- und Ausstattungsprofil der Schuldnerberatungsstellen
Ausgestaltung des außergerichtlichen Vergleichs

Gutachten des Instituts Für Finanzdienstleistungen e. V. (IFF)
im Auftrag des
Bundesministeriums der Justiz
und der
Arbeitsgemeinschaft der Verbraucherverbände e. V. (AgV)
erstellt von

Ass. jur. Susanne Veit und Prof. Dr. Udo Reifner

Bundesanzeiger

Die Deutsche Bibliothek – CIP-Einheitsaufnahme

Veit, Susanne:
Außergerichtliches Verbraucherinsolvenzverfahren : Anforderungs- und Ausstattungsprofil der Schuldnerberatungsstellen ; Ausgestaltung des außergerichtlichen Vergleichs ; Gutachten des Instituts für Finanzdienstleistungen e. V. (IFF) / erstellt von Susanne Veit und Udo Reifner. Im Auftr. des Bundesministeriums der Justiz und der Arbeitsgemeinschaft der Verbraucherverbände e. V. (AgV). – Köln : Bundesanzeiger, 1998
(Rechtstatsachenforschung)
ISBN 3-88784-841-1

ISBN 3-88784-841-1

Lektorat: D. Venator
Herstellung: U. Mähren
Satz: Fotosatz Froitzheim AG, Bonn
Druck und buchbinderische Verarbeitung: Druckerei Locher GmbH, Köln
Printed in Germany

Inhaltsverzeichnis

Geleitwort

Das Verbraucherinsolvenzverfahren und die Restschuldbefreiung sind die wesentlichen sozialpolitischen Neuerungen der am 1. Januar 1999 in Kraft tretenden Insolvenzordnung. Angesichts von annähernd 2 Mio. überschuldeten Haushalten ist es ein ganz zentrales Anliegen der Bundesregierung, den Betroffenen eine realistische Chance zu eröffnen, sich in absehbarer Zeit aus dem „modernen Schuldnern" zu befreien. Wird den überschuldeten Menschen diese Perspektive versagt, so besteht die Gefahr, daß sie resignierend überhaupt keiner Beschäftigung nachgehen oder in die Schattenwirtschaft abtauchen.

Im Gesetzgebungsverfahren wurde das Verbraucherinsolvenzverfahren durch den Rechtsausschuß des Deutschen Bundestages völlig neu konzipiert und der außergerichtlichen Einigung zwischen Schuldner und Gläubigern der Vorrang eingeräumt. Der Ausschuß verfolgte dabei das Ziel, den besonderen Bedürfnissen der Verbraucher Rechnung zu tragen und die Gerichte soweit wie möglich zu entlasten.

Das Verbraucherinsolvenzverfahren wird nur dann den berechtigten Erwartungen der überschuldeten Menschen gerecht, wenn die einzelnen Fälle in überschaubarer Zeit abgewickelt werden können. Dies ist jedoch nur dann möglich, wenn die Mehrzahl der Verfahren im Wege einer gütlichen Einigung erledigt werden kann. Mit dem vorliegenden Gutachten sollen deshalb Möglichkeiten aufgezeigt werden, wie im Wege von Verhandlungen Lösungen angestrebt werden können, die sowohl den Interessen des Schuldners als auch denen der Gläubiger gerecht werden. Dabei war ein besonderes Augenmerk darauf zu richten, wie ein solcher Vergleich auch dann zu Ende geführt werden kann, wenn sich die wirtschaftlichen Verhältnisse des Schuldners nach der Einigung mit den Gläubigern weiter verschlechtern. Der zweite Schwerpunkt des Gutachtens betraf die Frage, wie die Schuldnerberatungsstellen beschaffen sein sollen, die als geeignete Stellen im Sinne der Insolvenzordnung die gütliche Einigung fördern und deren etwaiges Scheitern ggf. dokumentieren sollen. Dabei war etwa der Frage nachzugehen, welche berufliche Qualifikation der Leiter oder ein sonst verantwortlicher Mitarbeiter der Stelle besitzen soll. In diesem Zusammenhang mußte auch berücksichtigt werden, wie eine sachgerechte rechtliche Beratung der Betroffenen sichergestellt werden kann.

Es ist zu hoffen, daß das vorliegende Gutachten im Interesse der überschuldeten Menschen dazu beitragen wird, das Verfahren so effektiv auszugestalten, daß in einer möglichst großen Zahl von Fällen bereits im vorgerichtlichen Stadium eine befriedigende Lösung gefunden werden kann.

Dr. Klaus Wimmer
Bundesministerium der Justiz

Vorwort

Das nachfolgende Gutachten wurde vom Institut Für Finanzdienstleistungen e. V., Hamburg, erstellt. Es möchte fachlich Interessierten einen Einblick gewähren in die neue Gesetzeslage, die von der Schuldnerberatung eine sinnvolle außergerichtliche Einigung im Rahmen der Schuldnerbereinigung verlangt. Es will darüber hinaus Anstöße geben, wie Schuldnerberatungsstellen organisatorisch arbeiten können und schließlich allen an der Einigung Beteiligten Vorschläge machen, wie sie die außergerichtlichen Verhandlungen mit Hilfe von Computern und „Allgemeinen Geschäftsbedingungen" gestalten können. Wir hoffen, daß wir einige Anregungen für eine erfolgreiche Arbeit mit der neuen Insolvenzordnung geben können.

Bei der Anfertigung des Gutachtens war das Gespräch und die Beratung durch die Kollegen und Kolleginnen vom Institut Für Finanzdienstleistungen e. V. mit den dort gesammelten und erstellten Materialien aus den wissenschaftlichen Tätigkeiten zum Thema der Schuldnerberatung und Insolvenzordnung wichtige Grundlage. Insbesondere konnte auf die Vorarbeiten des bereits im Jahr 1993 im Auftrag der Wohlfahrtsverbände zur damals noch im Planungsstadium befindlichen neuen Insolvenzordnung erstellten Gutachtens[1] zurückgegriffen werden. Es war aufgrund dieses Gutachtens, daß in die Insolvenzordnung ein Verfahren speziell für den Verbraucher aufgenommen wurde, in dem die außergerichtliche Einigung, um die es in diesem Buch geht, eine herausragende Stellung bekam.

Das Gutachten wurde in enger Zusammenarbeit und zahlreichen Diskussionen möglicher Ergebnisse und Ausrichtungen gemeinsam von Ass. jur. Susanne Veit und Prof. Dr. Udo Reifner erstellt.

Auf der Grundlage des Konzepts von Udo Reifner und der Antragstellung beim Bundesministerium der Justiz und der Arbeitsgemeinschaft der Verbraucherverbände konnte die Realisierung gesichert werden. Nach Auftragserteilung hat Susanne Veit die Ausarbeitung des Gutachtens übernommen und über die bereits vorhandene Konzeption eigene Schwerpunkte gesetzt. Im einzelnen stammen die Kapitel I. A und D, II. A–D, III. B–D, IV. A von Susanne Veit, die Kapitel I. B und C, II., D III und E, III. A von Udo Reifner.

Der Bericht wäre ohne eine Vielzahl von Unterstützern nicht zustande gekommen. So sei an dieser Stelle herzlichen Dank gesagt für die kollegiale Aufnahme von Susanne Veit in den Arbeitskreis Insolvenz (AK-InsO)[2], in dem zahlreiche Informationen, Diskussionen und Anregungen erfolgten, ohne die das Gutachten nicht in dieser umfassenden und vor allem praxisbezogenen Form hätte entstehen können.

Weiter möchten wir uns bei Ulf Groth uns Hans Peter Ehlen vom Förderverein Schuldenberatung e. V. in Bremen bedanken, die uns immer mit Rat und Tat zur Seite standen und vor allem zum Gelingen des Kapitels II. D. 2a beigetragen haben.

Besondere Verwendung fand im Gutachten das vom IFF entwickelte Computerprogramm CAWIN, das in etwa 700 Schuldnerberatungsstellen verwendet wird und nun in der neuen Version 4.1 erhältlich ist. Angesichts der Tatsache, daß bei dem zu erwartenden erheblichen Arbeitszuwachs eine effiziente Arbeit der Beratungsfachkräfte – seien es Schuldnerberater oder Anwälte – ohne EDV überhaupt nicht mehr möglich ist, wird ihnen damit ein Instru-

1 Vgl. Reifner, U./Brutschke, H., Alternativentwurf zum Regierungsentwurf einer Insolvenzordnung, erstellt im Auftrag der Verbraucherverbände e. V., der Bundesarbeitsgemeinschaft der freien Wohlfahrtspflege e. V., der Bundesarbeitsgemeinschaft Schuldnerberatung e. V. sowie dem deutschen Gewerkschaftsbund, Hamburg 1993 (erhältlich bei den Wohlfahrtsverbänden und dem IFF).

2 Der AK-InsO ist ein Arbeitskreis der Arbeitsgruppe Schuldnerberatung der Verbände (AG SBV), der die für die Schuldnerberatung zuständigen Referent/-innen der Spitzenverbände der Freien Wohlfahrtspflege bzw. von ihnen delegierte Vertreter/-innen sowie je ein/e Vertreter/in der Arbeitsgemeinschaft der Verbraucherverbände und der Bundesarbeitsgemeinschaft Schuldnerberatung angehören. Die AG SBV existiert seit April 1995. Sie hat es sich zur Aufgabe gestellt, trägerübergreifende Belange der Schuldnerberatung wahrzunehmen.

ment zur Verfügung gestellt, mit dem sie ihre Klienten und Mandanten sozial angemessen, effizient und rechtssicher beraten können. Detaillierte Simultationen – wie im Gutachten unter IV. C. dargestellt – zeigen, mit welchen Zuflüssen Gläubiger in der Treuhandphase rechnen können und welche Belastungen sich hierdurch beim Schuldner ergeben. Auch die notwendigen statistischen Aufgaben können mit CAWIN – wie das Kapitel II. D 3a beschreibt – sinnvoll erledigt werden.

Das hier vorliegende Gutachten befindet sich auf dem Stand von März 1997. Seitdem hat sich einiges getan; das Datum des Inkrafttretens der neuen Insolvenzordnung rückt mit dem 1. 1. 1999 schnell näher. Die ersten Länder haben Ausführungsgesetze gem. § 305 InsO erlassen, von denen uns bei Erstellung des Gutachtens erst die Entwürfe vorlagen. Nordrhein-Westfalen hat den hier vorgestellten Entwurf wieder zurückgezogen. Die jetzigen Entwürfe bzw. verabschiedeten Landesgesetze entsprechen im wesentlichen dem hier eingearbeiteten Mustergesetzentwurf der Bund-Länder-AG. Im einzelnen sind sie bei den Bundesländern abzufragen. Die Finanzierung zusätzlicher Schuldnerberatungsstellen ist bisher noch in wenigen Bundesländern gesichert.

Hamburg, den 3. August 1998

Susanne Veit
Udo Reifner

Kurzfassung

Die vom Deutschen Bundestag verabschiedete Insolvenzordnung, die 1999 in Kraft treten soll, sieht zwei Verfahren der Restschuldbefreiung für Privatpersonen vor:

Den traditionellen Privatkonkurs, bei dem nach Vermögensaufteilung unter die Gläubiger und einer siebenjährigen Wohlverhaltensperiode, bei der das pfändbare Einkommen an die Gläubiger abzutreten ist, eine Restschuldbefreiung eintritt, sowie ein zwingend vorgeschriebenes außergerichtliches Verfahren, das in einem Vergleich mit den Gläubigern münden kann, wobei unter Umständen richterliche Hilfe die fehlende Mitwirkung bzw. Zustimmung einzelner Gläubiger ersetzen kann.

Das vorliegende Gutachten beschäftigt sich im Rahmen der rechtssoziologischen Forschungsansätze zur außergerichtlichen Konfliktbeilegung mit diesem erstmals im deutschen Gesetz verwirklichten Privatverfahren, das diesem Anspruch gerecht werden könnte und definiert seine Voraussetzungen.

Im ersten Teil geht es um den zentralen Punkt dieser außergerichtlichen Einigung: die „geeigneten Stellen" iSv § 305 InsO, die nach dem Gesetz nach Landesrecht bestimmt werden sollen. Um in diesem Bereich effektiv arbeiten zu können, geht das Gutachten auf der Grundlage der bestehenden Entwürfe zu einem Ausführungsgesetz und Diskussionen innerhalb der Träger von Schuldnerberatung davon aus, daß kommerzielle Schuldenregulierer ausgeschlossen werden sollten, und daß von den freien Berufen, die hier potentiell angesprochen sein könnten, angesichts der geringen Entgeltmöglichkeiten und fehlenden Erfahrungen in der Beratungstätigkeit keine ausreichende Versorgung gewährleistet sein dürfte.

Das Gutachten sieht in der Schuldnerberatung eine ganzheitliche Beratung, deren wesentliches Ziel neben der Hilfe bei der Entschuldung die Reintegration in ein normales wirtschaftliches Leben ist, die aber zugleich auch die allgemeinen Ziele unterstützen sollte, ausreichende Informationen über Tendenzen der Überschuldung bereitzustellen, präventiv gegen Überschuldung zu wirken und Mißstände, insbesondere im Bereich der Kreditvergabe und der Verschuldung, aufzuzeigen.

Das Gutachten empfiehlt, als Schuldnerberatungsstellen im Sinne der Insolvenzordnung nur solche Institutionen anzuerkennen, die in gemeinnütziger Trägerschaft von Kommunen und Wohlfahrtsverbänden bzw. im Benehmen mit diesen privat organisiert auf Dauer bestehen, die Schuldnerberatung als Schwerpunkt haben, über ausreichende akademisch fundierte Kenntnisse in den Bereichen Recht, Betriebswirtschaft und Sozialarbeit verfügen, Zugang zu entsprechenden Hilfsmitteln, insbesondere der EDV, aber auch der Information haben, eine mindestens zweijährige praktische Erfahrung vorweisen und in Kooperation mit Fachberatung und anderen Stellen in der Lage sind, den geschilderten Zielen gerecht zu werden.

Wesentlich ist dabei, daß die Eignung dieser Stellen nicht nur bei der Zulassung, sondern laufend überprüft wird und durch die Auferlegung von Jahresberichten, die die vorstehend bezeichneten Kriterien berücksichtigen, auch Transparenz bezüglich der Pflichterfüllung geschaffen wird.

Bei der Finanzierung der Schuldnerberatungsstellen muß gewährleistet werden, daß sie aus dem noch dominierenden ABM-Bereich herausgelöst selbständig finanziert werden, wobei einerseits finanzielle Beiträge der Schuldner nicht ausgeschlossen werden sollten, andererseits aber die auch für die Gläubiger erbrachte Dienstleistung über eine Gläubigerbeteiligung durch Zuschüsse in entsprechend überindividuelle Fonds deutlich wird. Es ist dafür Sorge zu tragen, daß bei Schuldnerberatungsstellen kein finanzielles Interesse bestehen muß, eine möglichst leicht und schnell zu bedienende und unter Umständen mit hoher Zahlungsfähigkeit ausgestattete Klientel der Mittelschicht zu versorgen, da die eigentlichen Probleme der Überschuldung in dem Wechselspiel zwischen Sozialhilfe und Überschuldung zu sehen sind.

Die Gewährleistung einer qualifizierten, unabhängigen und engagierten Schuldnerberatung ist wesentliche Voraussetzung für eine effektive Tätigkeit im Rahmen des Gesetzes.

Der zweite Teil des Gutachtens beschäftigt sich daher mit den notwendigen Hilfsmitteln, um die außergerichtlichen Vergleichsverhandlungen mit den Gläubigern effektiv und nachhaltig zu gestalten. Insbesondere ausländische Erfahrungen über das Scheitern von Entschuldungsvergleichen machen es dabei erforderlich, in die Entschuldungsverfahren möglichst viel Flexibilität, Kommunikation und Mediation einzubauen.

Der Grundsatz, daß Entschuldungsverfahren, insbesondere im Bereich der Sozialhilfeabhängigkeit auch zur Staatsentlastung notwendig sind, fordert auch die Zulassung von Nullplänen ohne Mindestquote.

Da die Kooperation aller Beteiligten im Gegensatz zum gerichtlichen Verfahren das wesentliche Element einer mediativen Konfliktlösung ist, muß ein Verhandlungsraum geschaffen werden, der weitgehend von Druckmitteln und Zwängen frei ist. Daher ist die Einstellung der Zwangsvollstreckung während der Verhandlungen wichtigste Voraussetzung. Im Unterschied zur Insolvenzordnung selbst muß die außergerichtliche Einigung die Chance wahrnehmen, den eigentlichen wirtschaftlichen Mittelpunkt der finanziellen Krise des Schuldners, die Familie bzw. der Haushalt, in die Regelung einzubeziehen, was insbesondere die Einbeziehung von Bürgen und Gesamtschuldnern notwendig macht.

Für die Flexibilität sind flexible, am Einkommen orientierte Regelungen ebenso notwendig wie die spätere Behandlung nicht einbezogener Schulden. Bei der Korrektur durch Veränderung der Umstände disfunktional gewordener Regelungen sollte die Möglichkeit einseitiger Anpassungsmechanismen sowie nachheriger schiedsgerichtlicher Kontrolle geschaffen werden, um die außerordentlich hohen Kosten des Scheiterns solcher Vergleiche für alle Beteiligten, ebenso wie für den Staat zu vermeiden.

Da die relativ starren Anforderungen des Restschuldbefreiungsverfahrens über das Widerspruchsrecht eines nicht freiwillig am Schuldenbereinigungsplan beteiligten Gläubigers zum Maßstab solcher Pläne wird, bedarf es bei der Aushandlung flexibler Regelungen einer klaren Basis für die Vergleichbarkeit. Hier schlägt der Plan im Anschluß an die entsprechende Software CADAS für Windows vor, durch den über Risikoquoten – die sich im Abzinsungszinssatz widerspiegeln – gesteuerten Barwert zukünftiger Zahlungen eine Vergleichbarkeit mit der Restschuldbefreiung herzustellen. Dabei sind weitere Faktoren, wie die Einbeziehung der Familie, die Aktivierung zusätzlichen Vermögens sowie ein monatlicher Zahlungsrhythmus zugunsten außergerichtlicher Schuldenbereinigungspläne zu berücksichtigen.

Soweit eine Einigung mit allen Gläubigern im Vertrauen mit der Schuldnerberatungsstelle erreicht werden kann, sind die Pläne vollkommen frei aushandelbar und können daher optimal den spezifischen Lebensverhältnissen der Schuldner angepaßt werden, was auf eine aktive Mitarbeit der Schuldner hoffen läßt.

Oberster Grundsatz in der Durchführung des Entschuldungsverfahrens ist dabei die Kooperation zwischen Schuldner und Gläubigern, die es verbietet, der Kündigung Vorzug vor Anpassungsregelungen zu geben.

Das Gutachten schlägt rechtliche Regelungen für die geeignete Stelle vor, ebenso wie Allgemeine Geschäftsbedingungen für außergerichtliche Vergleiche.

I. Einleitung

A. Überschuldungssituation in Deutschland

Etwa zwei Millionen Haushalte in Deutschland sind derzeit überschuldet, und nur wenige haben die Aussicht, in absehbarer Zeit wieder ein „schuldenfreies" Leben führen zu können. Die Folgen davon sind eine Ausgrenzung der Betroffenen aus dem Erwerbs- und Wirtschaftsleben sowie die Gefahr dauerhafter Abhängigkeit von Sozialhilfe. Die Situation der überschuldeten privaten Haushalte in der Bundesrepublik Deutschland und das Fehlen von funktionsfähigen Instrumenten zur finanziellen und sozialen Rehabilitation der Schuldner haben nicht nur in Deutschland, sondern in allen industrialisierten Ländern die Einführung eines Verfahrens mit dem Ziel, den von Überschuldung betroffenen Menschen eine neue Perspektive zu geben, notwendig gemacht.

1. Zahlen

„Der neue Schuldenreport" ging davon aus, daß es Ende 1995 mehr als 400 Mrd. DM Konsumkredite, mehr als 800 Mrd. DM Wohnungsbaukredite, mehr als 10 Mio. Kreditkarten und mehr als 50 Mio. ec-Karten gab[1].

Für viele Zahlen zu Fragen der Verschuldung ist man nach wie vor auf den Bereich der Spekulation angewiesen. Eine offizielle Statistik zur Verschuldung in Deutschland gibt es nicht. Anders als in den USA sind Banken in Deutschland nicht verpflichtet, in ihren Berichten über Kundengruppen, Regionen und Ausfallquoten Rechenschaft abzulegen. Was bei anderen Gläubigern wie Versandhäusern sowie Vermietern oder Elektrizitätswerken geschieht, ist nicht einmal in Globalzahlen nachvollziehbar.

Ende Dezember 1996 machten die bankmäßigen Konsumentenkredite an private Haushalte in Deutschland knapp 389 Mrd. DM aus, was einer nochmaligen Steigerung um rund 4,85 % im Vergleich zu 1995 entsprach[2]. Nach den bisher üblichen Schätzungen über die nicht erhobenen direkten Kredite des Handels und von Dienstleistungsunternehmen wäre diese Summe noch einmal um ca. 10–15 % auf etwa 428 bis 447 Mrd. DM zu erhöhen. Damit hat sich seit 1970 das Konsumentenkreditvolumen ausgehend von 29 Mrd. verdreizehnfacht, und seit 1985 hat sich das hohe Niveau nochmals mehr als verdoppelt[3]. Die Pro-Kopf-Verschuldung lag – bezogen auf alle Einwohner – für den Konsumentenkredit im Jahr 1994 bei 4 470,– DM. Im Jahr 1993 wurden die Konsumentenkreditverbindlichkeiten auf 17 % des verfügbaren Einkommens der deutschen Haushalte angegeben[4].

Legt man statt der Konsumentenkreditverschuldung die gesamte private Verschuldung inkl. Hypothekenkredite zugrunde, so stieg das Kreditvolumen von 1987 bis 1994 um 75,75 %. Die Pro-Kopf-Verschuldung stieg im gleichen Zeitraum von 10 169,66 DM auf 13 564,88 DM[5].

Dies Bild wird ergänzt durch die Tätigkeitsberichte einzelner Schuldnerberatungsstellen. Hieraus ergibt sich, daß noch nie zuvor so viele Menschen Schuldnerberatung in Anspruch genommen haben wie in 1996:

Insgesamt erhielten beispielsweise im Verein Schuldnerhilfe e.V. Essen (VSE)[6] 1 269 Personen Hilfe in Form persönlicher Beratung bei Schuldenproblemen, was ein nochmaliges Plus

1 Der neue Schuldenreport, Hrsg. IFF, 1995, S. 1.
2 Deutsche Bundesbank – Deutsche Bankenstatistik, März 1997 und 1996, jeweils S. 34.
3 Der neue Schuldenreport, Hrsg. IFF, 1995, S. 7.
4 Handelsblatt vom 19. 5. 1994, 11.
5 Monatsbericht der Deutschen Bundesbank, Juni 1995, und eigene Berechnungen.
6 Jahresbericht des Vereins Schuldnerhilfe e.V. Essen (VSE).

gegenüber 1995 von 6,9 % bedeutet. Unter Berücksichtigung aller Haushaltsmitglieder ergab sich eine Gesamtzahl von 2 809 betroffenen Personen. Die Zahl der gerichtlichen Verfahren zur Abnahme von eidesstattlichen Versicherungen in Essen stieg im Berichtsjahr auf 16 630. Die Höhe der erfaßten durchschnittlichen Schulden betrug 41 000 DM je Haushalt. Da jedoch im Rahmen von Einmalberatungen nicht immer alle Schulden erfaßt werden, ist anzunehmen, daß die tatsächliche Schuldenlast noch weit höher liegt. Nach diesem Bericht machten 61 % aller Ratsuchenden ihre ersten Schulden bereits im Alter von 18 bis 30 Jahren.

Auch das ISKA-Nürnberg stellt für die Jahre 1992 bis 1995 einen um etwa 32 % kontinuierlich gestiegenen Beratungsbedarf fest[7]. Bezieht man die Steigerung allein auf die persönlichen Beratungen – ohne Telefonberatungen – so ist die Nachfrage hier sogar um ca. 80 % gestiegen. Ver- oder überschuldete Haushalte waren nach diesem Bericht 1995 mit durchschnittlich 45 608 DM verschuldet[8].

Selbstverständlich können diese Zahlen nicht repräsentativ sein und sollen es auch gar nicht. Sie können und sollen aber einen Eindruck von der ständig wachsenden Verschuldung vermitteln, die erst allmählich in das allgemeine Bewußtsein dringt.

2. Ursachen

Nach Durchsicht der Statistiken von Schuldnerberatungsstellen, in Gesprächen mit Schuldnerberatern und in der Diskussion mit dem Forschungsbeirat hat die Forschungsgruppe des GP-Berichts einen Katalog mit elf auslösenden Ursachen der Überschuldung zusammengestellt[9]:

- So ist Arbeitslosigkeit eine der wesentlichen Ursachen für die Entwicklung von Überschuldungssituationen[10]. Bei rund jeder dritten Person bzw. Familie wird dies als Auslöser von Überschuldung angegeben.
- Genauso häufig wie Arbeitslosigkeit werden als Überschuldungsursachen Probleme bei der Haushaltsführung genannt. Hieran wird die Bedeutung der Budgetberatung ersichtlich.
- Als wesentlicher Auslöser von Überschuldung muß auch für rund ein Drittel der Klienten ein Niedrigeinkommen angesehen werden.
- Ein weiterer Faktor, der Überschuldung auslösen kann, ist mit 20 % die Trennung und Scheidung von Ehen und Partnerbeziehungen.
- Bildungsdefizite werden ebenfalls mit 20 % als Auslöser für Überschuldung angegeben. Dies weist eindringlich darauf hin, wie wichtig Aufklärung, Information und Beratung im Vorfeld der Kreditaufnahme sind.
- Weitere – keinesfalls zu vernachlässigende – Gründe für Überschuldung sind: Haushaltsgründungen, Suchterkrankung, Unfall/Krankheit, Überversicherung, Nichtinanspruchnahme von Sozialleistungen sowie eine Schwangerschaft.

An diesen Gründen hat sich seit 1990 wenig verändert.

Beim Verein Schuldnerhilfe Essen ist in den vergangenen Jahren die Zahl der Fälle um über 64 % gestiegen, in denen Arbeitslosigkeit Ursache für Überschuldung war. Die schwierige

7 Bericht des ISKA-Nürnberg über die Beratungsjahre 1992–1995, S. 6.
8 Bericht des ISKA-Nürnberg über die Beratungsjahre 1992–1995, S. 22 mit detaillierter Aufstellung zur prozentualen Verschuldungshöhe.
9 Korczak/Pfefferkorn, Überschuldungssituation und Schuldnerberatung in der Bundesrepublik Deutschland, Studie im Auftrag des Bundesministeriums für Familie und Senioren und des Bundesministeriums der Justiz (GP-Bericht), 1992, S. 274 ff.
10 So auch Stuttgarter Nachrichten v. 2. 5. 1995, S. 9.

Arbeitsmarktsituation läßt befürchten, daß die Tendenz auch weiter anhält. Die Arbeitslosenquote in Essen lag im Dezember 1996 bei 13,8 %[11].

Bestätigt wird dies auch durch eine aktuelle Herbstumfrage, die der Bundesverband Deutscher Inkasso-Unternehmen (BDIU), Hamburg, unter seinen Mitgliedern durchgeführt hat, und nach der mit 86 % die Arbeitslosigkeit eine Schlüsselrolle als Ursache für ausbleibende Zahlungen privater Schuldner hat[12].

Nach Definition der Europäischen Union gilt als arm, wer weniger als die Hälfte des durchschnittlichen nationalen Nettoeinkommens zur Verfügung hat. Der Anteil der Haushalte, die maximal 50 % des Durchschnittseinkommens erhalten, ist allein von 1983 bis 1993 um 11,9 % gewachsen[13]. Allein in Bayern gelten aufgrund dieser Definition 800 000 Menschen als arm[14]. Für das gesamte Bundesgebiet können nach Schätzungen rund 7,25 Mio. Menschen als arm gelten, davon 2,6 Mio. in den neuen Bundesländern und 4,65 in Westdeutschland[15].

1993 wurden 49 Mrd. DM an 4,6 Mio. Sozialhilfeempfänger gezahlt. Der Anteil der Sozialhilfeempfänger an der Bevölkerung betrug 4,8 % und hat sich von 1970 bis 1993 vervierfacht[16]. 1992 war Arbeitslosigkeit bei 616 000 Haushalten, also in 30,27 % der Fälle, die Hauptursache der Hilfegewährung[17]. Die Sozialhilfegewährung entwickelt sich damit zunehmend auch zu einem Problem der öffentlichen Haushalte. Der Anteil der Sozialhilfeausgaben am Sozialbudget ist 1993 auf 4,5 % gestiegen (1970: 2 %)[18]. Insgesamt haben sich die Sozialhilfeausgaben in den Landkreisen in den vergangenen dreißig Jahren mehr als verzwanzigfacht[19].

Von den Klienten des Vereins Schuldnerhilfe Essen bezogen 1996 11 % Sozialhilfe in Form von Hilfe zum Lebensunterhalt. Darüber hinaus hat nach Angaben des Tätigkeitsberichts ein großer Teil der Ratsuchenden Anspruch auf Sozialhilfe, der nicht genutzt wird[20]. Beim ISKA-Nürnberg erhalten die Klienten etwa zu 20 % Sozialhilfe, 28 % sind Bezieher von Lohnersatzleistungen wie Arbeitslosengeld, -hilfe oder Krankengeld[21]. Das durchschnittliche Einkommen der beratenen Haushalte betrug 1995 2 102 DM, so daß bei einem nicht unerheblichen Anteil der Ratsuchenden nur geringe bis keine Entschuldungsperspektiven existieren[22].

3. Fazit

Mehr und mehr Menschen können sich von den mehr und mehr anwachsenden Schulden nicht mehr allein befreien. Sie verlieren ihren Arbeitsplatz, werden sozialhilfebedürftig, und erst, wenn sie überhaupt nicht mehr weiter wissen, wenden sie sich an eine Schuldnerberatungsstelle. Deren steigende Klientenzahlen zeigen, daß es ein immer größer werdendes Potential von überschuldeten Verbrauchern gibt, die sich aus eigener Kraft nicht mehr zu helfen wissen. Diese Menschen werden zu Ausgegrenzten, die für die Gesellschaft verloren sind und auch kaum noch etwas zu einer Steigerung der Leistungsfähigkeit unserer Wirtschaft beitragen können. Den Forderungen ihrer Gläubiger bleiben sie 30 Jahre lang ausgesetzt und verlieren damit jede Perspektive für ein besseres Leben.

11 Jahresbericht 1996 des Vereins Schuldnerhilfe e.V. Essen (VSE), S. 10.
12 Zit. nach Presseinformation des Bundesverbandes Inkasso (BI) vom 20. 11. 1996.
13 LStR H
14 1
15 2
16 Die Zeit v. 2. 6. 1995, 35; Stuttgarter Nachrichten v. 17. 3. 1995, 1.
17 Vgl. Statistisches Jahrbuch 1994, S. 500.
18 Stuttgarter Nachrichten v. 17. 3. 1995, 1 und Die Zeit v. 2. 6. 1995, 35.
19 Stuttgarter Nachrichten v. 29. 12. 1994, 7.
20 Jahresbericht 1996 des Vereins Schuldnerhilfe e.V. Essen (VSE), S. 9.
21 Bericht des ISKA-Nürnberg über die Beratungsjahre 1992–1995, S. 13.
22 Bericht des ISKA-Nürnberg über die Beratungsjahre 1992–1995, S. 22.

Die alte Konkursordnung erfüllt schon seit Jahren ihre Funktion immer unzureichender. Um wieder ein funktionstüchtiges Insolvenzrecht zu schaffen[23], wurde daher 1978 vom Bundesminister der Justiz eine Insolvenzrechtskommission berufen, die dann nach erster Ablehnung einer Restschuldbefreiung[24] in der endgültigen Fassung doch noch eine solche Befreiung befürwortete. Die Entscheidung für eine Einführung der Restschuldbefreiung war dabei durch die Rechtsentwicklung in europäischen Nachbarstaaten und in den USA geprägt. Wichtig war jedoch auch die in den neuen Bundesländern fortgeltende deutlich schuldnerfreundlichere Konzeption der Gesamtvollstreckungsordnung.

Die 1999 in Kraft tretenden Vorschriften des neuen Verbraucherinsolvenzverfahrens sehen nun zwei Verfahren vor: das traditionelle gerichtliche Konkursverfahren mit Vermögensaufteilung und Anordnung der Zahlung des pfändbaren Teils des Einkommens über einen Zeitraum von maximal sieben Jahren sowie – von diesen Bestimmungen materiell nicht beeinflußt – die Möglichkeit eines außergerichtlichen Vergleichs, der Elemente des Aushandelns und der Mediation enthält.

Im Unterschied zu den aus dem Arbeits- und Familienrecht bekannten Güteterminen sieht die Insolvenzordnung nicht nur die Pflicht vor, Gespräche zu suchen. Sie verlangt vielmehr zusätzlich als Eingangsvoraussetzung für das gerichtliche Verfahren den ernsthaften Versuch einer außergerichtlichen Einigung, den eine „geeignete Stelle" bescheinigen muß. Das Gesetz übt dabei nicht nur durch diese Bedingung, sondern auch durch Bestrafung von passivem Gläubigerverhalten (Zustimmungsfiktion) ebenso wie von unkooperativem Gläubigerverhalten (Zustimmungsersetzung) Druck zugunsten einer außergerichtlichen Einigung aus.

Das neue Insolvenzverfahren kann somit als eines der ersten sanktionierten Instrumente staatlich verordneter Nutzung von Alternativen zur Justiz angesehen werden[25].

Wie alle Alternativen zur Justiz kann dabei auch das über Schuldnerberatung vermittelte neue außergerichtliche Insolvenzverfahren zwei Funktionen ausfüllen, die rechtsstaatlich nicht die gleiche Legitimation beanspruchen können:

- Das außergerichtliche Insolvenzverfahren kann sich – negativ gesehen – als ein außerrechtliches Verfahren etablieren, in dem mit der fehlenden Inanspruchnahme der Gerichte auch die Verwirklichung und Effektivität von materiellem Recht schlechthin abnimmt.
- Schuldnerberatung kann aber im Kontakt mit den Gläubigern auch einen am materiellen Recht orientierten Kommunikationsprozeß bewirken, in dem Recht durch Einbeziehung staatlichen Drohpotentials als Schutz des Schwächeren ebenso wie als Mittel zur Verschaffung von Rechts- und Verhaltenssicherheit wirken kann.

Gerade in dem viel diskutierten Bereich der Überschuldung[26], in dem die strukturelle Unterlegenheit der wirtschaftlich von der Wahrnehmung der Vertragsfreiheit weitgehend abgeschnittenen Schuldner zu verfassungsrechtlichen Bedenken und Eingriffsverpflichtungen Anlaß gegeben hat[27], dürfte es nicht gleichgültig sein, welchen Weg das außergerichtliche Verfahren nehmen wird. Die nachfolgenden Ausführungen wollen Ansatzpunkte für die Verwirklichung der sozial- und rechtsstaatlichen Alternative der Schuldenbereinigung geben, die über ein soziales Inkasso hinausgehen.

---

23 Vgl. zu den Zielen im einzelnen BT.-Drucks. 12/2443, 77.

24 Hofmann DRiZ 1994, 411, 412. Statt dessen wurden andere Lösungsvorschläge unterbreitet, vgl. Ackermann KTS 1986, 555, 583 ff.

25 Vgl. dazu bereits Reifner/Gorges, Alternativen der Rechtsberatung – Dienstleistung, Fürsorge oder kollektive Selbsthilfe, in: Blankenburg/Klausa/Rottleuthner (Hrsg.), Jahrbuch für Rechtssoziologie und Rechtstheorie, Bd. 6, Alternative Rechtsformen und Alternativen zum Recht, 1980; Blankenburg/Reifner, Rechtsberatung, 1982.

26 Vgl. schon Reifner, Verbraucherverschuldung, 1978; Nachweise in: IFF, Schuldenreport 1994; IFF, Der neue Schuldenreport, 1996.

27 BVerfGE 89, 214 ff. = WM 1993, 2199 f.; BVerfG WM 1996, 948.

Ziel dieses Gutachtens ist ein Beitrag zur effektiven Gestaltung des außer- bzw. vorgerichtlichen Verfahrens der Schuldenbereinigung im Rahmen der Verbraucherinsolvenz, das den Beteiligten erheblichen Spielraum für gütliche, kosten- und zeitsparende und vor allem anpassungsfähige Gestaltungen einräumt.

B. Bedeutung der außergerichtlichen Einigung in der Schuldnerberatung

Beleuchtet man die außergerichtlichen Aspekte des Verbraucherinsolvenzverfahrens, so ist es sinnvoll, sich an den Zielen der Schuldnerberatung zu orientieren, denn deren Arbeit und Konzeption basieren seit langen Jahren auf der freiwilligen (außergerichtlichen) Einigung von Schuldner und Gläubigern, und gerade deren Erfahrungen sollen – so der Gesetzgeber – zu einer effektiven Gestaltung des außergerichtlichen Vergleichs herangezogen werden.

Die Ziele der Schuldnerberatung gründen sich auf den spezifischen historischen Hintergrund der Schuldnerberatung in der Sozialarbeit und ansatzweise im Verbraucherschutz. Beide Disziplinen haben insoweit unterschiedliche Ansatzpunkte, als es der Sozialarbeit stärker um die subjektiven Faktoren, dem rechtlich orientierten Verbraucherschutz dagegen stärker um strukturelle Aspekte der Verschuldung geht, die stärker anbieterbezogen sind.

1. Der subjektive Ansatz

a) Beseitigung der konkreten Überschuldung

Überschuldung wird nicht nur als Problem staatlicher Sozialhilfe, sondern ebenso als Problem wirtschaftlicher Integration angesehen. Überschuldung verhindert Arbeitsaufnahme, begünstigt Kündigungen, wirkt sich auf die Stabilität von Familien aus und hat auch in der Kriminalitäts- und Suchtbegründung einen gewichtigen Anteil. Von daher gehört es zu den quasi öffentlich-rechtlichen gemeinwohlorientierten Funktionen der Schuldnerberatung, nicht nur kompensatorisch zu helfen, sondern vor allen Dingen auch das Problem direkt anzugehen.

Dabei hat Schuldnerberatung vornehmlich den Ansatz für ein Tätigwerden beim Verbraucher selbst gesucht und dabei eine Reihe von Ursachen für Überschuldung herausarbeiten können. In der großen Vielzahl der Fälle haben unvorhergesehene Ereignisse lebenslange Schuldenkarrieren eingeleitet. Erfahrungen aus der Schuldnerberatung haben gezeigt, daß in der großen Vielzahl der Fälle die bestehenden Schulden oftmals keine ausreichenden Reserven lassen, wenn es zu solchen unvorhergesehenen Ereignissen kommt, die oftmals in lebenslange Schuldenkarrieren führen.

Viele Verschuldungskonstellationen schöpfen den Rahmen des verfügbaren Einkommens voll aus. Tritt nur eine geringfügige Verschlechterung der Einkommensverhältnisse ein, oder wird das verfügbare Einkommen durch unabdingbare Ausgabensteigerungen weiter belastet, so droht die Ver- zur Überschuldung zu werden. Der Schuldner kann seine Verpflichtungen nicht mehr voll erfüllen und gerät in Zahlungsverzug. Möglicherweise wird nun umgeschuldet oder gestundet mit der Folge, daß neue zusätzliche Kosten entstehen. Der durchschnittliche Konsumentenkreditnehmer ist in Finanzierungsfragen nicht bewandert und daher seinem Geschäftspartner in dieser Hinsicht nicht gewachsen.

Der Bedarf an einem Entschuldungsverfahren für Privatverbraucher ist daher groß. Die Einsicht in die Notwendigkeit ist bei den Interessenvertretern sowohl der Schuldnerseite als auch der Gläubigerseite vorhanden. Es muß ein Weg gefunden werden, der die Rückkehr des Schuldners zu einem finanziell gesicherten Leben ermöglicht.

Hier haben die Schuldnerberater die Aufgabe, über Verhandlungen mit den Gläubigern zu einem für Schuldner und Gläubiger tragbaren Vergleich über eine verminderte Rückzahlung der Schulden zu kommen. Die Rolle, die der Berater bei der Regulierung einnimmt, sollte dabei die eines Mediators, eines Vermittlers zwischen Gläubigern und Schuldner, sein: Er befähigt den Schuldner zu Verhandlungen, oder er vertritt ihn mit dessen Zustimmung, aber er sollte nicht über seinen Kopf hinweg handeln.

b) Überschuldungsprävention

Würde sich Schuldnerberatung allerdings auf die individuelle Besserung beschränken, bestünde die Gefahr, daß der Klient sich erneut verschuldet, da er nicht gelernt hat, Schulden für die Zukunft zu vermeiden. Damit dies nicht eintritt, muß Beratung also nicht nur helfen, konkret vorhandene finanzielle Probleme zu lösen, sondern sie muß darüber hinaus den Schuldner im Vorfeld (einer erneuten Ver- und Überschuldung) dazu befähigen, sein Leben so einzurichten, daß er mit dem vorhandenen Einkommen auskommt. Das Verbraucherinsolvenzverfahren muß daher, wenn es effektiv sein will, gleichzeitig darauf abzielen, Überschuldung schon vor deren Eintreten zu verhindern.

Präventive Schuldnerberatung bedeutet, dem Schuldner nicht nur kurzfristig in seiner Notlage beizustehen, sondern im Umgang mit Einkommen, Ausgaben, Schulden und auch mit den Gläubigern zu unterstützen und zu trainieren und langfristig die Ursachen der Überschuldung ausfindig zu machen und zu bearbeiten.

Nicht jede Schuldenbereinigung führt automatisch zu einer Vermeidung einer erneuten Verschuldung. Die Folgen könnten so sein wie in den USA, wo z. B. die BUCCS (Budget & Credit Counselling Services) quasi eine Monopolstellung unter den Schuldnerberatern in New York eingenommen haben und 87 Berater Vergleiche durchführen. Bezahlt werden sie von den Anbietern über einen festen Prozentsatz (15 %) der vom Verbraucher einbehaltenen monatlichen Zahlungen. In der Folge müssen die Berater hohe Fallzahlen erreichen, die Beratung ist zu über 90 % mit reiner Abwicklung von Schuldenverwaltung und nicht mit individueller Beratung beschäftigt. Es ist eine eindeutige Orientierung auf „Kunden“ der Mittelschicht erfolgt, da bei zu sehr Überschuldeten kein für Anbieter akzeptabler Vergleich mehr möglich ist und vor allem die Kosten von BUCCS nicht gedeckt werden.

Die amerikanische Schuldnerberatung konzentriert sich damit allein auf die Zukunft des Überschuldeten: Er soll schuldenfrei werden, um wieder aktiv im marktwirtschaftlichen Prozeß teilnehmen zu können. Sie vernachlässigt dabei die Möglichkeiten, die eine ‚Vergangenheits‘-Analyse im Einzelfall für generell präventives Handeln geben würde.

Prävention erfolgt in der Schuldnerberatung in der Form, daß sowohl der Überschuldete als auch seine Gläubiger begreifen, wie es zu einer solchen Situation kommen konnte. Dies wiederum ist nur dann möglich, wenn der Berater den Schuldner nicht einfach von seinen Schulden befreit, indem er ihm eine fertige Lösung – z. B. in Form eines von den Gläubigern angenommenen Vergleichs – präsentiert. Vielmehr gilt es, in der Arbeit mit den überschuldeten Verbrauchern diesen eine neue Perspektive zu eröffnen, ihre Lebenssituation zu stabilisieren und sie zu einer eigenverantwortlichen Handlungsweise zu befähigen.

Dieses Verständnis erst schafft Chancen, eine erneute Überschuldung zu verhindern.

Präventive Maßnahmen können sowohl dazu dienen, eine *Erst*verschuldung zu verhindern, als auch innerhalb einer „Nach der Überschuldung“-Betreuung angeboten werden, um eine *erneute* Verschuldung zu verhindern. Je früher die von Überschuldung betroffenen Verbraucher die Schuldnerberatung aufsuchen, desto wirksamer können Beratungsleistungen auch präventiv wirken. Deshalb ist es unabdingbar, durch verstärkte Öffentlichkeitsarbeit die Motivation von Schuldnern zu fördern, Beratungsangebote rechtzeitig anzunehmen.

2. Der objektive Ansatz

Der objektive Ansatz vor allem im Verbraucherschutz sieht in den Steuerungsmöglichkeiten der Wirtschaft einen Ansatzpunkt, um Überschuldung zu verhindern. Betrachtet man die steigende Überschuldung als eine Fehlentwicklung, läßt sich diese sowohl durch eine Veränderung von Schuldner- als auch von Gläubigerverhalten richtigstellen. Gläubiger jedoch werden erfahrungsgemäß erst dann etwas ändern, wenn ihr bisheriges Verhalten zu höheren Kosten als Gewinnen führt: Uneinbringliche Kredite, hohe Kosten durch gerichtliche Auseinandersetzungen und Imageverluste in der Öffentlichkeit sind Stimuli, die Schuldnerberatung in den Versuchen zur Lösung grundsätzlicher Überschuldungsfragen einsetzen muß.

Dabei spielen die folgenden Faktoren eine Rolle:

- Werbung und Kreditinformation können Hemmschwellen der Überschuldung abbauen und dazu beitragen, daß ohne Folgenabschätzung Kredite aufgenommen werden.
- Gläubigerverhalten in finanziellen Krisen wie Umschuldungen, Aufstockungen, Einschaltung von Inkassoinstituten und Vermittlern kann zusätzliche finanzielle Belastungen provozieren, die die Situation unumkehrbar machen.
- Auf Überschuldete spezialisierte Marktsegmente können dazu führen, daß in Form preislicher Sondermärkte nach Art einer self-fulfilling prophecy überhöhte Kosten für einkommensschwache Schichten die Monatsbelastungen untragbar machen.
- Inflexible Kreditformen, Finanzprodukte ohne ausreichenden Informationsgehalt wie z. B. Kreditkartenkredite erhöhen die Überschuldungsgefahr.
- Rein juristische Krisenbewältigungen führen dazu, daß Kreditgeber in ihrem eigenen Betrieb keinen Lernprozessen der Prävention unterworfen sind.

Die Vielzahl der hier einschlägigen Faktoren können dabei zwar kommunikativ an die Kreditgeber durch die einzelnen Schuldnerberater zurückgemeldet werden. Dies setzt jedoch eine Vielzahl von Fällen, Datensammlung, Analyse und vor allem auch den Zugang zu Machtmitteln voraus, wie sie einerseits das Rechtssystem, andererseits aber die kritische Öffentlichkeit auf dem Markt darstellen.

C. Thematisierung von Recht in der außergerichtlichen Konfliktbeilegung Überschuldeter

Zu untersuchen ist, welche Rolle das Recht bei der außergerichtlichen Beilegung von Konflikten spielen kann.

Schuldnerberatung als Zentralpunkt außergerichtlicher Insolvenzbewältigung hat die Möglichkeit, im Rahmen des Rechts als Schutzsystem für die Schwächeren auch innerhalb der Marktwirtschaft und vor allem dort, wo die marktwirtschaftlichen Zugänge wegen akuter Kreditunwürdigkeit verstellt sind, über Mediation gesteuerte andauernde Kommunikationsprozesse zu initiieren, die nicht nur fortdauernde Lösungen begünstigen, neuen Problemen gewachsen sind und eine Reintegration fördern, sondern darüber hinaus auch die individuellen Rechte der Betroffenen subjektiv wie objektiv stärken.

In dieser Hinsicht haben Gerichtsverfahren gerade hinsichtlich der sozial Schwächeren traditionell keine guten Noten erhalten. Sie sind langsam, teuer, durch Fachsprache und Fachleute entfremdet und reduzieren das Potential der Selbststeuerung erheblich, ohne daß die Komplexität sozialer Verhältnisse gerade Überschuldeter ausreichend gewürdigt werden könnte.

Der Vorteil einer außergerichtlichen Einigung liegt demgegenüber zunächst darin, daß sie es Schuldnern und Gläubigern ermöglicht, ohne gesetzliche Auflagen einen Vergleich zu schaffen, der ihren individuellen Interessen entspricht und so zu einem Abbau der Überschuldung unter gleichzeitiger Wahrung der Gläubigerinteressen führt.

So hat das gesetzlich vorgeschriebene (weitere) Verfahren erhebliche Kritik erfahren[28], die sich in einem außergerichtlichen Vergleich vermeiden läßt. Wichtige Kritikpunkte besonders des Restschuldbefreiungsverfahrens sind auch jetzt noch:

- Der Schuldner muß über einen langen Zeitraum seinen Lebensunterhalt aus seinem pfändungsfreien Einkommen bestreiten. Die Dauer des Verfahrens, die mit sieben Jahren angesetzt ist, wird sich erwartungsgemäß durch die Vorlauf- und Nachlaufzeiten auf neun bis zehn Jahre erstrecken. Dieser Zeitraum ist unverhältnismäßig lang; erfahrungsgemäß spielt sich die Lebensplanung der betreffenden Bevölkerungskreise in wesentlich kürzeren Zeiträumen ab[29]. Ein Zehnjahreszeitraum bietet keine ausreichende Perspektive, so daß eine konstruktive Mitarbeit des überschuldeten Verbrauchers hier kaum zu erwarten sein dürfte. Wenn dann auch noch die Unsicherheit besteht, ob die Restschuldbefreiung nach dem Fristablauf versagt wird, dürfte dies den Rest der Motivation zerstören und im Ergebnis ein Durchhalten äußerst fraglich machen.
- Bei vielen Schuldnern liegt das pfändbare Einkommen unter Umständen noch unter den sich aus dem Bundessozialhilfegesetz ergebenden notwendigen Lebensunterhalt. In einer solchen Situation stellt sich für den Schuldner sicherlich auch die Frage nach der Sinnhaftigkeit der Ausübung einer (legalen) Erwerbstätigkeit, wenn er auf dem Wege der Sozialhilfe den notwendigen Lebensunterhalt erhält.
- Bürgen und Mitschuldner können nach den gesetzlichen Vorgaben der Insolvenzordnung nicht in das Verfahren des Schuldners einbezogen werden. Sie sind gezwungen, ein eigenes Verfahren durchzuführen, wenn sie nicht weiterhin dem Zugriff der Gläubiger ausgesetzt sein wollen, selbst wenn der eigentliche Schuldner bereits von seinen Verbindlichkeiten befreit wurde.
- Freiwillige Sonderleistungen des Schuldners sowie freiwillige Hilfe Dritter können zugunsten der Gläubiger nicht sinnvoll berücksichtigt werden.

Hier lassen sich außergerichtlich möglicherweise Lösungen finden, die den Interessen von Schuldnern und Gläubigern eher gerecht werden als die gesetzlich vorgesehenen. Das außergerichtliche Vergleichsverfahren kann die Kritikpunkte vermeiden, indem es beispielsweise Pläne mit einer maximalen Laufzeit von vier bis fünf Jahren entwickelt, Bürgen zugleich mit dem Schuldner vertraglich von ihrer Zahlungspflicht befreit, flexible Raten enthält, die der Schuldner auch auf Dauer erfüllen kann etc. Die gesetzlichen Regelungen sind nachrangig zu einem vorgerichtlichen Entschuldungsverfahren. Erst wenn ein mit Hilfe einer qualifizierten Schuldnerberatungsstelle erstellter Vergleich von den Gläubigern abgelehnt ist, steht der Rechtsweg offen. Die gesetzliche Restschuldbefreiung mit ihrer siebenjährigen Wohlverhaltensperiode ist für überschuldete Verbraucher somit nur als Ultima ratio, als letztes Mittel, gedacht.

Darüber hinaus ist eine außergerichtliche Einigung auch besser als ein gerichtliches Verfahren mit seinen Vorgaben und seinem Zwang dazu geeignet, Schuldner und Gläubigern nicht nur ein bestimmtes Ergebnis zwangsweise aufzuerlegen, sondern über Aufklärung und Information über Ursachen und (Negativ-)Folgen ihres Verhaltens eine Veränderung zu erzielen, um solche Konflikte zukünftig zu vermeiden.

Hier wird daher im folgenden die These vertreten, daß die genannten Ziele des Verbraucherinsolvenzverfahrens, nämlich Abbau der konkreten Überschuldung einerseits und

---

28 Kurze Zusammenfassung der Kritik von Brutschke, in: Der neue Schuldenreport, 1995, S. 113 f.

29 Friese/Janßen, Das neue Insolvenzrecht und seine Bedeutung für die soziale Arbeit, 1996, S. 27, empfehlen eine Laufzeit von maximal 5 Jahren. Vgl. auch BT-Drucks. 12/7302, S. 187 mit unverwirklichten Vorschlägen zu einer flexiblen und einzelfallangemessenen Wohlverhaltensperiode von drei bis sieben Jahren.

Prävention andererseits, im wesentlichen durch eine effektive außergerichtliche Einigung erreicht werden können und nicht durch die (gerichtliche) Restschuldbefreiung. Allerdings spielt der Zugang zum Restschuldbefreiungsverfahren als Alternative eine wichtige Rolle als Maßstab, Drohpotential und Ausfallverfahren.

Wie kann nun das Verbraucherinsolvenzverfahren zu einer Effektivierung der Vergleichsverhandlungen tatsächlich beitragen?

1. Veränderung von Schuldnerverhalten

Schuldner können ihr Verhalten nur verändern – und damit eine zukünftige Überschuldung selbst aktiv verhindern –, wenn sie ihre Lage erkennen, begreifen und eigenverantwortlich an einer Veränderung ihrer als negativ erkannten Situation mitwirken können.

Ausgangspunkt kann dabei die Information und Aufklärung eines Schuldnerberaters sein, vor allem aber die Diskussion im Kreise von Freunden und Bekannten. Wichtig ist dabei, daß sich Verhaltensänderung durch Kommunikation und Diskussion ergibt. Der Schuldnerberater hat dabei die Aufgabe, durch entsprechende Aufklärung und Information den Lernprozeß in Gang zu setzen, der dann jedoch in den sozialen Beziehungen des Schuldners stattfindet. Nur durch diese schichtenspezifische Kommunikation lassen sich das Vertrauen und die Glaubwürdigkeit aufbauen, die notwendig sind, um die gravierenden Änderungen vorzunehmen, die zu einem zukünftig schuldenfreien Leben erforderlich sind. Der Lernprozeß wirkt sich dann sowohl auf das weitere Konsumverhalten (erneute Kreditaufnahme) als auch auf das Kommunikationsverhalten aus (Bericht über die Überschuldung und ihre Bewältigung im Bekanntenkreis, bei Arbeitskollegen sowie Anwendung der Erfahrungen bei zukünftigen Kreditaufnahmen)[30].

Betroffene Verbraucher übernehmen über die Lösung ihres eigenen Problems hinaus häufig die Funktion öffentlicher Meinungsführerschaft[31]. Ein Beispiel hierfür ist Frau Lobner, Gründerin des Vereins für Kreditgeschädigte und in finanzielle Not geratene Menschen e.V. in Sulingen, die als Betroffene ihr eigenes Problem und dessen Lösung öffentlich machte und heute ihre daraus gewonnenen Erkenntnisse über den Verein anderen zur Verfügung stellt.

Ein Verfahren, das den solchermaßen mündigen Verbraucher fördern will, muß ihn befähigen, als Subjekt mit seiner Überschuldung umzugehen.

Hierzu sind grundsätzlich die Verhandlungen über einen außergerichtlichen Vergleich mit Unterstützung der Schuldnerberatung geeignet, sofern der Berater seine Aufgabe als Vermittler und nicht als „Macher“ begreift. Er soll nicht alles „für“ den Schuldner tun und ihm jede Handreichung abnehmen[32]. Dadurch degradiert er den Schuldner zum Objekt, mit dem alles nur geschieht, und der keine Möglichkeit erhält, seine Probleme selbst in die Hand zu nehmen. Vielmehr soll er ihn ermutigen, sich selbst um eine Lösung zu bemühen, denn nur, was der Schuldner selbst begriffen, selbst getan hat, wird er auch als seinen neuen Weg empfinden und akzeptieren.

Vor allem aber benötigt der Schuldner für eine solche aktive Herangehensweise ein Verfahren, das ihm hilft, seine Interessen nicht nur zu erkennen, sondern auch als gleichberechtigter Partner gegenüber seinen Gläubigern durchzusetzen. Der Schuldner muß in die Lage versetzt werden, auf gleicher Ebene mit seinen Gläubigern zu verhandeln, was tendenziell gleiche Verhandlungsmacht von Gläubigern und Schuldner voraussetzt. Bisher war der Schuldner den Gläubigern aufgrund ihrer Organisiertheit, der Vielzahl der in ihrer Hand gebündelten Fälle sowie ihrer finanziellen Möglichkeiten strukturell unterlegen. Das außer-

30 S. hierzu ausführlich Reifner/Volkmer, Neue Formen der Verbraucherrechtsberatung, 1988.

31 Reifner/Volkmer, Neue Formen der Verbraucherrechtsberatung, 1988, S. 144.

32 Ähnlich auch Friese/Janßen, Das neue Insolvenzrecht und seine Bedeutung für die soziale Arbeit, 1996, S. 18.

gerichtliche Verfahren – in Verbindung mit den weiteren Vorschriften der Verbraucherinsolvenz – schafft hier eine neue Verhandlungsbasis:

Solidarisierungseffekt

Nicht nur die Gläubiger, auch die Schuldner können sich nun als Gruppe begreifen, denn sie alle haben nun die Möglichkeit, das Verbraucherinsolvenzverfahren mit dem Ergebnis der Schuldenbefreiung zu durchlaufen. Hier ist die Thematisierung von Recht in der Kommunikation gut geeignet, einen Solidarisierungseffekt hervorzurufen, denn über Abstraktion lassen sich die persönlichen Probleme entindividualisieren und als allgemeingültige begreifen. Die gesetzliche Legitimation führt zu einer größeren Identifikationschance anderer Verbraucher mit dem individuellen Anliegen, weil es sich hier nicht nur um eine individuelle Interessenwahrnehmung handelt[33].

Gefühl der Berechtigung

Das Verbraucherinsolvenzverfahren gibt dem Schuldner das Gefühl, daß er eine Berechtigung hat, mit dem Gläubiger zu verhandeln, daß er nicht wie bisher als Gescheiterter und damit als Bittsteller auf das Entgegenkommen der Gläubiger angewiesen ist.

Konsumentenkredite werden in Zukunft ähnlich wie Unternehmenskredite behandelt werden. Analog zur Gesellschaft mit beschränkter Haftung wird dann auch der Konsument zu einem Menschen mit beschränkter Haftung. Die Parallelität liegt dabei nicht im wirtschaftlichen Verschwinden einer juristischen Person, denn die Schuldner sollen trotz Verbraucherkonkurs weiter am Wirtschaftsleben teilnehmen. Vielmehr liegt dem Verbraucherkonkurs ein Verständnis zugrunde, wonach Menschen Vermögen und Gegenstände zu bestimmten Zwecken investieren.

So gründet ein Geschäftsmann eine GmbH, um mit dieser GmbH bestimmte Ideen im Wirtschaftsleben umzusetzen. Hierbei übernimmt er bestimmte Risiken, die als Motor unserer Wirtschaft politisch erwünscht sind. Entsprechend niedrig muß daher die „Bestrafung“ sein, wenn sich das in jedem unternehmerischen Engagement enthaltene Risiko im Einzelfall verwirklicht. Dies geschieht dadurch, daß nach Liquidierung einer GmbH der Unternehmer eine neue Chance hat, seine Risikobereitschaft unter Beweis zu stellen.

Auch der Konsum des Verbrauchers ist als Investitionswagnis anzusehen. Wer z. B. ein Auto kauft, um Arbeitsstelle und Kindergartenplätze erreichen zu können, dafür sein zukünftiges Einkommen über Kredit mobilisiert, der geht ein Risiko ein, das in dieser Gesellschaft gewünscht ist, weil es die Wirtschaft ankurbelt und den Fortschritt im Konsumniveau und die Möglichkeiten zur produktiven Gestaltung des Lebens erhöht. Erfüllen sich die Erwartungen auf zukünftiges Einkommen beispielsweise wegen Arbeitslosigkeit nicht, erweisen sich Ersatzeinkommen als nicht ausreichend, so ist das auch beim Verbraucher in jeder Investition enthaltene Risiko verwirklicht.

Das Verbraucherinsolvenzverfahren gibt den Schuldnern hier ebenso wie den Gläubigern die neue Botschaft, daß im Wirtschaftsleben das Eingehen von Risiken nie zu einem endgültigen Scheitern im Leben führen soll. Mut zur Investition in den eigenen Konsum, um sich selbst mehr Wohlstand zu schaffen, ist dabei ebenso Ausdruck dieser Regelung wie die Warnung an die Gläubiger, unter Umständen unbedachte Risikobereitschaft nicht auszunutzen, um allein ein gutes Geschäft zu machen. Durch gemeinsame Wachsamkeit sollen möglichst Risiken vermieden, aber auch gemeinsam getragen werden.

Diese Legitimation führt nicht nur beim Verbraucher zu einer stärkeren Verhaltenssicherheit, die ihm psychologisch das Gefühl der Berechtigung verleiht und damit sein Auftreten gegenüber den Gläubigern in den Vergleichsverhandlungen effektiviert.

33 Reifner/Volkmer, Neue Formen der Verbraucherrechtsberatung, 1988, S. 39.

Machtausgleich

Weiter gibt das Verbraucherinsolvenzverfahren dem Schuldner die Möglichkeit, den Gläubigern in den Verhandlungen mit gleichen Waffen gegenüberzutreten. Als rechtliche Basis hat er das Restschuldbefreiungsverfahren, das bei Scheitern einer außergerichtlichen Einigung droht, und mit dessen Kosten er jonglieren kann, um zu einem angemessenen Vergleich zu kommen. Dieser Vergleich ist dann das Ergebnis einer Kommunikation, innerhalb derer Konflikte ausgetragen werden, bis die Beteiligten zu einem für beide Seiten tragfähigen Ergebnis kommen.

Die Verbraucherinsolvenz öffnet sich damit im außergerichtlichen Verfahren einem gesetzlich basierten Selbstregulierungsmechanismus, mit dessen Hilfe der Schuldner in die Lage versetzt wird, als gleichberechtigtes Subjekt seinen konkreten Fall der Überschuldung zu lösen und darüber hinaus auch zukünftig Überschuldung zu vermeiden.

Das gerichtliche Verfahren hingegen hat diese positiven Effekte nur in geringem Maße. Hier kommt die Lösung des Problems „von oben“ und für den Schuldner unbeeinflußbar. Der Schuldner ist lediglich Objekt eines Urteils, nicht gleichberechtigter Verhandlungspartner. Einen Grund für ihn, sein Verhalten zu ändern, gibt es nicht. Es gibt auch keinen Kommunikationsprozeß, der ihn veranlassen könnte, sein Verhalten mit dem Ziel der Prävention zu ändern.

Würde man also den außergerichtlichen Bereich mit seinen Kommunikationsmöglichkeiten vernachlässigen, wäre ein wesentliches Ziel des Verbraucherinsolvenzverfahrens nicht erreicht.

2. Veränderung von Gläubigerverhalten

Die Anbieter haben durch eine Änderung ihrer Geschäftspolitik die besten Präventionsmöglichkeiten für Verbraucherprobleme. Ihnen muß lediglich ein materielles Interesse an einer entsprechenden Verhaltensänderung verdeutlicht werden.

Dies bedeutet, daß hier gesellschaftliche Verhaltensweisen in betriebswirtschaftliche Kategorien übersetzt werden müssen. So ist z. B. der verbraucherpolitische Appell an moralische Unterstützung sowie an gemeinsames Wertebewußtsein für die Anbieter als potentieller Imageverlust mit Gefahr der Kundenabwanderung zu verstehen. Die Kündigung von Krediten Drogenabhängiger birgt die Gefahr negativer Publizität und irrationaler Abwanderung von Kunden, was wiederum Umsatzverluste nach sich zieht oder aber durch aufwendige Werbung kompensiert werden muß[34]. Rechtswidriges Verhalten ist ein Prozeßkostenrisiko, wobei zu den Prozeßkosten noch der Aufwand im Betrieb hinzugerechnet werden muß.

Ein deutliches Beispiel für die erfolgreiche Änderung von Gläubigerverhalten war die Rückforderung von Kreditkosten bei sittenwidrigen Ratenkrediten. Schätzungen sprechen von ca. 2 Milliarden DM, die die Teilzahlungsbanken nach der geltenden Rechtsordnung den Verbrauchern hätten zurückerstatten müssen. Übertragen auf die Überschuldungssituation bedeutet dies, daß die Gläubiger die Kosten der Überschuldung für ihre Unternehmen stärker ins Kalkül ziehen müssen:

In den ersten drei Monaten des Jahres 1992 erfolgten 30 % der Zahlungen auf Forderungen nicht rechtzeitig[35]. Die Beitreibung rückständiger Forderungen kostete dabei rund 3 DM je eingetriebene Mark. Allein die Inkassounternehmen in Deutschland hatten schon damals ein Forderungsvolumen von 20 Mrd. DM jährlich mit steigender Tendenz[36]. Daraus folgt ein Kostenaufwand von 60 Mrd. DM jährlich allein für die Inkassobranche. Die durch Zah-

34 S. zu Beispielen S. 141.

35 Vgl. Frankfurter Rundschau v. 5. 5. 1992, S. 9.

36 Vgl. Frankfurter Rundschau v. 5. 5. 1992, S. 9.

lungsrückstände hervorgerufene Tätigkeit von Rechts- und Mahnabteilungen der Kreditinstitute dürfte ebenso mit erheblichen Kosten zu Buche schlagen.

Hier hat das außergerichtliche Einigungsverfahren einen erheblichen Kostenersparniseffekt für die Gläubiger. Die Gläubiger haben für einen (mit Hilfe der Schuldnerberatungsstellen geschlossenen) Vergleich nur geringe Kosten aufzuwenden: Es fallen keine Kosten für Anwälte, Gerichte oder Inkassounternehmen an. Daneben bietet ein Vergleich mit feststehenden monatlich zu zahlenden Raten den Gläubigern den Vorteil, daß sie mit einer festgesetzten Summe rechnen können. Aber selbst bei einem Vergleich mit flexiblen Raten sind die Gläubiger nicht schlechter gestellt als im Restschuldbefreiungsverfahren, wo der Schuldner verpflichtet ist, das jeweils pfändbare Einkommen abzutreten, das durch Arbeitslosigkeit, Änderung von Unterhaltspflichten etc. erheblich variieren kann.

Es ist also davon auszugehen, daß die Gläubiger (zumindest) aus betriebswirtschaftlichen Gründen tendenziell geneigt sind, einen außergerichtlichen Vergleich zu unterstützen. Hierbei sind sie dann gleichzeitig mit der Überprüfung ihrer eigenen Forderungen konfrontiert und sind gehalten, diese an der rechtlichen Meßlatte beurteilen zu lassen. Sofern sich hier immer wieder die gleichen Probleme stellen – z. B. überhöhter Verzugszins –, bewirken ständige Kommunikation und Verdeutlichung der Kosten möglicherweise auch hier eine Verhaltensänderung.

Bei grundsätzlicher Bereitschaft der Gläubiger zu einer vertraglichen eher als zu einer gerichtlichen Lösung ist dann weiter anzunehmen, daß sie auch den bisher oft üblichen Kündigungsautomatismus zugunsten einer Gesprächs- und Vergleichslösung aufgeben werden. Der Kündigungsautomatismus machte nur so lange Sinn, wie die Gläubiger im üblichen Mahn- und Inkassoverfahren den idealen Weg sahen, um zu ihrem Geld zu kommen. Wird nun aber für sie der Abschluß eines außergerichtlichen Vergleichs interessant, spricht viel dafür, daß sie sich schon vor einer Kündigung für einen Vergleich in Form einer Stundung etc. einsetzen, bevor es zum „großen“ Verbraucherinsolvenzverfahren kommt.

D. Ergebnis

Außergerichtliche Verfahren sind damit besser als gerichtliche und gesetzlich festgeschriebene dazu geeignet, eine Verhaltensänderung der betroffenen Parteien zu erreichen. Während Zwangsverfahren die Parteien zum Objekt degradieren und ihnen keine Möglichkeit lassen, ihr Geschick selbst zu gestalten, erlauben außergerichtliche Verfahren grundsätzlich ein eigenverantwortliches Umgehen mit dem jeweiligen Problem.

Im Rahmen der Schuldnerberatung soll dabei auf Schuldnerseite erreicht werden, daß dieser zukünftig mit seinem Geld besser haushält; auf Gläubigerseite geht es darum, daß auch sie ihre Kreditvergabepraxis und die Ausgestaltung der Kredite so ändern, daß die Überschuldungsgefahr möglichst vermindert wird. Diese Verhaltensänderungen auf beiden Seiten können den Gedanken der Prävention verwirklichen.

Allerdings muß das Recht die nötigen Rahmenbedingungen dafür setzen, daß die Parteien auch tatsächlich marktmäßig gleichberechtigt sind. Hierzu trägt das neue Verbraucherinsolvenzverfahren bei. Ohne eine gesetzliche Flankierung waren und sind die Schuldner den Gläubigern unterlegen: Sie haben bisher keine Möglichkeit, gegen den Willen der Gläubiger einen Vergleich durchzusetzen. Dies hat sich durch die Insolvenzrechtsreform geändert. Die Gläubiger müssen nun damit rechnen, daß entweder der Richter ihre fehlende Zustimmung zu einem Vergleich ersetzt, oder daß nach sieben bzw. fünf Jahren „Wohlverhaltens“ der Schuldner von seinen Restschulden befreit wird. In beiden Fällen müssen sie also auf einen Teil ihrer Forderungen verzichten. Es ist daher anzunehmen, daß sie zukünftig einer außergerichtlichen Einigung offener gegenüberstehen als bisher, zumal hier – im Gegensatz zum gerichtlichen Verfahren – noch keine gerichtlichen Verfahrenskosten anfallen.

Schuldnerberatung sollte diese neuen Möglichkeiten nutzen und ihre Klienten ermutigen, offensiv, selbstbewußt und kreativ ihr Schuldenproblem in die eigenen Hände zu nehmen. Der Grundsatz der Vertragsfreiheit kann und sollte dafür gebraucht werden, Vergleiche so zu gestalten, daß sie die gesetzlichen Nachteile vermeiden und Gläubiger und Schuldner zu einem für beide gleichermaßen tragbaren Vertragsabschluß bringen. Ihre Tätigkeit wird durch das neue Verbraucherinsolvenzverfahren erheblich unterstützt, und sie sind diejenigen, die vom Gesetzgeber dazu aufgefordert sind, ihre Erfahrungen und ihr Wissen in die Aufgaben nach dem neuen Recht einzubringen.

Hierzu sind vor allem zwei im Gesetz offen gelassene Punkte zu präzisieren, nämlich

– **zum einen die „geeigneten Stellen" iSv § 305 InsO:**

Wenn man davon ausgeht, daß die außergerichtliche Einigung möglichst effektiv sein soll, werden Schuldner nur in geringem Umfange in der Lage sein, allein eine gute außergerichtliche Einigung über ihre Verbindlichkeiten mit den Gläubigern herbeizuführen. Erst recht wird es ihnen nicht gelingen, über die Regelung der konkreten Schuldensituation hinaus ihr zukünftiges Verhalten so zu ändern, daß eine erneute Überschuldung unterbleibt. Eine echte Prävention wird sich nur mit Hilfestellung erreichen lassen.

Inhaltliche Träger der Schuldenbewältigung werden vielmehr die sog. geeigneten Stellen sein, die den Schuldner in den Verhandlungen begleiten. Hier ist vor allem an die Schuldnerberatungsstellen zu denken, die auf eine jahrzehntelange Erfahrung in diesem Bereich nicht nur in rechtlichen, sondern vor allem auch in psychosozialen Fragen zurückgreifen können.

Für diese Beratungseinrichtungen, die gerade im Rahmen der Insolvenzordnung eine erfolgreiche außergerichtliche Einigung praktizieren sollen, werden im folgenden Kriterien ermittelt, die sie erfüllen müssen, um eine umfassende Schuldenbereinigung mit gleichzeitiger Präventionswirkung zu ermöglichen.

– **zum anderen die Gestaltung von außergerichtlichen Vergleichsplänen:**

Das außergerichtliche Einigungsverfahren soll allerdings nicht nur in bezug auf die beteiligten „Stellen", sondern auch inhaltlich hinsichtlich möglicher Gestaltungsspielräume durchleuchtet werden. Durch das Angebot entsprechender uniformierter Vergleichs- und Verfahrensabläufe, von Formularen und insbesondere durch Erarbeitung von Allgemeinen Geschäftsbedingungen, die ein für das Gelingen des Ausgleichs günstiges Machtverhältnis ermöglichen, soll unnötiges Konfliktpotential vermieden, die Diskussion zwischen Schuldnern und ihren Beratern auf der einen sowie Gläubigern auf der anderen Seite auf eine rationale Grundlage gestellt und möglichen Obstruktionen entgegengewirkt werden. Im Sinne einer wirtschaftlichen Rehabilitation Überschuldeter geht es darum, die Chancen der Insolvenzordnung zur eigenverantwortlichen Gestaltung zu nutzen und die konstruktive Mitarbeit aller Beteiligten zu gewinnen.

II. Anforderungs- und Ausstattungsprofil der Schuldnerberatungsstellen

Auch das außergerichtliche Verbraucherinsolvenzverfahren bietet trotz des Wunsches nach größtmöglicher Einfachheit doch für den Schuldner noch genügend Fallstricke, Hürden und auch Variationsmöglichkeiten, um daran zu scheitern. Ohne qualitativ hochwertige und quantitativ andauernde Beratung dürften daher nur wenige Verbraucher eine Chance haben, das Verfahren erfolgreich – ggf. bis zum Ende der Restschuldbefreiung – zu durchlaufen. Gelingt ihnen dies aber nicht, ist der Sinn des Gesetzes verfehlt.

Dies hat auch der Gesetzgeber gesehen und daher ausdrücklich die Hilfe einer „geeigneten Person“ oder „Stelle“ bei der Aushandlung eines außergerichtlichen Vergleichs (und darüber hinaus) in der Insolvenzordnung festgeschrieben.

Zu klären ist daher im folgenden:

1. Wie sind „geeignete Person“ und „geeignete Stelle“ voneinander abzugrenzen?
2. Welche Rolle hat die „geeignete Stelle“, und wer kann sie ausfüllen?
3. Welche Anforderungen stellt die Insolvenzordnung an die „geeignete Stelle“?
4. Welchem Anforderungs- und Ausstattungsprofil muß sie daher genügen?

A. Geeignete Stellen und Personen iSv § 305 InsO

Kern des Verbraucherinsolvenzverfahrens ist der ernsthafte Versuch einer außergerichtlichen Einigung zwischen Schuldner und Gläubigern mit Hilfe einer „geeigneten Person“ oder „Stelle“ (§ 305 InsO), die möglichst zu einem Vergleich führen soll, der die Interessen von Schuldnern und Gläubigern gleichermaßen berücksichtigt. Wer dabei „geeignete Person“ oder „Stelle“ ist, können die Länder durch Ausführungsgesetze bestimmen.

Maßstab für die Geeignetheit einer Person oder Stelle ist daher, ob sie in der Lage ist, tatsächlich einen solchen Vergleich zu bewerkstelligen.

1. „Geeignete Personen“

Kraft ihres Berufes kommen für die außergerichtliche Einigung die Angehörigen der rechtsberatenden Berufe (Rechtsanwälte, Notare) und die Steuerberater in Betracht. Hier ist nach Ansicht des Gesetzgebers eine verantwortungsvolle Tätigkeit schon durch das Berufs- und Standesrecht gesichert. Weitere geeignete Stellen sollen z. B. die Gütestellen iSd § 794 Abs. 1 Nr. 1 ZPO sein, wohl auch Schiedsstellen („Vergleichsbehörden“) iSd § 380 StPO[37].

In § 5 Entw. Ausf. InsO NRW wurden diese für „geeignet“ gehaltenen Personen gesondert aufgenommen:

> *„§ 5 Aufgaben der Kreise/kreisfreien Städte*
>
> *Neben dem Angebot durch geeignete Stellen ist dabei das durch geeignete Personen, das sind insbesondere Rechtsanwälte, Notare und Steuerberater, zu berücksichtigen.“*

Fraglich ist jedoch, ob eine „verantwortungsvolle Tätigkeit“ allein schon ausreicht, um einen effektiven außergerichtlichen Einigungsversuch im Sinne des Gesetzes zu garantieren, wie es der Ausschußbericht behauptet.

Zu Recht wirft die Bund-Länder-AG zur „Vereinfachung des neuen Insolvenzverfahrens“ das Problem auf, daß es sich bei der Beratung überschuldeter Verbraucher nicht um eine

37 Ausschußbericht zu § 305 InsO, s. Balz/Landfermann, Insolvenzordnung S. 428.

„originär anwaltliche Tätigkeit“ handelt, bei der rechtliche Gesichtspunkte im Vordergrund stehen[38]. Es sei daher nicht davon auszugehen, daß Anwälte und Steuerberater in nennenswertem Umfang in der Verbraucherinsolvenzberatung tätig würden, da diese für sie „untypische“ Tätigkeiten erfordere und zudem dem überschuldeten Verbraucher wegen der damit verbundenen Kosten faktisch der Zugang zum Verfahren versperrt würde, es sei denn, Beratungshilfegesetz und Prozeßkostenhilfegesetz kämen zur Anwendung.

Anders wäre dies höchstens dann zu beurteilen, wenn Anwälte über eine standardisierte Vorgehensweise Pläne am Fließband erstellen und abwickeln könnten, wie dies in den USA der Fall ist. Angesichts der Offenheit der außergerichtlichen Einigung, die eine Vielzahl von Plänen zuläßt, ist dies jedoch weder zu erwarten noch wünschenswert.

Vor allem aber weist *Dr. Heßler* – Vorsitzender der Bund-Länder-AG – zu Recht darauf hin, daß von den Angehörigen der rechtsberatenden Berufe nicht der gleiche Erfahrungsschatz zu erwarten sei wie von den Schuldnerberatungsstellen[39].

Dies bedeutet also, daß es nicht nur nicht wahrscheinlich, sondern darüber hinaus auch nur bedingt erstrebenswert ist, wenn sich Rechtsanwälte und Steuerberater in großem Umfang in die außergerichtliche Einigung zwischen Schuldner und Gläubiger einschalten, da ihnen sowohl die Erfahrung als auch die spezifische Fähigkeit der Schuldnerberater fehlt, sich neben der rein rechtlichen Seite auch um die persönlichen Ursachen und Begleiterscheinungen der Überschuldung zu kümmern. Anwälte sind daher kaum generell als „geeignet“ anzusehen, das Ziel des Verbraucherinsolvenzverfahrens – Beseitigung der Überschuldung *und* Prävention – zu erreichen.

Insofern darf die zitierte Vorschrift des Entwurfs zum Ausführungsgesetz von Nordrhein-Westfalen bei entsprechender Einführung nicht dazu führen, daß sich Länder und Kommunen von ihrer Verpflichtung zur Finanzierung einer ausreichenden Anzahl von Schuldnerberatungsstellen mit dem Hinweis auf Rechtsanwälte etc. als „geeignete Personen“ iSv § 305 InsO befreien können.

Das Gutachten wird sich mit der „geeigneten Person“ nicht befassen. Hier wird es vielmehr darum gehen, Schuldnerberatungseinrichtungen als „geeignete Stellen“ so zu definieren, zu besetzen und auszustatten, daß sie die Zielvorstellungen des Verfahrens erfüllen können.

2. Rolle der „geeigneten Stelle“ im Verbraucherinsolvenzverfahren

Nach § 305 Abs. 1 Nr. 1 InsO ist bei einem Antrag des Schuldners auf Eröffnung des Insolvenzverfahrens eine Bescheinigung einer „geeigneten ... Stelle“ über das Scheitern der außergerichtlichen Einigung vorzulegen.

Betrachtet man allein den Wortlaut der Vorschrift, könnte sich möglicherweise die Tätigkeit der „geeigneten Stelle“ auf das Ausstellen der Bescheinigung über den gescheiterten außergerichtlichen Einigungsversuch beschränken. Sie wäre damit bloße „Stempelstelle“, die nicht einmal selbst mit den Gläubigern verhandelt haben müßte.

Eine derartige Wortlautauslegung wird jedoch der Intention des Gesetzes nach einer Stärkung der außergerichtlichen Einigungsmöglichkeiten nicht gerecht und wird daher zu Recht allgemein abgelehnt[40].

Absicht des Gesetzgebers war es, die Gerichte von dem zu erwartenden Ansturm der Schuldner mit Inkrafttreten des Verbraucherkonkurses zu entlasten. Geschehen sollte dies durch eine weitgehende Erledigung der Fälle im außergerichtlichen Verfahren:

38 Bericht über die Tätigkeit der Arbeitsgruppe „Vereinfachung des neuen Insolvenzverfahrens“, S. 6.
39 Dr. Heßler, zit. nach Köper, BAG-SB Informationen, 1/96, 43.
40 Z. B. Justizministerium Bremen, zit. nach Köper, BAG-SB Informationen 1/96, 43.

„Den Stellen obliegt damit im Rahmen des obligatorischen außergerichtlichen Verfahrens die wichtige Aufgabe der Vermittlung zwischen Gläubigern und Schuldnern, die letztlich auch zu einer Entlastung der Justiz beitragen wird.“[41]

Erst wenn eine außergerichtliche Einigung gescheitert ist, soll das gerichtliche Verfahren durchgeführt werden dürfen. Die außergerichtliche Einigung soll also möglichst gut funktionieren. Dies gilt über die Entlastung der Justiz hinaus natürlich auch wegen der eigentlichen Ziele des Verbraucherinsolvenzverfahrens, der Entschuldung und der Prävention.

Aufgabe der „geeigneten Stelle“ ist es daher zunächst, den Schuldner umfassend zu beraten und mit seiner Hilfe einen außergerichtlichen Einigungsversuch zu starten, der so sorgfältig aufgebaut und ausgehandelt werden muß, daß er zum einen für den Schuldner tragfähig ist, und zum anderen möglichst von allen Gläubigern angenommen wird. Erst wenn diese Bemühungen nicht zu einem Vertragsschluß zwischen Schuldner und Gläubiger führen, kann die „geeignete Stelle“ das Scheitern bescheinigen und den Schuldner bei der Aufstellung des Plans sowie bei der Erstellung der nach § 305 Abs. 1 Nr. 3 und 4 InsO vorzulegenden Unterlagen unterstützen.

Das mögliche Ausstellen einer „Fremdbescheinigung“ kann daher nur dann den Anforderungen des Gesetzes genügen, wenn die „geeignete Stelle“ sorgfältig prüft, inwieweit die Vergleichsverhandlungen – z. B. des Schuldners selbst – ernsthaft und gründlich waren oder nicht. Solch ein qualifiziertes Vorgehen ist vom Ratsuchenden selbst wahrscheinlich nur in Ausnahmefällen zu erwarten. Selbsttätigen Schuldnern kann somit eine Bescheinigung – als Begutachtung ihrer eigenen Verhandlungen – nicht ohne weiteres ausgestellt werden. In noch stärkerem Maße muß dies für die außergerichtlichen Verhandlungen anderer Personen gelten, die nicht als „geeignete Stelle“ anerkannt sind. Auch von ihnen ist kaum ein professionelles Verhandeln zu erwarten, das den Anforderungen des Gesetzes gerecht werden könnte. Dies gilt in besonderem Maße für kommerzielle Schuldenregulierer, die schon nach der Intention des außergerichtlichen Vergleichsverfahrens nicht als „geeignete Stellen“ anerkannt werden dürfen, und die außerdem ohnehin gegen das Rechtsberatungsgesetz verstoßen (s. ausführlich unten).

Um wirklich eine Entlastung der Justiz zu erreichen, ist die Insolvenzordnung wesentlich darauf angewiesen, daß sich verantwortungsvolle „geeignete Stellen“ selbst ernsthaft um eine Einigung mit den Gläubigern bemühen. Rechtsanwälte als „geeignete Personen“ können demgegenüber nur eine untergeordnete Rolle spielen.

Ausgehend von dieser Beurteilung der „geeigneten Personen“ ist es nicht überraschend, daß die Bund-Länder-AG in ihrem Bericht vom 30. 5. 1996 die herausragende zukünftige Bedeutung von Schuldnerberatungsstellen als „geeignete Stellen“ noch einmal besonders betont hat[42]:

„Dort bestehen die größten praktischen Erfahrungen mit der zwischen sozialer Lebenshilfe und Bewältigung eines formalen juristischen Verfahrens angesiedelten Aufgabe. Vor allem aber verfügen die hauptberuflich tätigen Mitarbeiter der Schuldnerberatungsstellen über eine spezielle Ausbildung für erfolgversprechende Problemlösungen und für den Umgang mit den hilfesuchenden Personengruppen.“

Dr. Hoffmann vom hessischen Justizministerium sieht die Rolle der „geeigneten Stellen“ noch erheblich weiter. Er betont, daß die Erwartungen an die geeigneten Stellen erheblich seien. Geradezu abwegig sei es, die „Ausstellung der Bescheinigung für sich allein auch nur in die Nähe einer erwähnenswerten Leistung zu rücken“. Über die Tätigkeit im Rahmen des Insolvenzverfahrens hinaus sei es Aufgabe der Stelle,

41 BT.-Drucks. 13/5282 v. 16. 7. 1996 zum Thema „Arbeitslosigkeit und Verschuldung“, S. 9.
42 Bericht über die Tätigkeit der Bund-Länder-AG v. 30. 5. 1996, S. 4.

„auf eine Reduzierung entbehrlicher Ausgaben beim Schuldner hinzuwirken, ihn zu veranlassen, bisher nicht geltend gemachte Ansprüche zu erheben, für einen tragfähigen Haushaltsplan der Familie zu sorgen und Perspektiven zu schaffen, die den Schuldner zu nachhaltiger Mitarbeit ermutigen“[43].

Damit kommt er den eigenen Vorstellungen der Schuldnerberater von ihrer Beratungstätigkeit entscheidend entgegen.

Sie betrachten seit jeher ihre Aufgabe nicht lediglich als *Schulden*bereinigung, sondern als umfassende *Schuldner*beratung im wahrsten Sinne des Wortes: Der Schuldner erhält nicht lediglich eine Beratung dahingehend, wie er sich von seinen bestehenden Schulden befreien kann, sondern die Betreuung umfaßt seine gesamten Lebensumstände wie Familienverhältnisse, Lebensführung, evtl. Arbeitslosigkeit, Alkohol, Sucht. Dieser weitverstandene Begriff der Schuldnerberatung hat seinen Grund darin, daß Schuldnerberater erkannt haben, daß das Eintreten von Überschuldung einen „komplexen biographischen Vorgang“[44] darstellt.

Unter Schuldnerberatung wird die sozialpädagogische und juristische Betreuung von Verschuldeten und Überschuldeten verstanden. Gesamtziel der Betreuung ist die Existenzsicherung, die Beseitigung der konkreten Überschuldung und die dauerhafte Entschuldung.

In der sozialpädagogigschen Beratung geht es darum, dem Überschuldeten in seiner Notlage beizustehen und im Umgang mit Geld, Gläubigern und Schulden zu unterstützen und zu trainieren und langfristig die Ursachen seiner Überschuldung ausfindig machen und zu bearbeiten. Eine Unterbelichtung der sozialpädagogischen Beratung führt meist dazu, daß die aktuelle Überschuldungssituation zwar mit juristischer Intervention reduziert wird (indem z. B. Kreditverträge oder Pfändungen als nicht rechtens identifiziert werden), die Ursachen der Überschuldung aber bestehen bleiben, wodurch dann eine neue Überschuldung vorprogrammiert ist (Beispiel: Drogensucht, Kaufrausch etc.).

In der juristischen Beratung soll sichergestellt werden, daß die der Überschuldung vorausgegangenen Rechtsgeschäfte, z. B. Kreditverträge und Umschuldungen, sowie die Schuldenregulierung in Einklang mit der Gesetzeslage sind. Insbesondere geht es um die Feststellung der berechtigten Höhe der Gläubigerforderungen und mögliche Loslösung von anhängigen Verträgen. Bei einer Vernachlässigung der juristischen Sachlage besteht die Gefahr, daß der Überschuldete rechtlich unkorrekte Schuldbeträge mühsam zurückbezahlt und der Prozeß bis zur Konsolidierung unnötig verlängert wird (mit den negativen Folgen für die Motivation zur Beibehaltung bzw. Suche eines Arbeitsplatzes).

Schuldnerberatung ist daher nur sinnvoll, wenn sie sozialpädagogische und juristische Elemente beinhaltet und für den Klienten optimal einsetzt.

Will die Schuldnerberatung ihr Ziel erreichen, sowohl die aktuelle Überschuldung zu beseitigen als auch eine zukünftige Überschuldung zu verhindern, so muß sie den Schuldner dazu motivieren, sich aktiv am Entschuldungsverfahren zu beteiligen. Hierzu gehört dann zum einen die Beteiligung an der Aushandlung des Plans, zum anderen die Arbeit an der Ursachenbewältigung.

Schuldnerberatungsstellen, die zukünftig im Insolvenzverfahren als „geeignete Stellen“ tätig werden, werden ihre Erkenntnisse und Erfahrungen aus ihrer bisherigen Betrachtungsweise des Schuldners als ganzer Person mit all seinen Problemen auch auf den Verbraucherkonkurs übertragen. Dies bedeutet, daß sie ihren Aufgabenbereich nicht allein auf die konkreten Vergleichsverhandlungen mit den Gläubigern beschränken, sondern daß sie für den Schuldner eine umfassende Betreuung und Begleitung sowohl für das gesamte Verfahren als auch

43 Dr. Hoffmann, zit. nach Köper, BAG-SB Informationen 1/96, 43.
44 GP-Bericht, S. 274.

für eine positive Veränderung seiner Lebensumstände sicherstellen wollen. Diese Zielvorstellung deckt sich mit den Zielen des außergerichtlichen Vergleichs im Rahmen des Verbraucherinsolvenzverfahrens.

B. Veränderung der Tätigkeiten von Schuldnerberatung

Die Arbeit der Schuldnerberatung wird sich deutlich verändern: Der Verbraucherkonkurs wird die Beratung zu quantitativ neuen Dimensionen bringen und qualitativ an die Beratungsleistungen in rechtlicher und sozialer Hinsicht höchste Anforderungen stellen.

1. ... inhaltlicher Art

Aus diesem hohen Anspruch einer umfassenden Beratung und Begleitung des Schuldners in rechtlicher, wirtschaftlicher und persönlicher Hinsicht mit dem Ziel einer erfolgreichen – vor allem außergerichtlichen – Einigung und Erfüllung des Plans definiert die Schuldnerberatung selbst im einzelnen folgende konkrete Aufgaben an die „geeignete Stelle“:

- Umfassende Aufklärung über Ablauf, Voraussetzungen und Obliegenheiten des Verbraucherkonkursverfahrens
- Durchführung eines außergerichtlichen Einigungsversuchs mit den Gläubigern unter Berücksichtigung der Bedingungen des InsO-Verfahrens; Erstellung einer Bescheinigung bei Scheitern des Versuchs
- Hilfestellung bei der Antragstellung zur Eröffnung des Insolvenzverfahrens und Restschuldbefreiung, wobei erhebliche Formalien einzuhalten sind (Aufstellung von Forderungs-, Gläubiger- und Einkommens- und Vermögensverzeichnissen, Erstellung eines Schuldenbereinigungsplans sowie Formulierung von Anträgen und Erklärungen)
- Begleitung und Betreuung im gerichtlichen Verfahren bis zur Entscheidung über den Schuldenbereinigungsplan
- Begleitung und Betreuung des Schuldners in den Jahren einer eventuellen Treuhandphase bis zur Restschuldbefreiung

Mit dieser Aufgabenbeschreibung geht die Schuldnerberatung zwar über den engen gesetzlichen Rahmen hinaus, der sich in § 305 InsO in außergerichtlichen Vergleichsverhandlungen und einer Bescheinigung beim Scheitern derselben erschöpft. Wie jedoch oben beschrieben wurde, kann eine Befreiung des Schuldners von seinen Verbindlichkeiten unter weitestgehender Entlastung der Gerichte nur funktionieren, wenn der Berater den Schuldner auch weiterhin berät, betreut und begleitet.

Bis zu einem gewissen Grad erkennt dies auch § 2 Entw. Ausf. InsO NRW an. Die Vorschrift in dem Entwurf zum Ausführungsgesetz dehnt die Tätigkeit der „geeigneten Stelle“ über den Zeitpunkt der Antragstellung hinaus immerhin bis zur Entscheidung über den Schuldenbereinigungsplan im gerichtlichen Verfahren aus. Im einzelnen charakterisiert sie die Aufgaben der „geeigneten Stelle“ im Verbraucherkonkursverfahren folgendermaßen:

> ***„§ 2 Aufgaben***
>
> *(1) Aufgabe der geeigneten Stelle ist die Beratung und Vertretung einer verschuldeten natürlichen Person, die keine oder nur eine geringfügige wirtschaftliche Tätigkeit ausübt, bei der Schuldenbereinigung, insbesondere bei dem Versuch einer außergerichtlichen Einigung mit den Gläubigern auf der Grundlage eines Plans. Bleibt dieser Versuch erfolglos, hat die geeignete Stelle eine Bescheinigung darüber auszustellen und den Schuldner über das Verbraucherinsolvenzverfahren zu beraten.*
>
> *(2) Die geeignete Stelle darf den Schuldner, der mit dem Antrag auf Eröffnung des Insolvenzverfahrens oder unverzüglich danach den Antrag auf Erteilung der Restschuldbe-*

freiung gestellt und einen Schuldenbereinigungsplan vorgelegt hat, in dem gerichtlichen Verfahren beraten und vertreten bis zur Entscheidung über den Schuldenbereinigungsplan.

(3) Die Vorschriften des Rechtsberatungsgesetzes und des Steuerberatungsgesetzes bleiben unberührt.“

Selbst diese Ausdehnung des zeitlichen Tätigkeitsbereichs genügt aber den Anforderungen an eine erfolgreiche Schuldnerberatung im Rahmen des Verbraucherinsolvenzverfahrens nicht. Würde man dem Vorschlag folgen, so wäre der Schuldner – alleingelassen mit einer hohen Zahlungsverpflichtung, die ihm über Jahre nur das Existenzminimum läßt – in vielen Fällen weder in der Lage, einen (außer)gerichtlichen Vergleich einzuhalten noch die Zeit bis zur Restschuldbefreiung erfolgreich zu bestehen. Gerade beim Vergleich mit festen Raten genügt ein einziges Ereignis wie z. B. Arbeitslosigkeit oder die Geburt eines Kindes, um ein Mißlingen des gesamten Plans nach sich zu ziehen, weil der Schuldner möglicherweise nicht mehr in der Lage ist, seinen Verpflichtungen pünktlich oder überhaupt nachzukommen. Hier ist es zum Gelingen der Intention des Gesetzes – nämlich tatsächlich einem Großteil der überschuldeten Verbraucher einen gangbaren Weg zurück zum normalen Leben zu ermöglichen – unerläßlich, die Schuldnerberatungsstellen nicht nur bis zum Beginn des gerichtlichen Insolvenzverfahrens, sondern bis zum Ende einer eventuellen Treuhandphase in das Verbraucherinsolvenzverfahren einzubeziehen.

Hierbei stellt sich gleichzeitig die Frage, wieweit für eine solch weitgehende Tätigkeit der Schuldnerberatungsstellen eine Änderung des Rechtsberatungsgesetzes notwendig ist, wofür ein Vorschlag der Bund-Länder-AG jetzt vorliegt.

Exkurs: Rechtsberatungsgesetz:

Schon bisher war streitig, ob die rechtliche Tätigkeit der Schuldnerberatungsstellen mit dem Rechtsberatungsgesetz kollidiert.

Schuldnerberatung macht fast immer auch die Hilfe in rechtlichen Angelegenheiten erforderlich. Die geschäftsmäßige Besorgung fremder Rechtsangelegenheiten einschließlich der Rechtsberatung ist gem. Art. 1 § 1 Abs. 1 Rechtsberatungsgesetz grundsätzlich erlaubnispflichtig.

Zwar gibt es verschiedene Ansichten, nach denen rechtliche Beratung im Rahmen der Schuldnerberatung auch nach geltendem Recht schon zulässig ist[45]. Mehr Sicherheit könnte hier jedoch durch eine ausdrückliche gesetzliche Absicherung erreicht werden, da Schuldnerberatung sonst mit „diversen, nicht zuletzt versicherungsrechtlichen Risiken verbunden (ist)“[46]. Das Bedürfnis nach Klärung zeigte auch die GP-Umfrage, die eine erhebliche Unsicherheit auf seiten der Schuldnerberater hinsichtlich der durch das Rechtsberatungsgesetz gesteckten Grenzen ausmachte[47].

Verstärkt wird die unsichere Rechtslage jetzt durch die neue Insolvenzordnung, die den Schwerpunkt der Tätigkeit von Schuldnerberatung noch stärker in Richtung Recht verschiebt. Spätestens bei der Frage, ob der Schuldnerberater den Überschuldeten auch im gerichtlichen Verfahren begleiten und betreuen darf, ohne mit dem Rechtsberatungsgesetz zu kollidieren, wird es zu erneuten Streitigkeiten über die Zulässigkeit eines solchen Tuns kommen. Nach einem Vorschlag der Bund-Länder-AG soll Art. 1 § 3 um eine Nr. 9 RBerG folgendermaßen ergänzt werden:

45 GP-Bericht, S. 145 ff., 151 ff. Vgl. außerdem Reifner, Handbuch des Kreditrechts, 1991, § 51 Rdnr. 11 ff. zur Beratungsbefugnis einzelner Institutionen.

46 So Hesse-Schiller/Siebenhaar, Rechtsprobleme in der Schuldnerberatung, in: Blätter der Wohlfahrtspflege, 10/1987, 227.

47 GP-Bericht, S. 154.

„Durch dieses Gesetz werden nicht berührt:

9. die Besorgung von Rechtsangelegenheiten von Schuldnern durch eine nach Landesrecht als geeignet im Sinne von § 305 Abs. 1 Nr. 1 der Insolvenzordnung anerkannte Stelle im Rahmen ihres Aufgabenbereichs.“[48]

Eine solche Regelung geht einen Schritt vor, aber gleichzeitig zwei Schritte zurück. Positiv daran ist, daß zum ersten Mal daran gedacht wird, die rechtliche Tätigkeit von Schuldnerberatung abzusichern, und zwar sowohl gerichtlich als auch außergerichtlich. Allerdings löst der konkrete Entwurf nicht die Probleme, die Schuldnerberatung *außerhalb* der Insolvenzordnung bei der Besorgung von Rechtsangelegenheiten für ihre Klienten hat. Schuldnerberatung findet nicht nur im Rahmen der Insolvenzordnung statt, denn nicht jede Beratungsstelle wird geeignete Stelle sein, nicht jeder Schuldner ist zahlungsunfähig, und nicht jeder Zahlungsunfähige wird in das Verbraucherinsolvenzverfahren gehen (können). Im einzelnen:

- *Neu eingerichtete Schuldnerberatungsstellen*, die noch nicht über zwei- bis dreijährige praktische Erfahrung in der Schuldnerberatung verfügen – und daher (noch) nicht als „geeignet“ anerkannt sind – wären nicht von der Gesetzesänderung erfaßt. Dies gilt besonders für Beratungsstellen in den neuen Bundesländern.
- Gleichermaßen könnten *integrierte Beratungsstellen*, die ihren Arbeitsschwerpunkt nicht in der Schuldnerberatung haben – und daher ebenfalls keine „geeignete Stelle“ iSv § 305 InsO sein können – nicht von einer Änderung des Rechtsberatungsgesetzes profitieren und ihre von allen Seiten als nutzbringend anerkannte Tätigkeit wäre weitgehend illegal.
- Schließlich könnten sogar *innerhalb einer Einrichtung* Probleme auftreten, wenn die Tätigkeit bei einigen Schuldnern in den Rahmen der Insolvenzordnung fällt und bei anderen nicht. Beispielsweise könnte ein Berater dann zwar einen Schuldner bei der Entscheidung über einen Schuldenbereinigungsplan oder über die Gewährung der Restschuldbefreiung vor Gericht vertreten; er kann aber bei einem Schuldner, der nicht zahlungsunfähig ist, daran gehindert sein, mit Gläubigern über eine falsche Berechnung von Verzugszinsen zu verhandeln, wenn diese sich auf das Rechtsberatungsgesetz berufen.

Eine Bevorzugung der „geeigneten Stelle“ ist zwar möglich; fraglich ist aber, ob sie auch wünschenswert ist, denn sie schafft zwei Klassen von Beratungsstellen und Beratung, ohne daß dies durch zwingende Notwendigkeiten gerechtfertigt oder auch nur wünschenswert wäre.

Schuldnerberatung ist zur ordnungsgemäßen Erfüllung ihrer Beratungs- und Hilfeverpflichtungen darauf angewiesen, Rechtsberatung und Rechtsbesorgung, die in unmittelbarem Zusammenhang mit ihren Aufgaben steht, ausüben zu dürfen. Dabei ist zu beachten, daß jede Verhandlung mit Gläubigern – also die ureigenste Aufgabenstellung von Schuldnerberatung – nach der Rechtsprechung des BGH bereits Rechtsbesorgung darstellt. Und diese Problematik gilt es nicht nur für Tätigkeiten im Rahmen des Verbraucherinsolvenzverfahrens zu lösen. Auch unabhängig von einem großen Gesamtverfahren ist es unumgänglich, mit den Gläubigern in Verhandlungen zu treten, um z. B. Stundungen, Ratenzahlungsvereinbarungen, Einzelvergleiche oder die Überprüfung von Forderungen auf ihre Rechtmäßigkeit zu erreichen. Gläubiger könnten jedoch gerade durch eine „Zweiklassen“-Regelung auf die Idee gebracht werden, die Zusammenarbeit mit Schuldnerberatungsstellen bei Rechtsfragen zu verweigern.

Es wäre nun ein leichtes, diese Unsicherheiten, die sich sowohl für den Schuldner als auch für den Berater aus dem Rechtsberatungsgesetz ergeben, mit einer umfassenden Erlaubnis zumindest von außergerichtlicher Rechtsbesorgung für jede Schuldnerberatungstätigkeit aus

48 Abschlußbericht der Bund-Länder-AG v. 25. 11. 1996, Anlage 2.

der Welt zu schaffen. Dafür könnte die bisher angedachte Regelung durch eine Ergänzung für Schuldnerberatung allgemein erweitert werden.

Wichtig ist allerdings, daß kommerzielle Schuldenregulierer von einer Erlaubnis nicht erfaßt werden, was durch eine entsprechende Definition der Schuldnerberatungsstellen erreicht werden kann.

Exkurs Ende

2. ... formaler Art

Auch in formaler Hinsicht muß mit erheblichen Änderungen der Tätigkeit in der Schuldnerberatung gerechnet werden. Die Handlungsabläufe werden durch

- formalistischere Strukturvorgaben
- Ausweitung des Formularwesens bis hin zum Vordruckzwang
- stärkere EDV-Einbindung zur Arbeitserleichterung

stärker formalisiert sein.

a) formalistischere Strukturvorgaben

Zwar gibt es für die außergerichtliche Einigung keine Vorgaben, wie ein solcher Vergleich aussehen sollte. Trotzdem werden sich die Gläubiger an den Beträgen orientieren, die sie in einem späteren Restschuldbefreiungsverfahren vom Schuldner erhalten würden. Das Verhandeln um einen außergerichtlichen Vergleich kann zukünftig also nicht mehr von beliebigen Werten ausgehen, sondern wird die fiktive Summe des Restschuldbefreiungsverfahrens als Ausgangsbasis heranziehen müssen, möglicherweise unter Abzug eines Abschlags wegen der früheren Zahlung im Verhältnis zur Restschuldbefreiung. Zur Ermittlung dieses Betrags ist ein entsprechendes EDV-Programm sehr hilfreich, wenn nicht fast unerläßlich (s. unter III.).

Ebenso verlangt das außergerichtliche Verfahren zukünftig in Vorwegnahme des gerichtlichen Plans eine Gesamtsanierung des Schuldners, während bisher oft Einzelvergleiche abgeschlossen wurden (zu den möglichen Inhalten einer solchen Gesamtsanierung s. unter III.C.2f).

Um ein Scheitern des Plans möglichst zu verhindern, empfiehlt sich die Regelung möglicher Gründe hierfür in einer Art „Allgemeiner Geschäftsbedingungen", für die im zweiten Teil des Gutachtens Vorschläge entwickelt werden sollen.

b) Formularwesen und Vordruckzwang

Sollte der außergerichtliche Einigungsversuch scheitern, hat der Schuldner gemäß § 305 InsO zusammen mit dem Antrag auf Eröffnung des Insolvenzverfahrens

- ein Vermögensverzeichnis (einschl. seines Einkommens)
- ein Gläubigerverzeichnis und
- ein Forderungsverzeichnis

bei Gericht vorzulegen.

Um dem Gericht die Bearbeitung des zu erwartenden Papierwusts zu erleichtern, sollen für die nach Abs. 1 Nrn. 1 bis 4 vorzulegenden Bescheinigungen, Anträge, Verzeichnisse und Pläne Vordrucke zwingend eingeführt werden. Eine entsprechende Ergänzung der Insolvenzordnung, die eine Verordnungsermächtigung für den Bundesjustizminister mit Zustimmung des Bundesrats enthält, hat die Bund-Länder-AG bereits entworfen[49].

49 Bericht der Bund-Länder-AG v. 30. 5. 1996, S. 7 und Anlage 3.

Sichergestellt werden soll über formal ordnungsgemäße Anträge vor allem eine indirekte Strukturierung des Vorverfahrens sowie eine Vereinfachung des gerichtlichen Verfahrens. Ohne nähere Festlegung des Inhalts würde das Gericht mit von den jeweiligen Stellen und Personen selbst entworfenen Unterlagen konfrontiert, was eine schnelle Prüfung erheblich erschweren würde. Betont wird aber daneben auch die Arbeitserleichterung für den Schuldner, der bei Benutzung von Vordrucken nicht Gefahr läuft, einzelne wichtige Angaben zu vergessen[50].

c) stärkere EDV-Einbindung

EDV-Programme sollten zukünftig in mehrfacher Hinsicht genutzt werden:

- zum einen zur eigenen (internen) Arbeitserleichterung, z. B. Ratenkreditprogramme, Verzugszinsprogramme, Programme zur Erstellung von Zahlungsplänen
- zum anderen aber auch zur Ermöglichung eines (externen) Datenaustauschs, z. B. mit den Gerichten.

3. Fazit

Trotz der neuen Anforderungen sowohl in formaler wie auch in inhaltlicher Hinsicht dürfen die traditionellen Bereiche der Beratung nicht verdrängt werden, denn damit würde Schuldnerberatung ihre Funktion – auch im Verbraucherinsolvenzverfahren – nicht mehr erfüllen können. Dies gilt es durch ein entsprechendes Anforderungs- und Ausstattungsprofil zu verhindern.

C. Anerkennungsvoraussetzungen

Die vorhergehenden Ausführungen haben gezeigt, daß die Schuldnerberatung hohe Anforderungen erfüllen muß, um die Ziele des außergerichtlichen Verfahrens – nämlich Entschuldung und gleichzeitig Prävention – zu erreichen.

Die Annahme der „Geeignetheit“ iSv § 305 InsO gilt nicht uneingeschränkt für alle Schuldnerberatungsstellen, da die derzeit bestehende Struktur sowohl hinsichtlich der Arbeitsanteile von Schuldnerberatung als auch hinsichtlich Qualifikation der Mitarbeiter in den einzelnen Bundesländern äußerst inhomogen ist. Schuldnerberatungsstellen können nur fachlich qualifiziert sein, wenn sie einem Anforderungsprofil genügen, das der gesetzten Aufgabe entspricht.

Insgesamt sind (bisher) drei Entwürfe zu Ausführungsgesetzen hinsichtlich der Anforderungsprofile an Schuldnerberatungsstellen bekannt:

1. **Entwurf zu einem Landesgesetz zur Ausführung der Insolvenzordnung (Stand 25. 10. 1996) von der Bund-Länder-AG**
2. **Entwurf zum Ausführungsgesetz von Nordrhein-Westfalen**
3. **Vorschlag des AK-InsO der AG SBV**

Der Entwurf zu einem Landesgesetz zur Ausführung der Insolvenzordnung stammt von der Bund-Länder-AG, einer von Bund und Ländern eingerichteten und besetzten Arbeitsgruppe zur „Vereinfachung des Insolvenzverfahrens“. Da die Ausführungsgesetze jedoch auf Länderebene erlassen werden, ist jedes Land frei, ob es dem Entwurf des Bundes folgen will oder nicht. Als zweites mögliches Profil soll hier daher der Umsetzungsentwurf des Landes Nordrhein-Westfalen vorgestellt werden.

Das dritte Profil stammt aus der Feder des Arbeitskreises – Insolvenz der Arbeitsgemeinschaft Schuldnerberatung der Verbände (AK-InsO der AG SBV), der den Auftrag hat, den

50 Bericht der Bund-Länder-AG v. 30. 5. 1996, S. 7.

Prozeß der Einführung und Umsetzung der Insolvenzordnung auf seiten der beteiligten Verbände vorzubereiten bzw. zu begleiten.

Die einzelnen Entwürfe sowie eine Übersicht zu den wichtigsten Bestimmungen aller drei Vorschläge finden sich im Anhang.

Im folgenden sollen die einzelnen Voraussetzungen diskutiert werden:

1. Trägerschaft

Im Vorschlag der Bund-Länder-AG zum Anforderungsprofil war die Trägerschaft für Schuldnerberatungsstellen als „geeignete Stellen" iSv § 305 InsO nicht enthalten; im Entwurf zum Ausführungsgesetz von Nordrhein-Westfalen hingegen wurde die mögliche Trägerschaft auf

- kommunale,
- frei-gemeinnützige oder
- die einer Verbraucherzentrale (hier: Verbraucherzentrale NRW)

beschränkt. Zusätzlich wurden die innerbetrieblichen Sozialeinrichtungen aufgenommen.

Der Vorschlag des AK-InsO ist hinsichtlich der Trägerschaft sogar noch enger gefaßt. Dort heißt es: „Die Schuldnerberatung muß einem Verband der freien Wohlfahrtspflege oder einer Verbraucherzentrale angehören oder eine Einrichtung einer Kommune oder eines Landkreises sein."

Die Frage ist, ob die Trägerschaft einer „geeigneten Stelle" geregelt werden muß – dieser Ansicht sind offensichtlich Nordrhein-Westfalen und der AK-InsO – und wenn ja, in welcher Form.

a) Absage an gewerbliche Schuldenregulierer

Kriterium zur Beantwortung dieser Frage ist, ob die vorgeschlagenen Regelungen ausreichen, um gewerbliche Schuldenregulierer wirksam von einer Anerkennung als „geeignete Stelle" auszuschließen.

Es besteht Übereinstimmung darüber, daß gewerbliche Schuldenregulierer nicht in der Lage sind, das Schuldenproblem überschuldeter Verbraucher tatsächlich zu lösen, wie es die Insolvenzordnung von der „geeigneten Stelle" verlangt:

Was die Qualifikation angeht, so ist davon auszugehen, daß gewerbliche Schuldenregulierer – und das haben die Erfahrungen der Praxis bestätigt – die erforderliche Arbeit zu leisten weder von ihrer Qualifikation her in der Lage, noch aus Gewinnerzielungsgründen daran interessiert sind, die notwendige Beratung und den Beistand zu leisten. Gewerbliche Schuldenregulierer lassen sich, bevor sie ihre Tätigkeit aufnehmen, vom Schuldner meist teuer bezahlen. Meistens werden sie dann – wenn überhaupt – nur in sehr geringem Umfang tätig. Damit ist der einzige Effekt, den sie bislang in der Praxis bewirkt haben, eine Verschärfung der Situation des Schuldners durch weitere finanzielle Belastungen, ohne daß er im Gegenzug eine entsprechende Erleichterung durch eine vertragliche Lösung seines Schuldenproblems erhält.

Kommerzielle Schuldenregulierer handeln im übrigen rechtswidrig, denn ihre Tätigkeit ist nach dem Rechtsberatungsgesetz unzulässig[51]. Wie bereits erwähnt, ist die geschäftsmäßige Besorgung fremder Rechtsangelegenheiten gemäß Art. 1 § 1 Abs. 1 RBerG grundsätzlich erlaubnispflichtig.

Geschäftsmäßigkeit ist – unabhängig davon, ob die Tätigkeit haupt- oder nebenberuflich, entgeltlich oder unentgeltlich ausgeübt wird – immer dann gegeben, wenn sie mit der Absicht

51 S. hierzu noch einmal ausführlich Rudolph VuR 1996, 327 ff.

aufgenommen wird, die Tätigkeit zu einem dauernden oder wiederkehrenden Bestandteil der Beschäftigung zu machen[52]. Entgeltlichkeit spricht dabei immer für die Geschäftsmäßigkeit[53].

Eine Besorgung fremder Rechtsangelegenheiten iSd RBerG liegt immer dann vor, wenn die Tätigkeit das Ziel verfolgt, konkrete fremde Rechte zu verwirklichen oder konkrete fremde Rechtsverhältnisse zu gestalten[54]. Daraus ergibt sich, daß kommerzielle Schuldenregulierung regelmäßig Tätigkeitsmerkmale von grundsätzlich erlaubnispflichtiger Rechtsbesorgung enthält, zumindest wenn im Rahmen einer Schuldenregulierung Kontakt mit Gläubigern aufgenommen wird[55]:

> *„Die Regulierung fremder Schulden stellt grundsätzlich eine erlaubnispflichtige Besorgung fremder Rechtsangelegenheiten dar, da eine solche Tätigkeit ihrer Natur nach darauf gerichtet und geeignet ist, konkrete fremde Rechtsverhältnisse zu gestalten und zu verändern.“*[56]

Lediglich eine reine Tatsachenermittlung und Schuldenaufstellung ohne Rücksicht auf rechtliche Bewertungen ist danach erlaubnisfrei[57]. Diese erlaubnisfreie Tätigkeit würde jedoch den Schuldnern nicht viel nützen, denn die Lösung des Schuldenproblems ist ohne Verhandlungen mit den Gläubigern nicht möglich.

Von der grundsätzlichen Erlaubnispflichtigkeit macht das RBerG in Art. 1 § 3 Ziff. 1–8 sowie in § 7 nur dann eine Ausnahme, wenn die Rechtsberatung im Zusammenhang mit staatlicher oder verbandlicher Beratung erfolgt. Diese Ausnahmen treffen auf gewerbliche Schuldenregulierer nicht zu.

Nachdem früher die Möglichkeit bestand, eine auf bestimmte Teilrechtsgebiete (z. B. Wirtschaftsrecht oder Bürgerliches Recht) begrenzte Erlaubnis zu beantragen, ist mit dem Fünften Gesetz zur Änderung der BRAGO v. 18. 8. 1980[58] Art. 1 § 1 Abs. 1 Satz 2 RBerG so gefaßt worden, daß eine entsprechende Erlaubnis nicht mehr erteilt werden kann und insoweit daher ein vollkommenes Anwaltsmonopol besteht. Das Bundesverfassungsgericht hat diese Einschränkung mit Art. 12 GG für vereinbar gehalten[59]. Dies gelte auch grundsätzlich für die nach altem Recht möglichen Teilerlaubnisse.

Eine andere Wertung für kommerzielle Schuldenregulierer ergibt sich auch nicht aus einem weiteren Urteil des Bundesverfassungsgerichts, wonach die Schließung anderer Berufe, in denen die Rechtsberatung nicht entsprechend anwaltlicher Tätigkeit Hauptmerkmal ist, nicht ohne weiteres verfassungsrechtlich hingenommen werden kann[60]. Danach ist ein Verstoß gegen Art. 12 GG nur dann denkbar, wenn das Berufsbild, das beurteilt wird, einen außerrechtlichen Schwerpunkt hat. Genau dies ist aber beim gewerblichen Schuldenregulierer nicht der Fall: Seine Tätigkeit sollte ja gerade darauf beruhen, mit den Gläubigern Kontakt aufzunehmen, um für den Schuldner die Verbindlichkeiten zu regeln.

Nachdem nun noch einmal deutlich gemacht wurde, daß kommerzielle Schuldenregulierung weder wünschenswert noch rechtlich zulässig ist, stellt sich die Frage, wie sie am effektivsten auszuschließen ist.

---

52 Altenhoff/Busch/Kampmann/Chemnitz, RBerG, Art. 1 § 1 Rdnr. 26 ff.
53 BGH NJW 1986, 1051 f.
54 BGH LM § 1 RBerG Nr. 18, st. Rspr.
55 Schulz-Rackoll/Groth ZRP 1986, 105, 107 zu II.2; Siebenhaar, in: Reis, Schuldnerberatung, S. 63 ff., 66; Weimer, in: Reis, Schuldnerberatung, S. 72 ff., 79.
56 BGH WM 1982, 187; vgl. auch BGH NJW 1987, 3003, 3004.
57 BGH WM 1982, 187.
58 BGBl. I, 1503.
59 BVerfG NJW 1988, 545.
60 BVerfG NJW 1988, 543.

b) Keine Regelung der Trägerschaft im Entwurf der Bund-Länder-AG

Angesichts der Tatsache, daß die Bund-Länder-AG – anders als Nordrhein-Westfalen – keine bestimmte Trägerschaft festgelegt hat, ist davon auszugehen, daß sie der Ansicht war, durch einen Ermessensspielraum der Anerkennungsbehörde und die Anforderung der Zuverlässigkeit der Leitung gewerbliche Schuldenregulierer ausreichend ausschließen zu können.

Dies muß aber bezweifelt werden. Wenn nicht gerade die Staatsanwaltschaft gegen einen kommerziellen Regulierer eingeschaltet wurde, werden den Behörden kaum die notwendigen Informationen darüber vorliegen, ob die sich bewerbende Stelle ein nicht erwünschtes kommerzielles Unternehmen ist oder Schuldnerberatung nach den anerkannten Vorstellungen der Verbände – und auch des Verbraucherinsolvenzverfahrens – betreibt.

Eine Regelung der Trägerschaft wäre hier daher zu empfehlen.

c) „Frei-gemeinnützig" oder spezielle Zugehörigkeit

Um hier eine gewisse Vorauswahl zu treffen, hat Nordrhein-Westfalen die Trägerschaft im wesentlichen auf Kommunen, frei-gemeinnützige Vereine und die Verbraucherzentralen beschränkt.

Im Ergebnis soll also die Sicherstellung einer effektiven, nicht kommerziellen „geeigneten Stelle" gewährleistet werden durch:

- die Prüfung der Gemeinnützigkeit,
- die sonstigen personellen und sachlichen Voraussetzungen für die Anerkennung
- die Verpflichtung zur Vorlage eines jährlichen Tätigkeitsberichts
- sowie insbesondere die Verpflichtung zum Angebot einer kostenlosen Beratung für die Schuldner (s. AusfG InsO NRW).

Fraglich ist allerdings, ob gerade die Anerkennung als frei-gemeinnütziger Verein ausreicht, um kommerzielle Schuldenregulierer auszuschließen.

Nach den Erfahrungen der Schuldnerberater war in der Vergangenheit immer wieder zu beobachten, daß gewerbliche Schuldenregulierer unter dem Deckmantel des „gemeinnützigen Vereins" sog. Schuldnerberatung anbieten. Der Nachweis jedoch, daß diese verkappten gewerblichen Schuldenregulierer keine gemeinnützigen Ziele verfolgen und auch nicht über entsprechende Kenntnisse verfügen, ist in der Praxis nur schwer und dann auch erst nach Jahren zu erbringen. Insbesondere erfolgt eine Steuerprüfung erst einige Jahre nach (vorläufiger) Zuerkennung der Gemeinnützigkeit.

Nordrhein-Westfalen hat als zweites Ausschlußkriterium daher die Kostenlosigkeit der Beratung in seinen Entwurf zum Ausführungsgesetz eingebaut. Damit läßt sich kommerzielle Schuldenregulierung tatsächlich effektiv ausschließen. Die Kehrseite einer solch engen Regelung ist jedoch, daß damit gleichzeitig auch der Weg für die Schuldnerberatung der Verbände verbaut wird, von den Klienten, die es sich leisten können, einen Kostenbeitrag zu verlangen. Angesichts der prekären finanziellen Situation der Schuldnerberatung sollte man eine solche vorzeitige Bindung vermeiden.

Bliebe als Lösungsvorschlag zur Verhinderung jedes Mißbrauchs der Gemeinnützigkeit also nur die engere Fassung der Trägerschaft, wie sie der AK-InsO vorschlägt. Sein Entwurf lautet diesbezüglich:

> *„Die Schuldnerberatung muß einem Verband der freien Wohlfahrtspflege oder einer Verbraucherzentrale angehören oder eine Einrichtung einer Kommune oder eines Landkreises sein."*

Sollte ein gemeinnütziger Verein qualifizierte Schuldnerberatung wie auch Insolvenzhilfe anbieten wollen, so kann er nach dieser Meinung jederzeit Mitglied eines Wohlfahrtsverbandes werden, wie z. B. die Schuldnerhilfe Köln oder ISKA-Nürnberg. Offen hierfür sind unter anderem der Deutsche Paritätische Wohlfahrtsverein (DPWV) und die Arbeiterwohlfahrt (AWO). Zu diskutieren ist, ob die Verbandszugehörigkeit tatsächlich ein Kriterium zur Anerkennung einer Beratungseinrichtung als „geeignete Stelle" sein kann.

Zwar wäre damit über die Prüfung der Wohlfahrtsverbände bei Aufnahme eines solchen gemeinnützigen Vereins eine zweite Schranke neben der vorangegangenen Gemeinnützigkeitsprüfung gegeben, was die Prüfung für die Anerkennungsbehörden erleichtern würde. Für die Wohlfahrtsverbände böte eine solche Vorgehensweise gleichzeitig die Möglichkeit eines entscheidenden Mitspracherechts bei der Anerkennung von Vereinen als „geeignete Stelle". Auf der anderen Seite jedoch wäre damit jeder gemeinnützige Verein, der eine Anerkennung als „geeignete Stelle" iSv § 305 InsO anstrebt, gezwungen, sich in einen Verband einzugliedern.

Dies wird für viele Beratungseinrichtungen zu Recht uneinsichtig sein. Schuldnerberatungsstellen leisten nicht nur dann gute Arbeit im Sinne einer Beseitigung von Überschuldung und einer Prävention, wenn sie einem Verband angeschlossen sind. So gibt es auch heute viele kleinere Vereine, die in eigener Trägerschaft eine effektive Schuldnerberatung betreiben. Hier einen Zwang einzuführen, der die geeignete Stelle in die Trägerschaft eines Wohlfahrtsverbands, einer Kommune oder einer Verbraucherzentrale zwingt und sie dadurch einer gewissen Ideologie unterwirft, wäre im Ergebnis eher kontraproduktiv.

Sofern für den Wunsch nach einer Eingliederung in einen Verband das Argument der Ausgrenzung von kommerziellen Schuldenregulierern anführt, so stellt sich die Frage, ob hier die Mittel-Zweck-Relation gewahrt ist. Mit dem Ausschluß aller Einrichtungen, die keinem Verband angehören, werden nämlich nicht nur die kommerziellen Anbieter erfaßt, sondern gerade auch die kleinen, freien Beratungseinrichtungen betroffen. Dies könnte gegen das Recht des Vereins auf ungehinderte Tätigkeit im Rahmen seiner satzungsmäßigen Ziele (Art. 9 Abs. 1 GG) sowie gegen die ebenfalls grundgesetzlich geschützte Berufsausübung (Art. 12 GG) verstoßen.

Auf der anderen Seite wäre natürlich kein Verein, der sich keinem Verband anschließen möchte, gehindert, gemäß seiner Satzung Schuldnerberatung zu betreiben. Er könnte dann lediglich nicht als „geeignete Stelle" anerkannt werden. Allerdings wird sich Schuldnerberatung zukünftig zu einem großen Teil auf dem Feld der Insolvenzordnung abspielen, so daß eine solche Beratungseinrichtung im Regelfall nach einer gewissen Vorberatung an eine „geeignete Stelle" verweisen müßte.

Zur Zeit wird die Frage der Verbandszugehörigkeit pragmatisch geregelt. Ein Großteil der kleinen gemeinnützigen Vereine befindet sich unter dem Dach des DPWV (Deutscher Paritätischer Wohlfahrtsverband) oder der Arbeiterwohlfahrt. Rechtlich bleiben aber Zweifel, ob eine zwingende Verbandszugehörigkeit mit dem Grundgesetz vereinbar wäre.

d) Alternativ: Anhörung der Spitzenverbände der Träger von Schuldnerberatung im Anerkennungsverfahren

Alternativ kann die Erfahrung der Verbände der Schuldnerberatung mit kommerziellen Schuldenregulierern auch dadurch in das Anerkennungsverfahren eingebracht werden, daß sie vor einer Anerkennung durch die zuständige Behörde zwingend anzuhören sind.

Für diejenigen Vereine, die einem Spitzenverband der Freien Wohlfahrtspflege angeschlossen sind, hat Nordrhein-Westfalen eine solche Stellungnahme als Antragsvoraussetzung aufgenommen. Eine solche Regelung ist allen Ausführungsrichtlinien zur Anerkennung zu empfehlen:

Dem Antrag sind folgende Unterlagen beizufügen:

...

Stellungnahme des Spitzenverbandes der Freien Wohlfahrtspflege, soweit der Antragsteller einem solchen angeschlossen ist, ...

Ist jedoch nicht gleichzeitig festgelegt, daß die Schuldnerberatung kostenlos angeboten werden muß (womit kommerzielle Schuldenregulierer automatisch ausgeschlossen sind), so ist eine Beteiligung der Träger von Schuldnerberatung (einschließlich der Kommunen und Verbraucherzentralen) am Anerkennungsverfahren auch dann – und gerade dann – sicherzustellen, wenn der antragstellende Verein keinem Verband angeschlossen ist:

Gehört die Stelle keinem Verband an, sind alle Spitzenverbände der Träger von Schuldnerberatung vor einer Entscheidung über die Anerkennung als „geeignete Stelle" zu einer Stellungnahme aufzufordern.

Dies ist dann die letzte Möglichkeit, um eine Anerkennung zumindest derjenigen gewerblichen Schuldenregulierer, die schon einmal unliebsam aufgefallen sind, schon bei der Anerkennung zu verhindern.

e) Kontrolle der ordnungsgemäßen Tätigkeit nach Anerkennung

In gewissem Umfang kann eine Kontrolle durch entsprechende Anforderungen im Rechenschafts-/Tätigkeitsbericht vorgenommen werden (s. dort) mit der Folge, daß die Anerkennung widerrufen werden kann, sofern die hier geforderten Anforderungen an ordnungsgemäße Schuldnerberatung nicht gegeben sind. Dies gilt insbesondere für die Abgrenzung zu den kommerziellen Schuldenregulierern. In diesem Sinne sind die Richtlinien zur Anerkennung von Nordrhein-Westfalen unter Punkt 3.2 ausgestaltet:

„Durch Auflage ist sicherzustellen, daß anerkannte Verbraucherinsolvenzberatungsstellen dem Versorgungsamt Düsseldorf jährlich einen Tätigkeitsbericht vorlegen. Der Tätigkeitsbericht soll es dem Versorgungsamt Düsseldorf ermöglichen, ausgesprochene Anerkennungen auf den Fortbestand der Voraussetzungen überprüfen zu können. Daneben soll der Tätigkeitsbericht auch weitere Planungsdaten enthalten.

Der Tätigkeitsbericht hat sich zumindest auf folgende Angaben zu erstrecken:

- *Zahl, Name und Qualifikation der hauptamtlichen Fachkräfte,*
- *Anzahl der Schuldnerberatungsfälle der Stelle insgesamt,*
- *Anzahl der Beratungsfälle Verbraucherinsolvenz,*
- *Anzahl der vorgerichtlichen Einigungen,*
- *Anzahl der gescheiterten vorgerichtlichen Einigungsversuche,*
- *Anzahl der übernommenen Treuhänderschaften,*
- *Wartezeit zwischen Anmeldung und Beginn der Beratung."*

Auch diese Kontrolle nach Anerkennung würde erheblich dadurch unterstützt, daß die Anerkennungsbehörden sich regelmäßig mit den Trägern von Schuldnerberatung über die „schwarzen Schafe" austauschen.

2. Schwerpunkt der Tätigkeit

Aufgrund der umfassenden zusätzlichen Anforderungen besteht bei den Schuldnerberatungsstellen im wesentlichen Konsens darüber, daß Schuldnerberatung im Verbraucherkonkurs nicht von jeder Beratungsstelle, jedem sozialen Dienst und jeder Betreuungseinrichtung qualifiziert geleistet werden kann, die Hilfe für Schuldner anbietet. Vielmehr können dies nur Einrichtungen, die Schuldnerberatung schwerpunktmäßig betreiben.

Unproblematisch als „geeignete Stellen“ iSv § 305 InsO anzusehen sind

- spezialisierte Schuldnerberatungsstellen sowie
- Beratungsstellen, Dienste und Einrichtungen mit einem deutlichen Arbeitsschwerpunkt Schuldnerberatung, die zugänglich für Überschuldete sind und eine personelle und sachliche Ausstattung aufweisen, die eine qualifizierte Erfüllung der bei der Insolvenzhilfe anfallenden Aufgaben erwarten läßt (dazu unten mehr).

Schwieriger könnte dies bei sog. integrierter Schuldnerberatung sein.

Schuldnerberatung wird ja nicht nur in darauf spezialisierten Einrichtungen betrieben. Es gibt daneben auch die integrierte Schuldnerberatung, die Schuldnerberatung als integrierten Bestandteil von Sozialarbeit in verschiedenen Bereichen, insbesondere in der Straffälligen- und Drogenhilfe, anbietet. Schuldnerberatung ist dabei in einer Beratungsbeziehung ein Angebot neben anderen Hilfen. Im integrierten Konzept erscheint es jedoch oft schwierig, den Anforderungen an die Fachlichkeit von Schuldnerberatung zu genügen. Daher sind manche Träger von integrativen Angeboten dazu übergegangen, für Schuldnerberatung spezialisierte Mitarbeiter als interne Sachbearbeiter innerhalb ihrer Einrichtungen einzusetzen[61].

Insofern kommt es nicht auf die Frage „spezialisiert oder integriert“ an, sondern darauf, ob zumindest ein Mitarbeiter schwerpunktmäßig Schuldnerberatung betreibt. Ein Mitarbeiter ist durchaus in der Lage, als „geeignete Stelle“ zu fungieren. Würde man dies anders sehen, dürften im Grunde auch alle Ein-Personen-Schuldnerberatungsstellen in den neuen Bundesländern nicht als solche anerkannt werden dürfen.

Der Begriff des Schwerpunkts bedeutet dabei einen notwendigen Anteil an Schuldnerberatungstätigkeit von mindestens 50 %[62]. Hierbei geht es nicht um Ausgrenzung oder um die Einführung eines Zweiklassensystems der Schuldnerberatung, sondern um den verantwortungsvollen Umgang mit der Frage, ob unter den jeweils gegebenen Bedingungen den Überschuldeten eine qualifizierte Hilfe beim Durchlaufen des Verbraucherkonkurses angeboten werden kann.

Das entsprechende Kriterium der Schwerpunktmäßigkeit sehen die Anforderungsprofile der Bund-Länder-AG und des Landes Nordrhein-Westfalen allerdings nicht vor. Es ist anzunehmen, daß es aus Kostengründen nicht aufgenommen wurde, worüber angesichts der Bedeutung einer effektiven und qualifizierten Schuldnerberatung noch einmal nachgedacht werden sollte.

3. Auf Dauer angelegt

Alle drei Entwürfe gehen übereinstimmend davon aus, daß Schuldnerberatung bei den einzelnen Stellen auf Dauer angelegt sein muß, damit diese als „geeignet“ in Frage kommen.

Dies steht außer Frage. Um kontinuierliche und professionelle Arbeit sicherzustellen, ist es notwendig, daß Schuldnerberatung langfristig angelegt ist, um auch fachgerechte Insolvenzhilfe gewährleisten zu können.

Dies gilt sowohl

- für die „geeignete Stelle“ als Einrichtung als (möglichst) auch
- für die personelle Besetzung:

Wichtig ist die langfristige Perspektive nämlich auch in der Arbeit des einzelnen Beraters. Insbesondere angesichts der Tatsache, daß Schuldnerberatung kein eigenständiges Berufsbild hat, setzt eine umfassende Beratung vielfache (langjährige) Erfahrungen, Fortbildungen

61 Buschkamp, in: Reis/Siebenhaar, Soziale Arbeit und Schuldnerberatung, 1989, S. 190, 194.
62 Hupe, in: Der neue Schuldenreport, 1995, S. 115, 119, spricht sogar von mindestens 80 %.

und Austausch mit Kollegen und Wissenschaft voraus. Hier ist es wenig hilfreich, immer wieder von vorn anzufangen. Befristete Arbeitsverträge oder Modellprojekte sind daher kaum in der Lage, eine effektive Arbeit sicherzustellen.

Schwierig für eine kontinuierliche Schuldnerberatungstätigkeit war nach dem GP-Bericht 1990 die große Anzahl an ABM-Kräften. Zwar arbeiteten danach von 665 Mitarbeitern der untersuchten Schuldnerberatungsstellen insgesamt nur 29,2 % aller Mitarbeiter auf ABM-Basis[63]. Dies waren überwiegend diejenigen Kräfte, die für die ökonomisch-juristische Seite der Schuldnerberatung zuständig sind, nämlich Kaufleute und Juristen. Da diese vor allem in spezialisierten Schuldnerberatungsstellen tätig sind, ergibt sich dort ein ganz anderes Zahlenverhältnis: Bei spezialisierten Schuldnerberatungsstellen waren 51,1 % festangestellt und 48,9 % ABM-Mitarbeiter[64]. Als sehr problematisch muß die Tatsache eingeschätzt werden, daß 1990 immerhin 40 Schuldnerberatungsstellen (13 %) von nur einem Mitarbeiter geführt wurden, der durch ABM-Mittel finanziert wurde[65].

In noch erheblich stärkerem Maße galt und gilt dies für die neuen Bundesländer. Dort war 1993 eine große Anzahl von Beratungsstellen, vor allem im Bereich der Arbeitslosenhilfe und der verschiedenen Beratungsstellen für Frauen, Familie usw., die nach einer damaligen Erhebung des IFF Berlin insgesamt 44,05 % der erfaßten Beratungsstellen überhaupt ausmachten, fast gänzlich auf ABM-Basis eingerichtet. Demgegenüber waren 1993 nur 16 % der Beratungsstellen bei einem öffentlichen Träger, d. h. insbesondere bei den Ämtern, angesiedelt[66].

Insgesamt schränkt ein hoher Anteil von ABM-Kräften eine sinnvolle Arbeit erheblich ein. Als Beispiel für die Probleme hier das Zitat eines Schuldnerberaters:

> *„ABM-Stellen der Schuldnerberater lassen keine langfristig geplante Arbeit zu. Hinhalte-Taktiken – die Finanzierung dieser Stellen betreffend – verhindern konstruktives, effektives Verhandeln mit Gläubigern. In mühevoller Arbeit geschaffene Kontakte zu ansässigen Rechtsanwälten, Ansprechpartnern bei Banken und Behörden werden hinfällig. Die nächste ABM-Kraft muß von Anfang an beginnen. Einige Gläubiger verweigern die Zusammenarbeit mit Schuldnerberatungsstellen aufgrund dieser Problematik . . .“*[67]

Zumindest in den westlichen Bundesländern hat sich die Anzahl der Schuldnerberater auf ABM-Basis nach allgemeinen Erkenntnissen seit 1990 doch erheblich verringert und beträgt im Schnitt wohl nur noch wenige Prozentpunkte. Anders dürfte sich die Situation nach wie vor in den neuen Bundesländern darstellen, wo immer noch von einer ABM-Finanzierung von ca. 50 % auszugehen ist.

4. Persönliche Voraussetzungen

a) Zuverlässigkeit

Nach allen drei Entwürfen soll die Schuldnerberatungsstelle von einer zuverlässigen Person geleitet werden. Dies bedeutet nach dem Gewerberecht beispielsweise, daß der Stellenleiter nicht in Vermögensverfall geraten sein und keine einschlägigen Vorstrafen aufweisen darf. Diese Voraussetzung stellt eine richtige und wichtige Mindestanforderung an die Leitung einer „geeigneten Stelle“ dar.

Wenn darüber hinaus der Vorschlag des AK-InsO der AG-SBV darauf abstellt, daß diese Zuverlässigkeit vom Träger der Schuldnerberatungsstelle sichergestellt werden soll, so ist diese zusätzliche Anforderung abzulehnen. Zum einen ist die Frage, wie dies überhaupt ge-

63 GP-Bericht, S. 235.
64 GP-Bericht, S. 235.
65 GP-Bericht, S. 236.
66 Schuldenreport 1993, S. 53, 70.
67 Zit. nach GP-Bericht, S. 237.

währleistet werden soll, zum anderen ist es auch nicht als notwendig anzusehen. Als ausreichend zur Sicherstellung der Zuverlässigkeit des Leiters einer „geeigneten Stelle“ ist es daher schlicht anzusehen, daß die Zuverlässigkeit gegeben sein muß mit der Folge, daß bei nicht mehr gegebener Zuverlässigkeit die Anerkennung als „geeignete Stelle“ entzogen werden kann.

b) Zweijährige praktische Erfahrung

Während der Vorschlag der Bund-Länder-AG noch eine dreijährige praktische Erfahrung zwingend vorschrieb, ist der Entwurf zum Ausführungsgesetz von Nordrhein-Westfalen dem Vorschlag des AK-InsO der AG-SBV gefolgt, nach dem als Anerkennungsvoraussetzung eine zweijährige praktische Erfahrung in der Schuldnerberatung als ausreichend angesehen wird.

Diese Dauer wird bei schwerpunktmäßiger oder ausschließlicher Tätigkeit in der Schuldnerberatung den Anforderungen einer effektiven Schuldnerberatung durchaus gerecht und wird auch im Sinne einer Bestandswahrung dazu führen, daß die jetzt existierenden Schuldnerberatungsstellen einen erfolgreichen Antrag auf Anerkennung als „geeignete Stelle“ stellen können.

c) Qualifikation

(1) Fächerkanon statt Berufsgruppen

Welch hohe Anforderungen an die Tätigkeit eines Schuldnerberaters gestellt werden – insbesondere durch das neue Verbraucherinsolvenzverfahren – wurde bereits dargestellt. So müssen Schuldnerberater über

- fundierte sozialarbeiterische/sozialpädagogische
- wirtschaftliche,
- rechtliche und
- kaufmännische

Beratungsstandards verfügen[68]. Zu ergänzen wäre dieser Fächerkanon möglicherweise noch um

- haushaltswissenschaftliche Kenntnisse sowie
- EDV-Erfahrungen.

Betrachtet man die bisherige tatsächliche Situation vor Ort, so ist der Begriff „Schulden- oder Schuldnerberatung“ gänzlich ungeschützt; insbesondere gibt es kein einheitliches Berufsbild des Schuldnerberaters und entsprechend auch keine einheitliche Ausbildung.

Nach dem GP-Bericht aus dem Jahr 1990 – der hier mangels anderer Zahlen zunächst herangezogen wird – arbeiteten zum damaligen Zeitpunkt als Schuldnerberater neben Sozialarbeitern und Sozialpädagogen, die erwartungsgemäß den Großteil der Beschäftigten stellten, sowie Kaufleuten und Juristen auch Diplom-Psychologen und Diplom-Ingenieure, Hausfrauen und Steuerfachgehilfen, Diplom-Volkswirte und Finanzbeamte, Soziologen und Verwaltungsangestellte, Diplom-Ökotrophologen und Lehrer[69]. Dabei hatte zwar nahezu jedes Fachteam[70] einen Kaufmann und/oder Juristen als Mitarbeiter. Dies galt jedoch nur für rund jede dritte vorwiegende Schuldnerberatungsstelle und jede fünfte bzw. zehnte Beratungsstelle, die Schuldnerberatung neben bzw. im Rahmen von anderen Aufgaben machte. Die Kaufleute waren zwar überwiegend auf vollen Stellen angestellt, wobei jedoch jede

68 Kuntz, Anforderungen an Schuldnerberatung, in: Schuldnerberatung in der Bundesrepublik Teil II, S. 104 ff.

69 GP-Bericht, S. 231.

70 Als Fachteam gilt die ausschließliche Schuldnerberatungsstelle, die neben ihrer Schuldnerberatungstätigkeit andere Berater bzw. Beratungsstellen hinsichtlich der Schuldnerberatung berät bzw. beraten kann (GP-Bericht, S. 183).

zweite Stelle durch ABM-Mittel finanziert war. Nahezu jeder zweite Jurist arbeitete nur stundenweise auf Honorarbasis bei Schuldnerberatungsstellen[71].

Umgekehrt betrachtet arbeitete jede zweite Beratungsstelle nur mit Sozialpädagogen oder -arbeitern. Nur rund jede fünfte Stelle hatte als Schuldnerberater Kaufleute und/oder Juristen. Sozial- *und* kaufmännische Berater fanden sich bei jeder siebten Stelle (sog. Nordener Modell)[72]. Vor allem in den neuen Bundesländern waren und sind die Beratungsstellen unter dem qualitativen Aspekt unterbesetzt. In der überwiegenden Mehrzahl kommen die dort Tätigen aus artfremden Berufen[73].

Für die Zukunft wird es darauf ankommen, Schuldnerberatung ihrer tatsächlichen Notwendigkeit und Bedeutung entsprechend bedarfsgerecht weiterzuentwickeln.

Ein Anforderungsprofil könnte sich durchaus darauf beschränken, die genannten Fähigkeiten aufzuzeigen, ohne bestimmte Berufe zu nennen, wobei darauf zu achten wäre, daß bestimmte Kenntnisse allein nicht ausreichen (z. B. EDV-Erfahrungen oder kaufmännische Kenntnisse), sondern kumulativ mit anderen vorliegen müßten. Darüber hinaus wäre eine (Fach)Hochschulausbildung in einem der genannten Bereiche zu fordern (s. unten).

Demgegenüber haben die bisherigen Entwürfe zu Ausführungsgesetzen einen anderen Weg eingeschlagen, indem sie keinen Fächerkanon aufstellen, sondern statt dessen die einzelnen Berufsgruppen auflisten.

Inhaltlich stimmen die genannten Berufsgruppen mit dem obigen Fächerkanon überein. Ein Anforderungsprofil rein nach Tätigkeitsfeldern wäre jedoch klarer in der Struktur als ein Profil mit konkreten Berufsbildern und hätte den Vorteil größerer Flexibilität bei der Auswahl von geeigneten Bewerbern. So könnten auch Schuldnerberater eingestellt werden, die durchaus die genannten Fähigkeiten aufweisen, aber trotzdem keine der genannten Ausbildungsgänge durchlaufen haben, z. B. Diakone, Dipl.-Wirtschaftsjuristen. Ein Fächerkanon wäre hier optimal in der Lage, eine fundierte Qualifikation festzuschreiben. Eine Berufsgruppenaufstellung hingegen muß immer auf das vage „oder eine vergleichbare Ausbildung“ zurückgreifen.

Als Beispiel für die bisherigen Entwürfe sei § 3 AusfG InsO NRW genannt:

... Die Fachkraft/die Fachkräfte soll/sollen über

- *eine Ausbildung*
- *als Dipl.-Sozialarbeiter/Dipl.-Sozialarbeiterin bzw. Dipl.-Sozialpädagoge/Dipl.-Sozialpädagogin oder*
- *als Bankkaufmann/Bankkauffrau oder*
- *Betriebswirt/Betriebswirtin oder*
- *als Ökonom/Ökonomin oder*
- *Ökotrophologe/Ökotrophologin oder*
- *eine Ausbildung im gehobenen Verwaltungs- oder Justizdienst oder*
- *eine zur Ausübung des Anwaltsberufs befähigende Ausbildung oder*
- *eine vergleichbare Ausbildung verfügen.*

Der Entwurf zum Ausführungsgesetz der Bund-Länder-AG ist hinsichtlich dieser Berufsgruppen deckungsgleich.

71 GP-Bericht, S. 231, 233.
72 GP-Bericht, S. 233 f.
73 S. ausführlich Niedermaier/Maretzke, in: Schuldenreport 1993, S. 53, 70.

(2) Akademische Ausbildung

Zum Vorschlag des AK-InsO der AG-SBV besteht die einzige Abweichung bei der Berufsgruppe der Bankkaufleute. Nach Ansicht des Arbeitskreises soll die Ausbildung zum Bankkaufmann grundsätzlich nicht genügen, um einer Schuldnerberatungsstelle die Anerkennung als „geeignete Stelle" zu verleihen. Dabei steht der Bankkaufmann stellvertretend für alle anderen nicht-akademischen, vergleichbaren Ausbildungsgänge. Zwar ist nur er ausdrücklich in den Ausführungsgesetzen erfaßt; über den Begriff der vergleichbaren Ausbildungen betrifft dies beispielsweise aber ebenso den Versicherungskaufmann.

Dies ist zu unterstützen. Eine qualifizierte Schuldnerberatung sowohl in psycho-sozialer, wirtschaftlicher und rechtlicher Hinsicht kann letztendlich nur durch eine entsprechend hoch angesiedelte Qualifikation erreicht werden, was insbesondere für die zusätzlichen Anforderungen des Verbraucherinsolvenzverfahrens gilt. Einfache Ausbildungsberufe – Bankkaufleute, Büroangestellte, Versicherungskaufleute etc. – werden zukünftig kaum noch in der Lage sein, den hohen Anforderungen gerecht zu werden, ohne daß nicht zumindest ein akademisch ausgebildeter Schuldnerberater in der Einrichtung verantwortlich zur Verfügung steht.

Zwar sollte keiner Schuldnerberatungsstelle die Anerkennung verwehrt werden, die jetzt auf der Basis eines Angestellten mit einer nicht-akademischen Ausbildung als einzigem qualifizierten Berater Schuldnerberatung betreibt. Insofern sollte die Bestandswahrung gegeben sein. Für die Zukunft allerdings ist dem AK-InsO darin zu folgen, daß

> *„Grundlage einer Tätigkeit in der Schuldnerberatung ... grundsätzlich eine Fach-/Hochschulausbildung sein (sollte), um ein einheitliches Ausbildungsniveau besser sicherstellen zu können."*

(3) Berufsbild „Schuldnerberater"

Angesichts der Tatsache, daß Schuldnerberatung kein einheitliches Berufsbild hat und von Sozialpädagogen bis zu Juristen ausgeübt wird, stellt sich die Frage, ob hier nicht ein einheitlicher Ausbildungsgang auf Fachhochschulniveau geschaffen werden sollte, der inhaltlich das breite Spektrum von Gesprächsführung bis hin zu speziellen rechtlichen Kenntnissen für die Schuldnerberatung abdeckt.

Solche einheitlichen Standards könnten die Professionalisierung dieser Tätigkeit erheblich fördern.

Bisher gibt es lediglich verschiedene Aufbaustudiengänge, über die die Bundesregierung in ihrer Antwort auf die Kleine Anfrage vom 16. 7. 1996 Auskunft gab[74]. Danach bietet die Fachhochschule Frankfurt/Main einen Weiterbildungsstudiengang „Sozialrecht" an, der inhaltlich insbesondere die Thematik „Personenkonzentrierte Beratung und Krisenintervention" behandelt. In diesem Rahmen soll Schuldnerberatung einen wesentlichen Aspekt darstellen. Des weiteren bieten einzelne Fachhochschulen (z. B. Darmstadt, Jena, Potsdam) im Fachbereich Sozialwesen als Studienschwerpunkt Schuldnerberatung an. Nach Kenntnis der Bundesregierung sollen zudem die Fachhochschulen Kiel und Mittweida vergleichbare Weiterbildungsangebote planen. Den Gutachtern sind daneben der Schwerpunkt Hauswirtschaft innerhalb des BWL-Studiums an der Universität Bonn sowie als eigener Abschluß der des Sozial-Ökonomen an der Hochschule für Wirtschaft und Politik in Hamburg bekannt.

All diese Teil- oder Schwerpunktausbildungsgänge stellen aber nur Flickwerk im Vergleich zu einem eigenen umfassenden Ausbildungsgang dar.

---

74 BT.-Drucks. 13/5282 v. 16. 7. 1996 zum Thema „Arbeitslosigkeit und Verschuldung", S. 12.

d) Kooperationsfähigkeit

Auf die Schuldnerberater kommen immer höhere Anforderungen zu: Sie sollen den Schuldner in rechtlicher, wirtschaftlicher und psycho-sozialer Hinsicht umfassend beraten und darauf hinwirken, daß ein außergerichtlicher Vergleich geschlossen wird, der für Schuldner und Gläubiger gleichermaßen tragbar ist. Des weiteren haben sie bei diesem Vergleichsversuch nun auch die Vorgaben des neuen Verbraucherinsolvenzverfahrens zu berücksichtigen und eine Vielzahl von Formvorschriften und Formularen einzuhalten bzw. auszufüllen. Schließlich müssen sie spätestens ab 1999 mit einem großen Andrang auf die Beratungsstellen rechnen, so daß sie nicht nur mit einer Vergrößerung des Aufgabenbereichs, sondern darüber hinaus auch noch mit einer signifikanten Erhöhung der zu bearbeitenden Fälle konfrontiert sind.

Es gilt,

- ein hohes Maß an Qualität der Arbeit von Schuldnerberatungsstellen sicherzustellen und
- gleichzeitig einen größeren Andrang an Klienten zu bewältigen.

All dies ist für einen Schuldnerberater nur dann zu bewältigen, wenn er zum einen bestimmte Aufgaben – z. B. an Verwaltungspersonal – delegieren kann, und wenn er auf der anderen Seite Ansprechpartner für diejenigen Fragen hat, die er nicht ohne weiteres selbst beantworten kann. Insofern wird es zukünftig keine „Einzelkämpfer“ unter den Schuldnerberatern mehr geben dürfen, wenn die Aufgaben noch adäquat bewältigt werden sollen. Gefragt ist vielmehr Kooperationsfähigkeit: Ein Schuldnerberater muß erkennen können, wo seine Grenzen liegen und sich entsprechend ein Netz aufbauen bzw. ein vorhandenes Netz nutzen.

Eine Optimierung der Beratung ist darüber hinaus nur dann möglich, wenn die vom Schuldner gegebenen Informationen auch über die Bearbeitung des Einzelfalls hinaus erfaßt und in vergleichbarer Form zu anderen Informationen aus anderen Beratungsprozessen aufgezeichnet werden. Die Auswertung er so gewonnenen Unterlagen und Erfahrungen kann zum einen vom Berater selbst erfolgen; sie muß aber darüber hinaus auch im Austausch mit anderen erfolgen. Dies können sein

- andere Berater
- Wissenschaftler, die nicht in die Praxis eingebunden sind
- Gerichte
- Gläubiger
- Presse.

All dies setzt die Fähigkeit voraus, mit anderen zu kommunizieren, das eigene Verhalten zu reflektieren und die gewonnenen Erfahrungen öffentlichkeitswirksam zu nutzen. Diese Kooperationsfähigkeit wird neben den Kriterien der Zuverlässigkeit und der Qualifikation zukünftig eine entscheidende Rolle spielen. Einige der Kooperationsmöglichkeiten werden noch im folgenden besprochen.

5. Sachliche Voraussetzungen

Zu den sachlichen Voraussetzungen einer effektiven Schuldnerberatung enthalten die Entwürfe lapidar die Aussage, daß

> *„die Schuldnerberatungsstelle ... über zeitgerechte technische, organisatorische und räumliche Voraussetzungen verfügen (muß), die eine ordnungsgemäße Schuldnerberatung sicherstellen."*

a) Räumliche Ausstattung

Das entscheidende Kriterium, um einen Schuldner zur Mitarbeit an der Lösung seines Überschuldungsproblems zu motivieren, ist eine Vertrauensbasis zwischen Berater und Klient. Um diese herzustellen, bedarf es neben den bereits beschriebenen Fähigkeiten des Beraters auch einiger räumlicher Voraussetzungen.

So muß zunächst einmal die Schuldnerberatungsstelle insgesamt über eigene Räume verfügen. Diese müssen selbstverständlich funktionsgerecht und benutzbar sein, d. h. entsprechend eingerichtet, heizbar, beleuchtet und mit entsprechendem Mobiliar einschließlich Sachmitteln ausgestattet sein.

Des weiteren ist ein gesondertes Besprechungs- bzw. Beratungszimmer erforderlich, damit sich der Klient sicher sein kann, daß seine „Geschichte" unter vier Augen und Ohren bleibt, und damit sich umgekehrt auch der Schuldnerberater seinem Klienten mit uneingeschränkter Aufmerksamkeit widmen kann. Daraus folgt gleichzeitig, daß auch die Verwaltung einen eigenen Raum haben muß.

Schuldnerberatung stellt wie jede Form der Beratung einen wechselseitigen Informationsprozeß dar[75]. Beide Informationswege bedingen sich im kollektiven Verbund der gesamten Beratung gegenseitig. Keiner kann auf die Information des anderen verzichten, so daß auch beide sich als gleichberechtigt und gleichgewichtig begreifen müssen. Das hat dann auch Auswirkungen auf Empfang und Gestaltung des Beratungszimmers, das von der Amtsstube zum Verhandlungsraum wird[76].

b) Erreichbarkeit

Voraussetzung für die Funktionsfähigkeit des außergerichtlichen Einigungsverfahrens mit dem Ziel des Abbaus von Überschuldung ist eine flächendeckende und bedarfsgerechte Schaffung von Schuldnerberatungsstellen. Daran mangelt es derzeit noch. Die Bundesregierung geht davon aus, daß die Kapazitäten der Beratungsstellen lediglich für 5 bis 10 % der Überschuldeten ausreichen.

Dabei ist in den alten Bundesländern ein Rückgang der Kapazitäten zu erkennen. So ist die Zahl der Schuldnerberatungsstellen mit nur einem Schuldnerberater zwischen 1991 und 1993 von 39 % auf 50 % gestiegen. Ebenfalls stieg im gleichen Zeitraum die Zahl der Schuldnerberatungsstellen mit Wartezeiten von 54 % auf 72 %[77]. Die Anmeldefristen haben sich von ein bis zwei Wochen auf durchschnittlich vier bis sechs Wochen verlängert.

Jeder Überschuldete, der die Möglichkeiten des Verbraucherinsolvenzverfahrens nutzen möchte, muß jedoch eine Schuldnerberatungsstelle sowohl in angemessener Entfernung finden als auch dort in angemessener Zeit einen Beratungstermin bekommen können. Ein Verweis auf einen Rechtsanwalt o.ä. als ebenfalls „geeignet" zur Durchführung eines außergerichtlichen Vergleichs ist nur äußerst eingeschränkt möglich, da – selbst wenn es für das Verfahren Beratungs- bzw. Prozeßkostenhilfe geben sollte – Anwälte weder von ihrem

75 S. ausführlich zur Verbraucherrechtsberatung: Reifner/Volkmer, Neue Formen der Verbraucherrechtsberatung, 1988, S. 127.

76 Reifner/Volkmer, Neue Formen der Verbraucherrechtsberatung, 1988, S. 128.

77 „Zur Überschuldung von Arbeitslosen", Empirische Untersuchung der Landesarbeitsämter Nordrhein-Westfalen und Baden-Württemberg, 1996, S. 97.

Tätigkeitsfeld noch von ihrer Arbeitsweise oder ihren Erfahrungen einen guten Schuldnerberater in vollem Umfang ersetzen können (s. oben).

Dies bedeutet, daß die Zahl der Beratungsstellen deutlich erhöht werden muß, und daß gleichzeitig in vielen Fällen eine personelle Aufstockung der vorhandenen Stellen erforderlich ist.

Konkrete Zahlen zu einer flächendeckenden Verbraucherberatung – einschließlich Schuldnerberatung – sind beispielsweise in den Koalitionsvereinbarungen der Regierungsparteien in Hessen dokumentiert. Danach muß in jedem Stadt- bzw. Landkreis mindestens eine Beratungsstelle vorhanden sein, und es müssen in jedem Regierungsbezirk Schwerpunkteinrichtungen für Spezialberatungen in den Gebieten Ernährungsberatung, Wohn- und Energieberatung, Finanzdienstleistungen (Kredit-, Versicherungs- und Schuldnerberatung), Umweltberatung und Patientenberatung eingerichtet werden.

c) Technische Ausstattung

Im Grunde kommt ein Schuldnerberater schon jetzt nicht mehr ohne einen PC aus.

Durch Computereinsatz sind die Berater in der Lage,

- die Beratungseffizienz,
- die Transparenz und
- den Service für den Klienten

zu steigern, wenn dies selbstverständlich auch das sozialpädagogische und juristische Know-how der Berater nicht ersetzen kann.

Mit moderner Textsoftware können Individual- und Standardbriefe, Schriftsätze, Manuskripte, Gesprächsnotizen erstellt und ohne Probleme korrigiert und abgeändert, Formulierungen in Form von Textbausteinen oder Volltexten abgespeichert und bei Bedarf in vorhandene Texte problemlos eingefügt werden. Darüber hinaus existieren bereits zahlreiche Beratungsprogramme und Datenbanken, die zur übersichtlichen Verwaltung der Datenflut sowie zur Lösung von rechtlichen Problemen herangezogen werden können[78].

Entsprechende Einsatzfelder sind beispielsweise

- Urteils- und Informations-Datenbanken über die aktuelle juristische Sachlage und Vorgehensweise von Anbietern, Inkassounternehmen und Schuldnerberatern als Nachschlageregister für Grundprobleme (z. B. FIS-Datenbank),
- Haushalts- und Schuldnerberatungsprogramme zur Gegenüberstellung von Einkommen/Ausgaben und Verbindlichkeiten sowie zur Erstellung von außergerichtlichen Vergleichsvorschlägen (z. B. CAWIN, INSOLVENZ),
- Rechenprogramme zur Überprüfung der Kredit- und Umschuldungskonstruktionen mittels Effektivzinsberechnung, Restschuldenkalkulierung und Ermittlung der korrekten Zinsraten im Verhältnis zu einem Vergleichskredit (z. B. CALS zur Kreditüberprüfung und FOAB zur Forderungsabrechnung bei Verzug).

Um die steigende Nachfrage nach Schuldnerberatung und die steigende qualitative Vielfalt der Anfragen zu bewältigen, wird eine verstärkte Ausstattung und Fortbildung von Beratern mit und in Fragen der EDV notwendig sein. Dies gilt insbesondere für die durch die neue Insolvenzordnung entstehenden hohen Anforderungen an den Abschluß eines außergerichtlichen Vergleichs. Mit der Einführung der Insolvenzordnung 1999 werden Schuldnerberater auf das Instrument von EDV-Programmen zur Schuldnerberatung kaum noch verzichten können.

---

78 Mit Ausnahme des Programms INSOLVENZ wurden die genannten Programme vom Institut Für Finanzdienstleistungen e,V., Hamburg, entwickelt.

Erst die EDV hat Finanzdienstleistungen zu flexiblen Steuerungs- und Anpassungsmechanismen für wirtschaftliches Handeln von Privaten werden lassen, weil die Berater lediglich die Ausgangsbedingungen mit den finanziellen Effekten abgleichen müssen, ohne daß sie die Zwischenschritte (Tabellen, Berechnungen, Nutzung objektiver Daten) belasten dürfen. Hierzu sind neben den bisherigen Kreditüberprüfungsmodulen notwendig

- Programme, die in Abfragemasken die gesetzlich erforderlichen Daten verlangen, sie in die vorgeschriebenen Pläne und Listen umformen und ausdrucken sowie den Briefverkehr mit den Gläubigern automatisieren,
- ein Modul, in dem unter Einbeziehung sämtlicher Daten nach den gesetzlichen Vorgaben sowie nach den freien Kriterien Pläne für Vergleiche entworfen werden, die automatisch auf alle Eingabeveränderungen reagieren, flexibel und vor allem zeitlich gestaffelt und veränderbar,
- Rechenschritte, die die Vergleichbarkeit des Gesamtergebnisses freier Pläne mit den Möglichkeiten der Restschuldbefreiung ermöglichen,
- Musterbriefe und Schreiben für verschiedenste rechtlich relevante Situationen wie Widerspruch, Kündigung von Verträgen zur Ausgabenreduzierung, Kommunikation mit Anbietern und Verbraucherverbänden etc.
- Datenbankinformationen über Gesetze, Gerichtsentscheidungen, Bankenrichtlinien sowie öffentliche Hilfsangebote.

In diesen Bereich der Schuldnerberatung müssen die Beratungsstellen investieren, um die Transaktionskosten gering zu halten. Die bessere Ausstattung – zusammen mit einer entsprechenden Ausbildung – wird es ihnen ermöglichen, zumindest kostendeckend zu arbeiten und den Hauptteil ihrer Arbeit weiterhin für individuelle, analytische und damit präventive Schuldnerberatung verwenden zu können.

d) Zugang zu fachlichem Spezialwissen

Unabdingbar an Literatur sind die einschlägigen zivil- und sozial(hilfe)rechtlichen Gesetzestexte, Kommentare und Zeitschriften.

Neben Gesetzestexten und juristischen Kommentaren sollte die Schuldnerberatungsstelle auch Zugang zu einer Entscheidungssammlung haben bzw. der Zugang zu einer entsprechenden Urteilsdatenbank bestehen. Zeitschriften dienen zum einen der allgemeinen Informationsgewinnung, bieten zum anderen aber auch zahlreiche praktische Tips zur Bewältigung der täglichen Probleme.

Bei der Ausstattung der „Bibliothek" ist darauf zu achten, daß sie möglichst alle Aufgabenfelder der Schuldnerberatung abdeckt und auf dem neuesten Stand ist. Letzteres ist deshalb unbedingt vonnöten, weil Gesetze laufend geändert werden, Kommentare angesichts einer ständig fortschreitenden Rechtsprechung veralten und auch hinsichtlich der weiteren Tätigkeitsfelder die Zeit nicht stehenbleibt, so daß auch Literatur über Beratungskonzepte u. ä. neu sein sollte.

e) Ergebnis

Von all diesen Vorstellungen zur Ausstattung einer Schuldnerberatungsstelle ist in den Entwürfen nichts enthalten. Als Grund dafür sind allein die Kosten zu vermuten, denn eine genauere Beschreibung der Ausstattung würde auch die entsprechende Forderung nach einer solchen Ausstattung von Beratungsseite nach sich ziehen.

Das völlige Weglassen von Kriterien birgt aber die Gefahr, daß die Beratung unter solch minimalistischen Bedingungen stattfindet, daß eine Ordnungsmäßigkeit nicht mehr gegeben ist. Gerade auch eine gehobene Ausstattung in technischer Hinsicht ist angesichts der Anforderungen der Berechnung von außergerichtlichen Vergleichen, Schuldenbereinigungsplänen und Zahlungsplänen für das Restschuldbefreiungsverfahren nahezu unabdingbar.

Daß diese Anforderungen aber leider immer noch eher mißachtet werden, zeigt die Äußerung der Bund-Länder-AG in ihrem Abschlußbericht zum Thema der Ausstattung:

> *„Diese Anforderungen (an Ausstattung, die Verf.) stellen die Grundlage für eine ernsthafte Beratung im außergerichtlichen Verfahren dar. Hierzu zu rechnen sind z. B. eine feste Anschrift der Stelle, ein Schild am Eingang, aus dem sich das Beratungsangebot eindeutig ergibt, öffentliche Bekanntmachung der Sprechzeiten, feste Sprechzeiten, Telefonanschluß und geeignete Räume für Beratungsgespräche, in denen insbesondere auch Vertraulichkeit und Datenschutz gewährleistet werden können."*[79]

Wenn dies tatsächlich das technische Niveau sein soll, an dem sich die Ausstattung der Beratungsstelle orientiert, wird Schuldnerberatung die Aufgaben der Insolvenzordnung keinesfalls so effektiv erfüllen können, wie es von allen Seiten gerade auch für eine außergerichtliche Einigung gewünscht wird.

D. Übergreifende Organisation von Qualifizierungsgarantien, Kooperation und Auswertung von Erfahrungen

1. Fortbildung

Schon heute bieten alle Träger für die ihnen angehörenden Schuldnerberatungsstellen Möglichkeiten der Fortbildung an. Formen solcher ein- oder mehrtägigen Fortbildungsveranstaltungen können sein:

- allgemeine Informationsveranstaltungen
- Seminare zur konzentrierten Wissensvermittlung in rechtlichen Fragen
- Praktikerforen zum Austausch von Erfahrungen
- Kurse in Gesprächsführung
- EDV-Schulungen etc.

Themenbereiche wären beispielsweise:

- Grundlagen für die Überprüfung der Wirksamkeit von Kredit- und Versicherungsverträgen sowie Möglichkeiten der Lösung
- Nachrechnung von bestehenden und gekündigten Krediten
- außergerichtliche Verhandlungsführung mit Gläubigern
- Aufstellung von außergerichtlichen Vergleichen und Schuldenbereinigungsplänen
- Haushaltsplanung, d. h. Verringerung der Ausgaben und ggfs. Erhöhung des Einkommens
- Wohnraumsicherung
- Einsatz von EDV

Um eine Grundberatung auch im Rahmen der neuen Insolvenzordnung qualitativ zu gewährleisten, muß hier zukünftig ein besonderer Schwerpunkt gelegt werden. Dies betrifft sowohl die Inhalte der neuen Insolvenzordnung als auch die praktische Umsetzung in Form von Plänen für einen außergerichtlichen Vergleich und den Schuldenbereinigungsplan. Die Verbraucherzentrale Nordrhein-Westfalen e.V. entwickelt zur Zeit im Auftrag der Verbände ein entsprechendes Schulungsprogramm.

2. Zugang zu Spezialwissen

Es stellt sich die Frage, inwieweit gerade kleine Schuldnerberatungsstellen, die nicht umfassend personell so ausgestattet sind, daß sie Sozialpädagogen, Kaufleute und Juristen in einer Einrichtung vereinigen, angesichts dieser immer komplexer werdenden Materie, mit

79 Abschlußbericht der Bund-Länder-AG v. 25. 11. 1996, S. 8 der Begründung.

der eine zeitgemäß agierende Schuldnerberatung umgehen muß, in der Lage sind, ihre Aufgabe zu bewältigen.

Dies bedeutet auch, daß die Berater hinsichtlich ihrer eigenen Grenzen sensibilisiert werden müssen. Sie müssen erkennen, wieweit sie selbst eine Beratung ohne Hilfe von außen durchführen können, und bei welchen Fragestellungen sie den Schuldner entweder an einen Anwalt weiterleiten oder sich zumindest selbst intern Rat bei Kollegen oder einer – nachfolgend beschriebenen – Fachberatungsstelle holen sollten.

a) Einrichtung von Fachberatungsstellen

Nimmt man beispielsweise eine Einrichtung, die mit einem einzigen Berater besetzt ist und ausschließlich Schuldnerberatung betreibt, so dürfte diese grundsätzlich den Anforderungen für eine Anerkennung als „geeignete Stelle" iSv § 305 InsO genügen. Trotzdem erscheint es fraglich, ob diese Schuldnerberatungsstelle das Verbraucherinsolvenzverfahren außergerichtlich so effektiv gestalten kann, wie es der hier dargestellten Zielsetzung entspricht.

Zum einen fehlt dem (Einzel)Berater, der ausschließlich Schuldnerberatung betreibt, angesichts seiner entweder sozialpädagogischen oder juristischen Ausbildung die komplementäre Ergänzung seiner Tätigkeit durch den jeweils anderen Part, sei es die psycho-soziale Seite für den Juristen oder die juristische Seite für den Sozialpädagogen. Idealtypischerweise müßten die Schuldnerberater in einem interdisziplinär besetzten Team arbeiten. Dies wird allerdings angesichts der Knappheit der finanziellen Mittel kaum zu erreichen sein.

Zum anderen tritt häufig fehlendes Fachwissen in Einzelfragen hinzu. Dies gilt insbesondere – wenn auch nicht nur – für rechtliche Fragen. Gerade durch die neue Insolvenzordnung werden viele Probleme auftreten, die den einzelnen vor Ort überfordern.

(1) Problem insbesondere der ausreichenden juristischen Beratung

Die Sicherstellung einer ausreichenden juristischen Beratung wurde bisher zu Unrecht nicht problematisiert. Alle drei Entwürfe (Bund-Länder-AG, AK-InsO der AG-SBV, Ausführungsgesetz NRW) halten eine externe juristische Beratung für ausreichend, die über den Justitiar des Trägers laufen kann. Ob dieser Jurist allein von seiner Kapazität in der Lage sein wird, die zahlreich auftretenden neuen Fragen des Verbraucherinsolvenzverfahrens zu klären, ist äußerst zweifelhaft.

Bisher betrafen die rechtlichen Fragen, die im Rahmen der Beratung auftraten, allein das „normale" Kreditrecht, da die Schuldenregulierung selbst keinerlei Regeln unterworfen war. Dies wird sich durch die neue Insolvenzordnung ändern, die neue komplexe Regeln für das Verhandeln und die Höhe der anzubietenden Summe aufstellt, ebenso diverse Formvorschriften für die Vorgehens- und Verhaltensweisen im gerichtlichen Verfahren und der Treuhandphase enthält. Angesichts dessen scheint es naiv, zu glauben, daß die juristische „Grundversorgung" der Schuldnerberater durch den Verweis auf den Verbandsjuristen oder einen Honorarjuristen so einfach gesichert werden kann. Zumindest entstehen hier erhebliche Reibungsverluste durch Doppelarbeit, in denen wichtige Ressourcen verlorengehen.

Nicht zu vernachlässigen ist dabei auch die Haftungsfrage, denn ein Berater, der verbindliche Rechtsauskünfte gibt, ist für deren Richtigkeit verantwortlich. Er haftet auch für Schäden, die dem Klienten durch eine Falschauskunft entstanden sind. Ebenso können Schadensersatzansprüche gegen den Leiter der Beratungsstelle aus §§ 831, 278 BGB bestehen. Eine Beratungsstelle kann es sich daher nicht leisten, die Rechtsberatung von jemandem durchführen zu lassen, der keine umfassenden juristischen Kenntnisse im Insolvenzbereich besitzt. Zumindest muß für einen Nicht-Juristen als Berater die Koppelung an juristische „Auskunftsstellen" sichergestellt sein, die über das neue Rechtsgebiet und alle auftauchenden Kreditfragen genauestens informiert sind.

Gleiches gilt – wenn auch möglicherweise nicht in dem Umfang – für psycho-soziale Fragestellungen. Betrachtet man hier den Nicht-Sozialpädagogen, so wird dieser durchaus Probleme haben, den Schuldner dazu zu motivieren, in seinem Leben entscheidende Punkte zu ändern, damit er nicht immer wieder von neuem in den Schuldenkreislauf gerät.

(2) Lösungsmöglichkeit: Fachberatungsstellen

Eine Möglichkeit der sinnvollen Unterstützung der Beratungsfachkräfte in den Schuldnerberatungsstellen wäre hier die Einrichtung von gesonderten Fachberatungsstellen. Diese sollten träger-/verbandsübergreifend und rein fachlich orientiert sein.

Eine solche zweigliedrige Struktur von Schuldnerberatungsstelle und Fachberatungsstelle ermöglicht individuelle problemzusammenhangorientierte und trotzdem professionelle und damit effektive und kostensparende Versorgung und ist damit den erläuterten zukünftigen Anforderungen gewachsen.

Ziel: Effektivität und Optimierung der Schuldnerberatung:

Bei diesen Zentralstellen sitzen echte Spezialisten, die über ihr eigenes Wissen hinaus die Erfahrungen der Schuldnerberater vor Ort aufnehmen, die hohen Fallzahlen nach Kategorien bündeln, strategische Lösungen entwickeln und wieder zurückgeben können. Damit können sie im Ergebnis nicht nur reagieren, sondern auch präventiv tätig werden.

Ziel: Informationstransfer:

Die Fachberatungsstellen fungieren zum einen als Ansprechpartner für die Schuldnerberater vor Ort. Sie vermitteln weiter Kontakte zwischen Schuldnerberatern und tragen so insgesamt zu einer fundierten und reflektierten Handlungsweise der Berater bei.

Des weiteren treten sie als Bindeglied zwischen Gesetzgeber und Schuldnerberatungsstellen auf. In dieser Funktion geben sie Informationen in beide Richtungen weiter, fokussieren Erkenntnisse und geben Anregungen für die Gesetzgebung.

Ziel: Justizentlastung:

Je besser eine solche Fachberatungsstelle funktioniert, desto mehr ist Schuldnerberatung in der Lage, wirksame und für den Schuldner durchhaltbare außergerichtliche Vergleiche mitzugestalten, und um so mehr wird die Justiz letztendlich entlastet.

Dies gilt auch oder gerade vor dem Hintergrund der Anforderungen des 1999 in Kraft tretenden Verbraucherinsolvenzverfahrens.

Solche Landesstellen könnten z. B. bei Landesarbeitsgemeinschaften, Schuldnerberatungs-Landesverbänden o. ä. angesiedelt sein, die von den einzelnen Bundesländern finanziert werden. Möglicherweise könnte das bereits bestehende Fachberatungssystem in Nordrhein-Westfalen hier Vorbild sein.

(3) Ausstattung und Aufgaben von Fachberatung

Um die gewünschte Effizienzsteigerung der Schuldnerberatung zu erreichen, muß sichergestellt werden, daß die Mitarbeiter der Fachberatungsstelle sowohl zentral als auch vor Ort in den Beratungseinrichtungen tätig werden. Es sollte sich hierbei um ein Team handeln, das mindestens aus einem Juristen und einem Schuldnerberater besteht, also interdisziplinär besetzt ist. Formales Kriterium sollte ein Fachhochschulabschluß sein.

Eine Fachberatungsstelle könnte dann folgende Dienstleistungen erbringen:

- Einzelfallhilfe und fachliche Beratung für Kolleginnen und Kollegen in den Beratungsstellen sowie eine Telefon-Hotline zur Sofort-Auskunfterteilung in Eilfällen;
- kontinuierliche Fortbildung der Schuldnerberater vor Ort (Praktikerforen, Seminarveranstaltungen, Trainings, Fernlehrgänge);

- Erstellung, Pflege und Weiterentwicklung eines Handbuchs zur Schuldnerberatung;
- Herausgabe von Merkblättern und Broschüren zu den wichtigsten Fragestellungen privater Verschuldung;
- Organisation der Zusammenarbeit der Schuldnerberatungsstellen im Einzugsgebiet;
- Ausrüstung der angeschlossenen Beratungsstellen mit EDV-Programmen und Datenbanken;
- Unterstützung und Support bei der EDV-Einführung;
- Einrichtung einer Bibliothek zu rechtlichen, wirtschaftlichen, methodischen und sozialen Fragen der Schuldnerberatung;
- Koordination und Hilfe bei der Erstellung von Tätigkeitsberichten für die angeschlossenen Beratungsstellen;
- Auswertung relevanter Informationsquellen und aufbereitete Weitergabe dieser Daten und Hinweise;
- Öffentlichkeitsarbeit;
- Beratung von Trägern der Schuldnerberatung bei der konzeptionellen Weiterentwicklung der Arbeit.

Den einzelnen Bundesländern könnte die Fachberatungsstelle für gutachterliche Zwecke zur Verfügung stehen.

In bezug auf das Verbraucherkonkursverfahren wäre es außerdem sinnvoll, diese Stellen im Anerkennungsverfahren zur Zulassung „geeigneter Stellen“ zu beteiligen.

b) Kooperation

Schuldnerberatung gewinnt an Wirksamkeit und ist dann am kostengünstigsten, wenn sie im Verbund bzw. in enger Kooperation mit anderen erfolgt. Die Kooperation der Schuldnerberatungsstellen mit anderen Institutionen kann sich auf verschiedene Bereiche beziehen. Es ist zu unterscheiden zwischen der Kooperation mit denjenigen Institutionen, die unmittelbar an der Durchsetzung von Schuldnerschutz beteiligt sind und der Kooperation mit Behörden und Verbänden, mit denen im Einzelfall partielle Interessenübereinstimmungen bestehen können.

(1) ... mit unmittelbar im Bereich des Schuldnerschutzes Tätigen wie den Verbraucherzentralen

Da in den Verbraucherzentralen – sofern sie sich mit Schuldnerberatung beschäftigen – im wesentlichen Juristen tätig sind, bietet sich hier eine Kooperation in juristischen Fragen an. Diese kann ähnliche Fragestellungen umfassen wie bei der Fachberatung genannt, wobei der Umfang im einzelnen vom Grad der Zusammenarbeit zwischen den einzelnen Verbraucherzentralen und Beratungseinrichtungen abhängen wird.

Neben der Kooperation in konkreten Fällen bieten sich gemeinsame Öffentlichkeitsaktionen zur Aufklärung und zur Information der Bevölkerung über das neue Insolvenzverfahren und besondere rechtliche Fragen aus Gründen der Prävention an. Gemeinsame Faltblätter und Broschüren können deutlich machen, daß Verbraucherschutzeinrichtungen gemeinsam an einem Strang ziehen.

Auch der AK-InsO der AG SBV ist ein Beispiel für eine gelungene Zusammenarbeit von Schuldnerberatungsstellen und Verbraucherzentralen.

(2) ... mit Verbündeten im Einzelfall

Schuldenprobleme treten regelmäßig nicht isoliert auf, sondern in Verbindung mit anderen Konflikten wie Arbeitslosigkeit/Arbeitsplatzsuche, Trennung und/oder Scheidung, Beziehungsproblemen, Abhängigkeiten (Alkohol, Medikamenten etc.), Krankheit und/oder

Behinderung sowie Wohnungsverlust und Obdachlosigkeit neben Überschuldung oder Verschuldung[80].

Hieraus wird deutlich, wie wichtig eine enge Kooperation bzw. Vernetzung mit anderen Stellen ist, deren Schwerpunkt nicht in der Schuldnerberatung liegt.

(a) Andere soziale Beratungs- und Dienststellen

Eine enge Kooperation mit anderen sozialen Beratungsstellen sichert eine „ganzheitliche" Hilfestellung.

So ist die Stabilisierung der wirtschaftlichen und sozialen Verhältnisse überschuldeter oder verschuldeter Personen durch die Schuldnerberatung unabdingbare Voraussetzung für eine psycho-soziale Stabilisierung von Schuldnern z. B. durch die Arbeit der sozialpädagogischen Familienhilfe oder Bewährungshilfe, der Arbeitslosenberatung und der Trennungs-/Scheidungsberatung[81]. Insoweit ist eine enge Zusammenarbeit der Beratungsstelle mit den Einrichtungen, die in diesen Bereichen – sowohl in öffentlicher wie in privater Hand – tätig sind, sehr wichtig.

Auch umgekehrt werden immer häufiger überschuldete Personen vom Arbeitsamt oder Sozialamt an die Schuldnerberatung verwiesen[82]. Erfolgreiche Schuldnerberatungsarbeit – möglichst schon im Vorfeld einer Ver- oder Überschuldung – kann hier nachweisbar zur Arbeitsmotivation und zu einer geringeren Inanspruchnahme von Sozialhilfeleistungen beitragen.

(b) Arbeitsämter

Die Zusammenarbeit mit den Arbeitsämtern könnte sich darüber hinaus ähnlich wie die mit den Verbraucherzentralen gestalten. In einer neuen Studie zur Überschuldung von Arbeitslosen[83] wird die Bedeutung einer engen Zusammenarbeit zwischen Arbeitsämtern und Schuldnerberatungsstellen betont. Auch die Arbeitsämter haben das Ziel, zum einen die konkrete Überschuldung zu beseitigen und zum anderen präventiv tätig zu werden[84]:

Zunächst ist zu denken an (gezielte) Einladungen von Arbeitslosen zu einer Gruppeninformation ins Arbeitsamt, an der auch ein Schuldnerberater teilnehmen sollte. Hiermit könnten Überschuldete über Möglichkeiten des Umgehens mit ihrer Verschuldung und über das neue Verbraucherinsolvenzverfahren informiert werden. Gleichzeitig kann eine solche Einladung aber auch präventiv diejenigen, die noch nicht (oder nicht mehr) überschuldet sind, über die Gefahren einer überhöhten Verschuldung aufklären und ihnen Wege aufzeigen, wie sie sich davor schützen können.

Des weiteren schlagen die Arbeitsämter die Durchführung von Sprechstunden der örtlichen Schuldnerberatung im Arbeitsamt vor, um sowohl die tatsächlichen als auch die psychologischen Wege zum Besuch einer Beratungseinrichtung zu verkürzen. Dabei befürchten sie allerdings – wohl nicht zu Unrecht – Hemmungen der Arbeitslosen, im Arbeitsamt, wo viele Arbeitslose sich untereinander kennen, eine Schuldnerberatung in Anspruch zu nehmen.

Schulung und Weiterbildung von Arbeitsamtsmitarbeitern in Fragen der Schuldnerberatung könnten schließlich die Mitarbeiter in die Lage versetzen, hier erste richtige Tips zu geben.

---

80 Bericht des ISKA-Nürnberg über die Beratungsjahre 1992–1995, S. 19.
81 Bericht des ISKA-Nürnberg über die Beratungsjahre 1992–1995, S. 20.
82 Bericht des ISKA-Nürnberg über die Beratungsjahre 1992–1995, S. 20.
83 „Zur Überschuldung von Arbeitslosen", Empirische Untersuchung der Landesarbeitsämter Nordrhein-Westfalen und Baden-Württemberg, 1996.
84 „Zur Überschuldung von Arbeitslosen", Empirische Untersuchung der Landesarbeitsämter Nordrhein-Westfalen und Baden-Württemberg, 1996, S. 96 f.

(c) Gewerkschaften

Die Vorteile einer Kooperation zwischen Gewerkschaften und Einrichtungen der Schuldnerberatung durch Sprechstunden im Gewerkschaftsgebäude liegen auf der Hand: Die Hemmschwelle, Hilfe in Anspruch zu nehmen, sinkt, der Beratungszugang wird erleichtert.

So haben die IG Metall und der Verein Schuldnerhilfe e.V. Essen (VSE) ein neues Modell entwickelt: Seit dem 1. 10. 1996 können sich verschuldete Mitglieder der IG Metall mittwochs von 14.30 bis 17.00 Uhr im Haus der IG Metall von einer Fachkraft des VSE beraten lassen. Durch eine Kostenbeteiligung der IG Metall konnten hierfür zusätzliche Beratungskapazitäten beim VSE geschaffen werden[85].

Solche Beispiele könnten Schule machen.

(d) Gerichte

Der Vordruckzwang und neue EDV-Möglichkeiten ermöglichen eine enge Zusammenarbeit zwischen Schuldnerberatungsstellen und Gerichten auf jeden Fall schon auf der formalen Ebene.

In einem Vortrag am 2. Oktober 1996 bei der Schuldnerhilfe Köln wurde der Stand der Vorbereitung für die Verbraucherinsolvenz ab dem Jahr 1999 durch Frau Graf-Schlicker aus dem Justizministerium Nordrhein-Westfalen dargestellt. Nordrhein-Westfalen bereitet danach zur Zeit ein Ausführungsgesetz für die Insolvenzordnung vor und hat das Pflichtenheft für eine Software, mit der die Insolvenz bei den Gerichten edv-mäßig abgewickelt werden soll, abgeschlossen. Da die Ausschreibung für die Programmierung europaweit erfolgen muß, wird nicht vor Beginn 1997 mit der konkreten Umsetzung begonnen werden. In einer Kommission mit drei Richtern, vier Rechtspflegern und drei Beamten des Justizministeriums ist dieses Pflichtenheft auf der Grundlage einer Arbeitsablaufanalyse entwickelt und in ein Datenbankmodul umgesetzt worden. Die neue Software der Gerichte soll möglichst kompatibel zu dem IFF-Programm CAWIN sein, so daß die dort eingegebenen Daten über eine Schnittstelle weitergeleitet werden können.

Zu hoffen ist allerdings, daß die so eingeleitete Kooperation zwischen Gericht und Schuldnerberatungsstellen sich nicht nur auf die EDV – und damit auf eine gemeinsame Arbeitserleichterung – beschränkt, sondern daß sich hier auch inhaltliche Anknüpfungspunkte ergeben.

So berichtet das ISKA-Nürnberg von erfreulichen Erfahrungen mit Gerichtsvollziehern, die immer häufiger im Rahmen ihrer Zwangsvollstreckungstätigkeit die Betroffenen auf die Schuldnerberatung hinweisen[86].

c) Adreßdateien

Unabdingbar für die tägliche Arbeit des Schuldnerberaters ist ein Zugang zu den Adressen, die er ständig benötigt, beispielsweise von

- Rechtsanwälten
- Gerichten (Richtern und Rechtspflegern)
- anderen Behörden, z. B. Arbeitsämtern
- sozialen Hilfseinrichtungen
- Inkassobüros oder sonstigen Gläubigern.

Diese Adressen kann er für sich persönlich in einer Kartei anlegen. Im Sinne einer Kooperation und eines Austauschs ist es aber sinnvoller, wenn zumindest ein Grundstock von Adressen in einer Datenbank zentral verwaltet und gepflegt wird, wie z. B. von den ange-

---

85 Auszug aus dem Jahresbericht 1996 des Vereins Schuldnerhilfe e.V. Essen (VSE), S. 16.
86 Bericht des ISKA-Nürnberg über die Beratungsjahre 1992–1995, S. 20.

sprochenen Fachberatungsstellen. Eine andere Möglichkeit für die Verwaltung von Adressen sind professionelle Adreßprogramme.

3. Kontrolle und Evaluation

a) Datenauswertung

Leider werden heute die bearbeiteten Fälle in Beratungsstellen nur unregelmäßig systematisch ausgewertet. Hieran wird ein eklatanter Datenmangel deutlich. Es ist für die sozialpolitische Diskussion unabdingbar, daß ein gesicherter Bestand an empirischen Daten und Informationen über die Situation überschuldeter Menschen und über Gläubigerverhaltensweisen zur Verfügung steht.

Es müßte daher im Interesse aller Träger der Schuldnerberatung liegen, eine einheitliche, bundesweit repräsentative Statistik zu diesen Bereichen alljährlich vorzulegen, um auf einer empirisch gesicherten Basis Planungen für die weitere Arbeit vorzunehmen. Dies wäre zukünftig durch die Auswertung der von vielen Beratungsstellen genutzten Software relativ einfach möglich.

So sieht CAWIN unter dem Menüpunkt <Statistik> die Unterpunkte

- Beratung und
- Fallauswertungen

vor. Unter dem Punkt Beratung läßt sich genau für jeden einzelnen Haushalt feststellen, wieviel Zeit der Berater mit dem Klienten und mit den Gläubigern verbracht hat sowie die Zeit, die er für diesen Klienten am PC verbracht hat. Hierfür hat er vorher jeweils bei Beginn der Tätigkeit den Timer anzustellen.

Unter dem Punkt Fallauswertungen läßt sich eine Statistik der Beratungsfälle über einen festgelegten Zeitraum erstellen. Diese enthält folgende Angaben, die ausführlich im nächsten Kapitel dargestellt werden:

- Haushaltsstatistik mit haushaltsdemographischen Daten
- Haushaltseinkommen
- Haushaltsausgaben
- Haushaltsschulden u. a. mit Aufgliederung nach Schuldenarten
- Beratungsstatistik.

Eine sehr viel umfangreichere Statistik versuchen zur Zeit die Verbände der Caritas und Diakonie aufzubauen. Hier ist allerdings aufgrund der Vielzahl der vom Berater auszufüllenden Bögen fraglich, ob sich eine solch umfangreiche Statistik in der Praxis durchsetzen wird.

b) Rechenschafts-/Tätigkeitsberichte

Der Entwurf zum Ausführungsgesetz von Nordrhein-Westfalen verpflichtet die Beratungsstellen, einen jährlichen Tätigkeitsbericht über ihre Tätigkeit in der Verbraucherinsolvenzberatung vorzulegen. In dem Entwurf zu den Richtlinien für die Anerkennung ist dieser Tätigkeitsbericht präzisiert. Dort heißt es unter Nr. 3.2:

> *„Durch Auflage ist sicherzustellen, daß anerkannte Verbraucherinsolvenzberatungsstellen dem Versorgungsamt Düsseldorf jährlich einen Tätigkeitsbericht vorlegen. Der Tätigkeitsbericht soll es dem Versorgungsamt Düsseldorf ermöglichen, ausgesprochene Anerkennungen auf den Fortbestand der Voraussetzungen überprüfen zu können. Daneben soll der Tätigkeitsbericht auch weitere Planungsdaten enthalten.*
>
> *Der Tätigkeitsbericht hat sich zumindest auf folgende Angaben zu erstrecken*
>
> *– Zahl, Name und Qualifikation der hauptamtlichen Fachkräfte,*

- *Anzahl der Schuldnerberatungsfälle der Stelle insgesamt,*
- *Anzahl der Beratungsfälle Verbraucherinsolvenz,*
- *Anzahl der vorgerichtlichen Einigungen,*
- *Anzahl der gescheiterten vorgerichtlichen Einigungsversuche,*
- *Anzahl der übernommenen Treuhänderschaften,*
- *Wartezeit zwischen Anmeldung und Beginn der Beratung."*

Problematisch an diesem Katalog ist die rein quantitative Ausrichtung der Meldungen. Jede Art von Beratung wird funktionslos, wenn letztlich allein die Fallzahlen im Vordergrund stehen. Dies fördert die Ausrichtung auf schnell abzuwickelnde, einfach gelagerte und letztlich weniger problematische Fälle, was nicht im Sinne einer staatliche Sorge vermeidender Sozialarbeit liegen kann. Soweit quantitative Angaben erforderlich sind, um den Schwerpunkt in der Schuldnerberatung auszuweisen, ist hiergegen nichts einzuwenden. Das kann aber nicht dadurch geschehen, daß eine Beratungsstelle versucht, möglichst wenig kritische Fälle zu begutachten, um dann mit geringem Zeitaufwand pro Fall insgesamt eine Erfolgsstatistik geben zu können.

Daher sollte der Bericht zum einen aussagekräftigere statistische Daten liefern und zum anderen einen Berichtsteil enthalten, der die allgemeinen Aktivitäten der Schuldnerberatungsstelle in Hinblick auf Prävention, Kooperation und Information beleuchtet.

Ein entsprechendes Vorbild kann man z. B. in den Jahresberichten der Verbraucherzentralen sehen. In den Vereinigten Staaten von Amerika ist durch den Community Reinvestment Act sogar Banken vorgeschrieben, darüber zu berichten, welche Anstrengungen sie unternommen haben, um in einem strukturschwachen Stadtteil für ausreichenden Zugang zu Finanzdienstleistungen zu sorgen und Kredite für Investitionen dort zu vergeben. Entsprechend enthalten die amerikanischen CRA-Berichte der Banken einen statistischen und einen Berichtsteil, die beide dann im Ratingverfahren der Aufsichtsbehörde bewertet werden.

In den beiden bisher für die Schuldnerberatung entwickelten EDV-Programmen ist die Statistik bereits in der Weise integriert, daß praktisch auf Knopfdruck für jeden beliebigen Zeitraum, d. h. auch für ein Kalenderjahr, eine umfassende Statistik ausgedruckt werden kann, aus der sich sinnvoll gewichtete Zahlen ergeben, die auch etwas über die Art der bedienten Klientel, über soziale Problemindikatoren sowie über die Struktur der Schulden und letztendlich die Art der Lösungen aussagen.

Dabei wird in dieser Statistik zunächst die Übersicht über die Ratsuchenden, dann die Übersicht über Einkommen und Ausgaben und schließlich über Schuldenarten und Gläubiger gegeben. In dem zweiten Teil der Statistik werden quantitative Informationen über die Art der Beratung und ihren Erfolg gegeben.

Muster – Schuldnerberatung **CAWIN 4.0 / 19. 03. 1997**

HAUSHALTSSTATISTIK DER BERATUNGSFÄLLE

I GESAMTÜBERSICHT

Auswertungszeitraum ......:	01. 01. 1997 bis 31. 12. 1997		
Ausgewertete Haushalte ....:	1		
Haushaltsvorstände			
männlich ....:	0	entsp. 0,00 %	
weiblich ....:	1	entsp. 100,00 %	
Durchschnittsalter ......:	0,00		
nach Alter			
unter 25 ....:	1		
25 - 65 ....:	0		
über 65 ....:	0		
Durchschn. Kinderzahl ....:	0,00		
Haushaltsgröße ....:	2,00		
II HAUSHALTSEINKOMMEN			
Haushaltseinkommen ....:	3 000,00		
davon pfändbar ....:	0,00		
tatsächlich gepfändet ....:	0,00		
Übersicht nach Einkommensarten	Fälle	Durchschnitt	v. H.
Lohn und Gehalt ....:	1	3 000,00	100,00 %
Rente ....:		0,00	0,00 %
Unterhalt ....:		0,00	0,00 %
Sozialhilfe ....:		0,00	0,00 %
ALG/Alhi ....:		0,00	0,00 %
Wohngeld ....:		0,00	0,00 %
Kindergeld ....:		0,00	0,00 %
Erziehungsgeld ....:		0,00	0,00 %
Unterhaltsvorschuß ......:		0,00	0,00 %
Sonstiges ....:		0,00	0,00 %
Andere ....:		0,00	0,00 %
III HAUSHALTSAUSGABEN			
Haushaltsausgaben pro Monat (Durchschnittswerte)			
Gesamtauswertung	Fälle	Durchschnitt	
Haushaltsausgaben ....:	1	800,00	
nach Ausgabenarten	Fälle	Durchschnitt	v. H.
Wohnungsausgaben ....:	1	800,00	100,00 %
Festausgaben ....:		0,00	0,00 %
Versicherungsausgaben ....:		0,00	0,00 %
Sonstige Ausgaben ....:		0,00	0,00 %
IV HAUSHALTSSCHULDEN			
Schuldenübersicht	Fälle	Durchschnitt	
Schulden pro Haushalt .....:	1	10.000,00	
Höhe pro Schuld ....:	1	10.000,00	

Regulierungssaldo p. Schuld .:	1	0,00	
Ursprüngliche Schuldenhöhe	Fälle		
< 5 000 DM ....:			
10 - 20 000 DM ....:			
20 - 30 000 DM ....:	1		
30 - 40 000 DM ....:			
40 - 50 000 DM ....:			
50 - 100 000 DM ....:			
100 - 200 000 DM ....:			
> 200 000 DM ....:			
Übersicht nach Schuldenarten	Fälle	Durchschnitt	v.H.
1,2,3 Ratenk/Vario/Korrent :	1	10 000,00	100,00 %
Kreditkartenkredit ......:		0,00	0,00 %
Hypothekenkredit ....:		0,00	0,00 %
Bankkredite ....:	1	10 000,00	100,00 %
Miete und Energie ....:		0,00	0,00 %
Versandhausschulden .....:		0,00	0,00 %
Schadenersatzschulden ....:		0,00	0,00 %
Anwalt/Gericht/Geldstrafen:		0,00	0,00 %
Sonstige ....:		0,00	0,00 %
Andere ....:		0,00	0,00 %
Übersicht Ratenbelastung	Fälle	Durchschnitt	v.H.
Banken ....:	1	800,00	100,00 %
Versandhaus ....:		0,00	0,00 %
Wohnung ....:		0,00	0,00 %
Gericht/Anwalt ....:		0,00	0,00 %
Geldstrafe/Schadenersatz .:		0,00	0,00 %
Sonstiges ....:		0,00	0,00 %
Übersicht Ausgangsbetrag	Fälle	Durchschnitt	v.H.
Banken ....:	1	20 000,00	100,00 %
Versandhaus ....:		0,00	0,00 %
Wohnung ....:		0,00	0,00 %
Gericht/Anwalt ....:		0,00	0,00 %
Geldstrafe/Schadenersatz .:		0,00	0,00 %
Sonstiges ....:		0,00	0,00 %
STATISTIK DER BERATUNG			
Beratungsstellenengagement	Fälle	Durchschnitt	
Beratungszeit in Tagen ....:	1	33	
Abschluß der Beratung durch			
Erfolgr. Regulierung .....:	0,00 %		
Teilregulierung ....:	0,00 %		
Abbruch durch Kunde ......:	0,00 %		
Abschluß durch Bst. ......:	0,00 %		
Übergang InsO-Verf. ......:	0,00 %		
Sonstige Gründe ....:	0,00 %		

Erfaßte Bearbeitungszeiten	Fälle	Durchschnitt	in v. H.
Beratungskontakt ....:	1	6,83	18,55 %
Gläubigerkontakt ....:	1	10,00	27,15 %
PC-Arbeiten ....:	1	20,00	54,30 %
Individuelle Zeiträume	Fälle	Durchschnitt	
Hausbesuche ....:	1		
Vorträge ....:	1		
Anfertigung von Berichten ..:	1		

Diese Informationen sollten ergänzt werden durch einen inhaltlichen Textteil. Dabei haben die Schuldnerberater die Möglichkeit, in der Fallbearbeitung jeweils im EDV-Programm Fallnotizen zu erfassen, die ebenfalls als Fallschilderungen exemplarisch dem Bericht angefügt werden können. Auf diese Weise sind die Berichte nicht nur für die Eignungsüberprüfung, sondern generell für die Prävention und Information wichtig und hilfreich.

Sinnvollerweise sind die Berichte darüber hinaus um Kriterien einer ordnungsgemäß arbeitenden Schuldnerberatungsstelle zu erweitern, die in diesem Gutachten erarbeitet wurden. Hierzu gehören beispielsweise:

- Trägerschaft
- Aufgliederung nach Vollzeit-, Teilzeit- und ABM-Kräften
- Besuch von Fortbildungsmaßnahmen
- räumliche und technische Ausstattung (inkl. Literatur)
- Anzahl der Begleitungen im gerichtlichen Verfahren
- Datenauswertung
- Kooperationen.

Da es regelungstechnisch wohl wenig sinnvoll ist, im einzelnen diese Angaben zu verlangen, sollte das Zulassungsgesetz sich darauf beschränken, einen Jahresbericht zu verlangen, der sowohl qualitativ wie quantitativ die wesentlichen Dimensionen der Schuldnerberatung widerspiegelt.

Der Text aus dem Entwurf zu den Richtlinien Nordrhein-Westfalens könnte wie folgt abgewandelt werden:

> *„Anerkannte Verbraucherinsolvenzberatungsstellen legen zum Kalenderjahr einen öffentlichen Tätigkeitsbericht vor, der es den für die Anerkennung zuständigen Stellen ermöglicht, den Fortbestand der für die ausgesprochenen Anerkennungen wesentlichen Voraussetzungen zu überprüfen. Der Tätigkeitsbericht soll dabei bei für den Datenschutz ausreichender Fallzahl in quantitativer und unabhängig davon in qualitativer Hinsicht ein Bild der Arbeit der Schuldnerberatungsstelle im abgelaufenen Kalenderjahr vermitteln. In dem Bericht sollen insbesondere Schwerpunkte der Zielgruppe, Einkommens- und Ausgabenverhältnisse, ein möglichst genaues Bild der Art und Höhe der Verschuldung sowie der Art und Dauer der Tätigkeiten der Schuldnerberatungsstelle erkennbar sein.*

c) Informationsaustausch und Kooperation der Stellen

Schuldnerberatung hat sich in den verschiedensten Bereichen zusammengeschlossen, ist jedoch keinesfalls als einheitliche Gruppe zu betrachten. Ohne Anspruch auf Vollständigkeit werden im folgenden einige Beispiele für Zusammenarbeit genannt.

(1) Arbeitsgruppe Schuldnerberatung der Verbände (AG SBV)

Wie bereits im Vorwort erwähnt gehören der Arbeitsgruppe Schuldnerberatung der Verbände (AG SBV) die für die Schuldnerberatung zuständigen Referent/-innen der Spitzenverbände der Freien Wohlfahrtspflege bzw. von ihnen delegierte Vertreter/-innen sowie je ein/e Vertreter/-in der Arbeitsgemeinschaft der Verbraucherverbände und der Bundesarbeitsgemeinschaft Schuldnerberatung an. Die AG SBV existiert seit April 1995. Sie hat sich zur Aufgabe gestellt, trägerübergreifende Belange der Schuldnerberatung wahrzunehmen.

(2) Landesarbeitsgemeinschaften und Bundesarbeitsgemeinschaft Schuldnerberatung

Während die AG SBV auf Verbandsebene agiert, haben sich auf regionaler Ebene Schuldnerberatungsstellen und einzelne trägerübergreifend zu Landesarbeitsgemeinschaften zusammengefunden, die wiederum als Dach die Bundesarbeitsgemeinschaft Schuldnerberatung (BAG-SB) gebildet haben.

Die Arbeitsgemeinschaften haben – ebenso wie die AG SBV – aufgrund der hinter ihnen stehenden Mitglieder neben der Möglichkeit eines Erfahrungsaustauschs untereinander auch die Chance, Kräfte zu bündeln und rechtliche und rechtspolitische Forderungen an den Gesetzgeber zu richten und durchzusetzen. Sie sind gleichzeitig Ansprechpartner für den Gesetzgeber, wenn es um Vorhaben im sozialen Bereich geht. Trotzdem sind ihre Möglichkeiten angesichts der Tatsache, daß die Akteure ihre Tätigkeit neben ihrer eigentlichen Berufstätigkeit ausüben, beschränkt. Hier könnten Fachberatungsstellen erheblich effektiver tätig werden.

Eine europäische Umschau zeigt, daß es inzwischen in verschiedenen Ländern nationale Dachorganisationen von Schuldnerberatungseinrichtungen gibt: z. B. in Finnland, in Schweden über das Konsumentverket, in den Niederlanden durch die Niederländische Vereinigung für Volkskredit (NVVK), dem Zusammenschluß der Munizipal-Banken, über die ein großer Teil der Schuldnerberatung abgewickelt wird, in Österreich mit der Arbeitsgemeinschaft Schuldnerberatung (ASB), in der Schweiz mit der Schweizerischen Arbeitsgemeinschaft Schuldnerberatung und Sanierungshilfe (SASS), in England mit den Money Advice Associations (MAA/MAS).

Diese Einrichtungen müssen auf europäischer Ebene vernetzt werden; sie sollten kooperieren und gegenseitig an ihren Arbeitsergebnissen und Vorstellungen partizipieren. Zukünftig müssen diese fachlichen Zusammenschlüsse europäische Fachpolitik für die Schuldnerberatung entwickeln, um für die Schuldnerberatung als Lobbyisten in Brüssel aufzutreten. Ein solches Netzwerk ist mit dem Consumer DebtNet (CDN) 1994 geschaffen worden (s. unter (3)).

(3) Fachberatungsstellen

Eine weitere Form der Kooperation könnten die oben bereits beschriebenen Fachberatungsstellen bieten. Sie unterscheiden sich von der AG SBV bzw. den Landesarbeitsgemeinschaften dadurch, daß sie von den Ländern finanziert werden, nicht ehrenamtlich arbeiten und einen erheblich weiteren Aufgabenbereich haben (s. oben).

Grundsätzlich müßten sie hinsichtlich der Kooperation und des Informationsaustauschs der Schuldnerberatungsstellen untereinander dieselbe Bindegliedfunktion wie die Landesarbeitsgemeinschaften haben, könnten aber als feste Institution in diesem Bereich stärker in Anspruch genommen werden.

(4) Schuldnerberatung europaweit

Nicht nur im Zuge der Insolvenzordnung, auch im Zuge einer fortschreitenden Europäisierung wird ein intensiver Informationsaustausch unter den Schuldnerberatungsstellen Deutschlands und Europas immer unentbehrlicher.

Groth[87] gibt hierzu das Beispiel, daß eines nicht allzu fernen Tages Schuldner in den Beratungsstellen Rat und Hilfe suchen, die dem deutschen Schuldnerberater eine belgische Hypothek zur Finanzierung ihrer Eigentumswohnung, eine englische Versicherungspolice

87 Groth, in: Der neue Schuldenreport, 1995, S. 122, 155, 156.

oder eine niederländische Rechnung eines Spediteurs vorlegen. Umgekehrt können Schuldnerberater im europäischen Ausland mit den Auswirkungen deutscher Schuldenbeitreibungspraxis konfrontiert werden, beispielsweise durch Unternehmen wie den Österreichischen Inkassodienst (ÖID) oder das Unternehmen Euro-Inkasso in den Niederlanden. Beides sind Tochterunternehmen des größten deutschen Inkassounternehmens, dem Deutschen Inkassodienst (DID) in Hamburg.

Angesichts dieser Entwicklung wird der informelle Informationsaustausch nur am Anfang einer Zusammenarbeit stehen. Schuldnerberatung kann europaweit nur wirken, wenn es ihr gelingt, eine feste Infrastruktur aufzubauen, die einen raschen Informationstransfer ermöglicht.

Ein Beispiel für eine ständige Zusammenarbeit europäischer Schuldnerberater ist das **Europäische Informationsnetzwerk,** Consumer DebtNet (CDN), 1994 gegründet[88]. Seine Ziele sind[89]:

- Organisation eines regelmäßigen Informationsaustauschs;
- Organisation von Fortbildungsveranstaltungen;
- Planung durch Ausführung von kollektiven europäischen Aktionen;
- Einflußnahme auf die europäische Gesetzgebung und Richtlinienpolitik in Brüssel;
- Maßnahmen zur Verbesserung der methodischen Ansätze in der Schuldner- und Budgetberatung;
- Entwicklung einer verbesserten Präventivarbeit;
- Beschäftigung mit Forschungsergebnissen bzw. die (Mit)Initiierung von Forschungsvorhaben;
- Organisation von jährlichen Konferenzen.

Zusätzlich ist angedacht, auch Aufgaben der „Entwicklungshilfe“ beim Aufbau einer Schuldnerberatung in osteuropäischen Ländern zu übernehmen.

Seit Sommer 1995 gibt es einen eigenen englischsprachigen europäischen Schuldnerberatungs-Informationsdienst mit dem Titel „Money Matters“. Der CDN hat Kontakt zur Europäischen Kommission in Brüssel aufgenommen mit dem Ergebnis, daß er künftig für bestimmte Aktivitäten Fördermittel erhält. Im März 1996 fand die erste große europäische Schuldnerberatungskonferenz in Schottland zum Thema „Zugang von Schuldnern zum Recht“ statt.

Als konkretes Arbeitsvorhaben ist in Planung, spezielle Daten zu einem bestimmten Gläubigersegment in verschiedenen Ländern zu erheben und diese Daten zur zentralen Nutzung einer Datenbank zuzuführen (FIS International). Der Aufbau solcher europäischen Arbeitshilfen dürfte in Zukunft einen Großteil europäischer Zusammenschlüsse ausmachen[90].

In Deutschland ist die Diskussion über die Ziele und Aufgabenstellungen des CDN bisher eher zurückhaltend. Für viele Schuldnerberater ist „Europa noch sehr weit weg“[91]. *Groth*[92] hingegen weist zu Recht darauf hin, daß Anbieter von Waren und Finanzdienstleistungen schon lange europäisch vernetzt und z. T. schon weltweit in Verbänden zusammengeschlossen sind. Damit besitzt die Anbieterseite eine klare Infrastruktur, um eine wirkungsvolle Lobbypolitik in Brüssel und anderswo betreiben zu können, eine Infrastruktur, die sich

88 Groth, Schuldnerberatung im Zeichen der Sterne, in: Soziale Arbeit 9/10, 1994.
89 Zit. nach Groth, in: Der neue Schuldenreport, 1995, S. 122, 155, 156 f.
90 Groth, in: Der neue Schuldenreport, 1995, S. 122, 155, 158.
91 Groth, in: Der neue Schuldenreport, 1995, S. 122, 155, 157.
92 So gibt es nicht nur einen europäischen Zusammenschluß der Inkassounternehmen, sondern Vertreter der Inkassobranche kommen auch zu Weltkongressen zusammen. Dun & Bradstreet (in Deutschland Schimmelpfeng) ist zudem bereits ein internationaler Inkasso-Weltkonzern.

die Schuldnerberatung ebenfalls schnell erarbeiten sollte, wenn sie nicht hinter den Anbietern zurückstehen will.

E. Gläubiger- und Schuldnerbeteiligung an den Kosten von Schuldnerberatung?

Wer ernsthaft außergerichtliche Schuldenbereinigung will, muß damit auch eine effektive und verläßliche Finanzierung von Schuldnerberatung sicherstellen.

Schon jetzt ist deutlich sichtbar, daß die Finanzierungsleistungen der öffentlichen Hand zunehmend hinter den steigenden Anforderungen aus höherer Nachfrage und neuen Aufgabenfeldern zurückbleiben. Die Finanzierung von Schuldnerberatung durch die öffentliche Hand wird in Zukunft stärker über Einzelfallabrechnungen laufen, um eine höhere Transparenz und Leistungsbezogenheit zu erreichen. Angesichts der aktuellen haushaltsmäßigen Belastung der Sozialhilfeträger wird eine Entwicklung nicht zu verhindern sein, die darauf abzielt, nur noch Leistungen zu finanzieren, zu denen die Träger gesetzlich verpflichtet sind[93]. Somit dürfte sich in der Zukunft das kommunale Finanzierungsengagement für die Schuldnerberatung auf die Abwicklung des § 17 BSHG, das der Länder auf die Anforderungen des Verbraucherinsolvenzverfahrens beschränken.

Allein schon wegen dieser schwierigen finanziellen Lage für die Schuldnerberatung bleibt es nicht aus, an eine Kostenbeteiligung der Nutznießer dieses Verfahrens, der Schuldner und Gläubiger, zu denken. Diese soll den Mehrbedarf der Beratungsstellen für die Mitarbeit am Entschuldungsverfahren bestreiten und die öffentliche Hand entlasten, nicht jedoch von der grundsätzlichen Verpflichtung der Länder und Kommunen zur Vorhaltung und Bereitstellung solcher Institutionen befreien.

1. Finanzielle Beteiligung des Schuldners

Bisher ist die Inanspruchnahme von Schuldnerberatungsstellen für den Schuldner in der Regel kostenfrei, wenn dies auch gerade angesichts der Finanzprobleme der öffentlichen Hand, die sich auch auf die Beratungseinrichtungen massiv auswirken, wieder stark in der Diskussion ist.

Hinsichtlich des Verbraucherinsolvenzverfahrens wird die Mehrzahl der Schuldner aufgrund ihrer persönlichen und wirtschaftlichen Verhältnisse nicht in der Lage sein, sich an den Kosten zu beteiligen, die mit der Erstellung eines Vergleichs zusammenhängen[94]. Daher darf für den Zugang zum außergerichtlichen Verfahren keine echte Kostenbarriere aufgebaut werden.

Daher lautete schon der Vorschlag des Alternativentwurfs zur Insolvenzordnung zur Kostentragungspflicht:

> *„Das Entschuldungsverfahren ist für den Schuldner sowie andere am Verfahren Beteiligte, die nicht Gläubiger sind, kostenfrei.“ (§ 246 Abs. 1 AltE InsO)*

Auch der Entwurf des Ausführungsgesetzes Nordrhein-Westfalen sieht eine Kostenbeteiligung des Schuldners an einer Beratung nicht vor. Die Gebührenfreiheit ist danach sogar Voraussetzung für die Anerkennung als „geeignete Stelle“, nicht zuletzt im Hinblick auf die Abgrenzung von kommerziellen Schuldenregulierern:

> *„§ 3 Anerkennungsvoraussetzungen*
>
> *... Die Beratung ist für die Schuldner gebührenfrei anzubieten ...“*

---

93 Groth, in: Der neue Schuldenreport, 1995, S. 122 f.

94 So schon Alternativentwurf zur Insolvenzordnung des IFF, Kommentar zu § 246, S. 65.

Zweifelhaft ist jedoch, ob dieser Gedanke einer völligen Befreiung des Schuldners von einer Kostentragung richtig zu Ende gedacht worden ist.

Zwar wird eine Gebührenerhebung nur in äußerst wenigen Fällen in Betracht kommen. Jedoch gibt es durchaus Schuldner mit mittlerem Einkommen oder Kleingewerbetreibende, die an den Beratungskosten beteiligt werden könnten. Eine Eigenbeteiligung ist unter sorgfältiger Prüfung und Berücksichtigung der jeweiligen Situation der Ratsuchenden in gestaffelter Form denkbar.

2. Gläubigerbeteiligung über Fonds

Anders stellt sich die Situation für Überlegungen zu einer Gläubigerbeteiligung an den Kosten der Schuldnerberatung dar.

Seit geraumer Zeit wird in der Schuldnerberatung – ausgehend vom Mitverursacher- und Nutznießerprinzip – diskutiert, wie die Anbieter von Waren und Dienstleistungen an der Mitfinanzierung dieser sozialen Dienstleistung beteiligt werden können.

Dem liegt zunächst der Gedanke zugrunde, daß eine Regelung eines Verfahrens zur Entschuldung von Privatverbrauchern sich nicht einer Heranziehung derjenigen Gläubiger verschließen darf, die zu der Überschuldung der Verbraucher zum Teil erheblich beitragen.

Im Gegensatz zu den Beteuerungen von Banken und Sparkassen zeigen Tätigkeitsberichte von Schuldnerberatungsstellen, daß Banken oft die Hauptgläubiger ihrer Klientel sind. So erfaßte beispielsweise der Verein Schuldnerhilfe e.V. Essen statistisch im Jahr 1996 4 468 Gläubiger mit über 51 Mio. DM Forderungen gegen Ratsuchende. Bei 80 % aller Forderungen handelte es sich um Bankenforderungen, wobei die Forderungen der Citibank mit 19,1 Mio. DM den größten Anteil ausmachten, gefolgt von den Sparkassen mit 6,4 Mio. DM.

Ebenso ist festzustellen, daß die Gläubiger – neben den betroffenen überschuldeten Haushalten selbst – Nutznießer der Dienstleistung Schuldnerberatung sind, da die engagierten Fachkräfte dort dazu beitragen, eine Reintegration von ehedem überschuldeten Personen in den Wirtschafts- und damit Konsumkreislauf zu erreichen[95].

Bisher hat sich der Vorschlag einer Gläubigerbeteiligung an den Kosten nur beschränkt durchsetzen können. Mittelfristig ist jedoch anzunehmen, daß sich eine freiwillig oder gesetzlich geregelte finanzielle Mitwirkung der Gläubiger entwickelt.

a) Aktueller Stand in Deutschland

Gesetzlich verpflichtet zu einer Mitfinanzierung sind bisher lediglich in einigen Bundesländern die Sparkassen, so in Nordrhein-Westfalen und Rheinland-Pfalz. Hier gibt es jedoch keine gesetzlich festgelegten Summen, sondern es erfolgt eine freiwillige Zahlung. Außerdem entrichten beispielsweise in Schleswig-Holstein die Sparkassen nach Absprache mit der Landesregierung einen freiwilligen Beitrag von DM 700 000,– zur Mitfinanzierung der Schuldnerberatungsstellen. Eine gleiche Summe zahlen die niedersächsischen Sparkassen für 1997[96]. Die privaten Bankengruppen in Schleswig-Holstein, die ebenfalls zu einer Mitfinanzierung aufgefordert worden waren, haben ein entsprechendes Vorgehen abgelehnt[97]. In Mecklenburg-Vorpommern arbeitet der zuständige Sozialminister an einem neuen Finanzierungskonzept für Schuldnerberatung, in dem neben dem Land und den Kommunen als Finanzgeber auch Banken und Sparkassen in Frage kommen können[98].

Die Sparkassen sehen sich trotz ihrer freiwilligen Zahlung durch die spezielle Sparkassengesetzgebung gegenüber den übrigen Kreditanbietern stark benachteiligt und betrachten

95 Groth, in: Der neue Schuldenreport, 1995, S. 122, 124.
96 Nach einer Presseinformation des Niedersächsischen Sparkassen- und Giroverbandes v. 10. 12. 1996.
97 BT.-Drucks. 13/5282 v. 16. 7. 1996 zum Thema „Arbeitslosigkeit und Verschuldung", S. 11.
98 BAG-SB Informationen, 3/96.

diese – nicht zu Unrecht – als unsystematisch. Darüber hinaus betonen sie, daß sie nur unterdurchschnittlich, nämlich mit ca. 5 % an der Überschuldung von Privatpersonen beteiligt seien. (Demgegenüber haben jedoch Erhebungen in einigen Städten, z. B. Bielefeld, eine Beteiligung von über 30 % ergeben.)

Aus Sicht der Bundesregierung besteht z. Zt. im Bereich der privaten Banken keine Bereitschaft, sich an den Schuldnerberatungsstellen finanziell zu beteiligen[99]. Eine gesetzliche Verpflichtung der Kreditwirtschaft, sich an der Finanzierung von Schuldnerberatungsstellen zu beteiligen, hält sie für verfassungsrechtlich problematisch, weil die Kreditaufnahme auf privatautonomen Entscheidungen der Kreditnehmer beruhe und die Überschuldung zudem auf eine Vielzahl komplexer Ursachen zurückzuführen sei, die zu einem großen Teil nicht in dem Einflußbereich der Kreditinstitute lägen[100].

b) Ausländische Erfahrungen

Ein Blick ins Ausland zeigt, daß man hier in diesem Punkt weiter ist:

In anderen Ländern wurden mit Fondsfinanzierungsmodellen gute Erfahrungen gemacht, die auch bei den Forderungsinhabern auf positive Resonanz stießen. So leisten z. B. in den USA (BUCCS) und Großbritannien (Birmingham Settlement sowie CCCS Leeds) die Anbieter von Finanzdienstleistungen und Versandhandel ihren Beitrag für die Finanzierung der Schuldnerberatung.

Das amerikanische und das Leeds-Modell sehen eine direkte Abführung in Höhe von 15 % der beigetriebenen Forderungen an die Schuldnerberatungsstelle vor.

Nach diesem Vorbild wäre es auch denkbar, deutsche Anbieter von Finanzdienstleistungen an der Mitfinanzierung der sozialen Dienstleistung Schuldnerberatung zu beteiligen und ein entsprechendes Abgabe- bzw. Finanzierungsmodell zu entwickeln. Das Modell birgt jedoch in sich das Risiko, daß die Schuldnerberatungsstellen ähnlich wie Inkassodienste nur lukrative Fälle annehmen, d. h. Fälle, in denen mit der größtmöglichen Gläubigerbefriedigung zu rechnen ist. Zudem birgt die Form der direkten Abrechnung mit der Schuldnerberatung das Risiko, daß die Unabhängigkeit der Schuldnerberatung nicht gewährleistet werden kann, sobald eigene finanzielle Interessen einfließen. Die z. Zt. stattfindenden direkten Finanzierungen einzelner Beratungsstellen sollten daher so schnell wie möglich abgelöst werden durch überregionale Fondslösungen.

Das Finanzierungsmodell von Birmingham Settlement beruht demgegenüber auf einem Privatsponsoring der Gläubiger. Die Gläubiger beteiligten sich z. B. im Jahr 1993 mit 140 000 £ an der Finanzierung der Schuldnerberatung. So gab z. B. der größte Einzelhandelskonzern 6 500 £ jährlich. Den erforderlichen Restbetrag steuert die Stadt Birmingham zu. Als Finanzierungskonzept ist ein solches Sponsoring nur denkbar, wenn es auf eine vertragliche Grundlage gestellt wird und keine direkte Verbindung zwischen Sponsoren und Beratungseinrichtung besteht.

c) Kurze Diskussion[101] und Vorschlag für eine Fondslösung

Seit 1990 wurde mehrfach über mögliche Fondsregelungen, die unter finanzieller Beteiligung der Gläubiger arbeiten, diskutiert. Solche Finanzierungsformen unter Einbeziehung der Finanzdienstleistungsunternehmen sind aus Sicht der Schuldnerberatung unverzichtbar.

Spätestens seit dem von den Wohlfahrts- und Verbraucherverbänden vorgelegten und vom IFF entwickelten Alternativentwurf zum Privatkonkursverfahren ist diese Idee nicht mehr abwegig. Dort wurde in Anlehnung an das US-amerikanische Modell des BUCCS vorge-

99 BT.-Drucks. 13/5282 v. 16. 7. 1996 zum Thema „Arbeitslosigkeit und Verschuldung“, S. 11.
100 BT.-Drucks. 13/5282 v. 16. 7. 1996 zum Thema „Arbeitslosigkeit und Verschuldung“, S. 11.
101 Für eine ausführliche Diskussion sei auf den Alternativentwurf zur Insolvenzordnung des IFF, S. 20 f. nebst dazugehörigen Berechnungen verwiesen.

schlagen, die Gläubigerseite mit einer 15 %igen Abgabe an den Kosten der Schuldnerberatung für außergerichtlich durchgeführte Sanierungsverfahren zu beteiligen. Diese Gelder sollen allerdings nicht direkt an eine Schuldnerberatungsstelle fließen, sondern in einen Fonds gehen, aus dem Beratungseinrichtungen mitfinanziert werden, ohne daß eine direkte Einflußnahme gegeben ist:

„15 % der eingezogenen Forderungen werden an einen Fonds gemäß § 248 abgeführt...“[102]

Die Idee der Abführung eines bestimmten Betrags an einen Fonds zur Schuldnerberatungsfinanzierung stützt sich nicht auf das mit Sicherheit in seiner Zuordnungsfunktion umstrittene Verursacherprinzip, nach dem einem Verursacher beispielsweise auch die Kosten einer umweltrechtlichen Maßnahme angelastet werden. Die Überschuldung beruht auf einem komplexen Ursachengeflecht, das durch wirtschaftliche Entwicklungen der Verschuldung durch die Ausbreitung langlebiger Konsumgüter, durch den Stand der Finanzdienstleistungen, Werbung, Einkommensstabilität und soziale Situation der Verbraucher bedingt ist. Aus dem Verursacherprinzip als eine Art Verschuldensprinzip kann dabei lediglich abgeleitet werden, daß die Banken als Teil der Gläubiger ihren Anteil an der Problematik nicht vollständig ignorieren sollten. Wichtiger ist jedoch die andere Komponente des aus dem Verursacherprinzip im Umweltschutz und im allgemeinen Schadensrecht etwa bei der Produkthaftung entwickelten Prinzips:

Danach sollten Kosten möglichst dort anfallen, wo sie am ehesten getragen werden können, ihrer Erhöhung durch geeignete präventive Maßnahmen entgegengesteuert werden kann und vor allem durch ihre Verausgabung ein entsprechender Nutzen verbleibt.

Grundsätzlich läßt sich dabei nicht bezweifeln, daß die Kreditinstitute als quantitativ wichtigste Gläubiger in Werbung, Kreditvergabe, Produktgestaltung, Art der Abwicklung im Krisenfall und Anpassung an die Lebensverhältnisse der Verbraucher eine Reihe von Gestaltungsmöglichkeiten für die Überschuldungsprävention haben, da folgende Faktoren aus dem Gestaltungsbereich der Banken und Sparkassen als Überschuldungsförderung anerkannt sind:

- mangelnde Information und Aufklärung bei der Kreditvergabe,
- wirtschaftlich unsinnige Kredite,
- unverlangte Zusendung von Kreditanträgen und Kreditkarten,
- unverlangte Einräumung eines Dispositionskredits,
- Ausnutzung von persönlichen Beziehungen zu Bürgschafts- und Sicherungszwecken.

Wichtiger dürfte jedoch das Prinzip der Nutznießerstellung sein, da, wie bereits ausgeführt, eine funktionierende Schuldnerberatung den Kreditinstituten Kunden erhält und wieder zuführt, Inkassokosten einspart, über eine Problemrückmeldung ein kostenloses Beschwerdemanagement mit Marketing- und Produktverbesserungsanregungen gibt und zudem durch die Vermittlung rationaler Diskussion in emotional aufgeladenen Situationen Imageprobleme vermeidet.

Hier soll – wie schon im Alternativentwurf zur Insolvenzordnung[103] – ein aufwandsbezogenes Mischfinanzierungsmodell vorgeschlagen werden, wobei die Schuldnerberatungsstelle, die an der konkreten Beratung beteiligt ist, aus dem Fonds einen Kostenbeitrag erhält.

Die Speisung des Fonds kann auf unterschiedliche Weise geschehen:

- In Anlehnung an das New Yorker und Leeds-Modell, wie es der Alternativentwurf in § 240 Abs. 3 c vorgeschlagen hat. Demnach wäre ein Anteil in Höhe von 15 % der im außergerichtlichen Vergleich festgelegten und eingezogenen Forderungen an den Fonds

102 So § 240 Abs. 3c Alternativentwurf zur Insolvenzordnung des IFF.
103 Alternativentwurf zur Insolvenzordnung der IFF, S. 66 ff.

abzuführen, aus dem dann wiederum die Schuldnerberatungsstellen mitzufinanzieren wären.

- Auf jede titulierte Forderung aus Verbraucherkreditverträgen wird eine bestimmte Abgabe erhoben, die dem Fonds zugeführt wird. Die titulierten Forderungen von Versicherungen und Versandhandel sind gleich zu behandeln.
- Aus der Bearbeitungsgebühr von Verbraucherkreditverträgen wird ein Satz von 0,5 % an den Fonds abgeführt. Der derzeit am häufigsten verlangte Bearbeitungsgebührensatz beträgt 2 % der Nettokreditsumme. Die Folge dieser Regelung wäre die Erhöhung der Bearbeitungsgebühr auf 2,5 %. Der Effektivzinssatz der Kredite würde dadurch um ca. 0,1 % steigen.

Die für das Finanzierungsmodell zu errichtenden Fonds könnten beispielsweise aus Mitgliedern der Spitzenverbände der Freien Wohlfahrtspflege, der Verbraucherverbände, der Gläubigervertreter und der Kommunen oder Länder gebildet werden. Der Verwaltungsbeirat eines solchen Fonds kann Einfluß auf die Verteilung der Mittel nehmen, so daß eine paritätische Interessenvertretung und Effizienzkontrolle gewährleistet werden kann[104]. Die Fonds sollten auf Länder- und nicht auf Bundesebene gebildet werden, ebenso wie auch die sonstige Finanzierung maximal auf Landesebene stattfindet.

104 Vgl. Hupe, BAG-SB Informationen 3/93, 18, 27.

III. Außergerichtlicher Vergleich

Das außergerichtliche Einigungsverfahren soll allerdings nicht nur in bezug auf die beteiligten „Stellen", sondern auch inhaltlich hinsichtlich möglicher Gestaltungsspielräume durchleuchtet werden. Hier geht es darum:

1. die Bedeutung des außergerichtlichen Vergleichs noch einmal hervorzuheben
2. Vor- und Nachteile einer Standardisierung zu erarbeiten
3. die allgemeine Struktur des außergerichtlichen Vergleichs darzustellen
4. einen Problemkatalog mit Lösungsansätzen zu entwickeln
5. eine Zusammenfassung der Lösungsvorschläge in „Allgemeinen Geschäftsbedingungen" zu versuchen, soweit dies möglich ist.

A. Vergleich als Kernstück der außergerichtlichen Einigung

Schwerpunkt der Insolvenzordnung ist die erste, die außergerichtliche Phase, und deren Kernstück wiederum ist der außergerichtliche Vergleich.

Grundsätzlich sind dabei zwei Funktionen des außergerichtlichen Vergleichs voneinander zu unterscheiden:

- die Funktion einer möglichst einverständlichen Regelung zwischen Schuldner und Gläubigern
- die Schaffung der Eingangsvoraussetzung für das Insolvenzverfahren, wobei wiederum zu unterscheiden ist zwischen
  - der Möglichkeit, über die richterliche Anerkennung einen Schuldenbereinigungsplan auch ohne ausdrückliche Zustimmung passiver Gläubiger und sogar gegen den Willen aktiv ablehnender Gläubiger durchzusetzen,
  - bei Scheitern einer gütlichen Einigung das Restschuldbefreiungsverfahren zu beantragen.

Wichtigste Funktion ist die produktive Beilegung der Schuldenkrise. Dies sollte in der Schuldnerberatung über der Verrechtlichung durch die Insolvenzordnung nicht vergessen werden. Unabhängig von jeder gesetzlichen Regelung ist derjenige Vergleich auf jeden Fall der Beste, der die Zustimmung aller Gläubiger findet und den Rehabilitationsmöglichkeiten des Schuldnerhaushaltes am nächsten kommt. Deshalb wäre es grundsätzlich verfehlt, wenn Schuldnerberatungsstellen und Gläubiger von vornherein ihre Bemühungen nur innerhalb der Grenzen und der relativ engen Möglichkeiten der Insolvenzordnung halten würden. Es ist der Vorzug gerade der endgültigen Fassung der Insolvenzordnung, daß sie den Parteien die Hauptverantwortung für die Gestaltung zuweist. Deshalb sind auch Regulierungsverträge, die weit weniger zu bieten scheinen als das Restschuldbefreiungsverfahren immer dann vorzuziehen, wenn mit ihnen auch den Gläubigern deutlich gemacht werden kann, daß damit allein eine wirtschaftlich vernünftige Lösung entwickelt werden kann.

Im folgenden wollen wir uns allerdings angesichts der Erfahrungen der Vergangenheit, wonach einverständliche Lösungen teilweise an einem unüberbrückbaren Gegensatz zu einzelnen Gläubigern scheitern, vor allem damit befassen, wie ein außergerichtlicher Vergleich aussehen könnte, der zugleich die Möglichkeit bietet, fehlende Gläubigerkooperation mit staatlichen Mitteln zu ersetzen bzw. durch Drohung damit, diese Kooperation rechtzeitig zu erreichen.

Dann aber muß dieser Plan wegen der Widerspruchsmöglichkeit im Falle der Schlechterstellung gegenüber dem Verbraucherkonkurs so aufgebaut sein, daß er dessen Annahmen berücksichtigt.

Es sei jedoch noch einmal darauf hingewiesen, daß jede kreative Gestaltung inklusive der Auszahlung obstinenter Kleingläubiger immer den Vorzug vor diesen formalisierten Plänen hat. Insofern hat auch die hier mehrfach zitierte Schuldnerberatungssoftware CAWIN 4.0 drei Pläne vorgesehen: die Erstellung von Vorschlägen für eine freie Regulierung, die Erstellung eines außergerichtlichen Vergleichs in Anlehnung an den Schuldenbereinigungsplan und die Restschuldbefreiungssimulation.

B. Allgemeine Struktur des außergerichtlichen Vergleichs in Anlehnung an den Schuldenbereinigungsplan

Der Vergleich ist vom Schuldner zusammen mit der Beratungsstelle zu entwickeln und dient als Basis für die außergerichtlichen Verhandlungen mit den Gläubigern. Stimmen die Gläubiger diesem Plan nicht zu, bescheinigt die Beratungsstelle dem Schuldner den mißlungenen Versuch. Ihm steht dann der gerichtliche Weg bis hin zum Restschuldbefreiungsverfahren offen.

Die Bedeutung des Plans geht dabei über das außergerichtliche Verfahren hinaus. Er ist darüber hinaus auch Ausgangspunkt für einen wesentlichen Teil des gerichtlichen Verfahrens, in dem mit seiner Hilfe erneut – unter dem Einsatz richterlicher Autorität und einiger Gesetzesvorschriften – eine Einigung versucht werden soll. Dafür benötigt das Gericht den abgelehnten außergerichtlichen Vergleich und eine entsprechende Aufstellung der Einkommens- und Vermögensverhältnisse sowie eine Liste der Forderungen der Gläubiger. Das Verfahren soll so schnell und unkompliziert mit nur einem Gerichtstermin durchgeführt werden, nachdem die Gläubiger vorher alle Unterlagen zur Erklärung über ihre Zustimmung erhalten haben.

1. Standardisierung als notwendige Voraussetzung

Für die Zukunft heißt das jedoch, daß die Arbeitsbelastung der Schuldnerberatungsstellen weiter wachsen wird. Daher ist es notwendig, die Arbeitsabfolgen in den Beratungseinrichtungen so effizient wie möglich zu gestalten. In diesem Sinne wäre eine in der Form im wesentlichen standardisierte Vorgehensweise von großem Vorteil.

Dies betrifft

- zum einen die bei Gericht gemäß § 305 InsO einzureichenden Verzeichnisse,
- zum anderen den außergerichtlichen Plan selbst.

Der Verwaltungsaufwand bei Gläubigern und Schuldnerberatungsstellen würde sinken, und die Schuldnerberater würden in die Lage versetzt, sich auf den Inhalt der Vergleichsverhandlungen und ihre originären Funktionen der Betreuung und Reintegration der Schuldner zu konzentrieren. Auch eine vernünftige Bearbeitung durch das Insolvenzgericht würde durch entsprechend strukturierte Unterlagen, die eine rasche und abschließende Prüfung der Antragsvoraussetzungen ermöglichen, erleichtert.

Andererseits darf eine solche Standardisierung aber nicht dazu führen, daß auch die Inhalte vereinheitlicht werden. Hier ist genügend Spielraum für individuelle Lösungen zu schaffen.

Unproblematisch ist dies für die erforderlichen Gläubiger-, Einkommens- und Schuldenverzeichnisse, da es hier allein darum geht, die relevanten Daten möglichst (EDV-)übersichtlich und vollständig festzuhalten, ohne daß inhaltlich etwas auszugestalten wäre.

Bei den außergerichtlichen Vergleichen hingegen darf sich die Vereinheitlichung lediglich auf die äußere Form des Plans und evtl. bestimmte Mindestangaben beziehen. In den USA sind etwa 1 Mio. jährlicher Verbraucherinsolvenzverfahren zu einer umfangreichen Einnahmequelle der Anwälte geworden. In den U-Bahnen werben die Anwälte damit, daß sie für 350 $ ein Entschuldungsverfahren durchführen. Ein Grund dafür, daß sich dort die Rechtsanwälte in großem Umfang mit Überschuldungsproblemen beschäftigen, ist die Vorformulierung eines Antrags mit festgelegtem Inhalt, so daß dieser ohne langwierige Verhandlungen von den Gläubigern akzeptiert wird. Dies auf den ersten Blick ideal anmutende Verfahren hat aber zwei negative Auswirkungen:

Zum einen führt der festgelegte Antragsinhalt dazu, daß Schuldnern bestimmte Zahlungen aufgezwungen werden, die diese dann aber über die Länge der Laufzeit des Plans nicht durchhalten. In den USA scheitern 60 % bis 80 % aller Vergleiche nach Chapter 13. Zum anderen hat die Tatsache, daß Anwälte an Streitwerten Interesse haben müssen, in den USA zur Folge, daß sie sich überwiegend mit den Überschuldungsproblemen der Mittelschicht abgeben, was die Hilfe für sozial Schwache erschwert.

Ziel ist die EDV-gerechte Verarbeitung, nicht aber die Verhinderung von Kreativität bei Schuldnern und ihren Beratern sowie den Gläubigern bei Lösung der Schuldenprobleme. Der außergerichtliche Vergleich lebt – gerade angesichts der Tatsache, daß er gesetzlich nicht ausgestaltet ist – davon, daß die Parteien sich eine möglichst sinnvolle Lösung des Schuldenproblems überlegen, ohne Rücksicht auf bestimmte inhaltliche Vorgaben.

Zwei Möglichkeiten, die durchaus kombinierbar sind, würden zu einer solchen Standardisierung des außergerichtlichen Plans beitragen:

- die Vorgabe von Vordrucken
- ein entsprechendes EDV-Programm, das sowohl Verzeichnisse als auch Pläne nach den Wünschen der Parteien füllt.

Durch den Einsatz von Computerprogrammen zur Erstellung von außergerichtlichen Vergleichen, die auf diesen Vordrucken basieren, kann zum einen für die Schuldnerberatungsstellen eine erhebliche inhaltliche Arbeitserleichterung geschaffen werden. In der Praxis der Schuldnerberatungsstellen haben spezielle EDV-Programme schon jetzt ihre Tauglichkeit bewiesen und werden dies verstärkt auch im Rahmen des neuen Verbraucherinsolvenzverfahrens tun. Computerprogramme erleichtern aber nicht nur den Schuldnerberatungsstellen die Arbeit; sie ermöglichen zum anderen auch für die Gerichte eine leichte Übernahme der Daten, sofern deren EDV-Programme eine Schnittstelle zum Computerprogramm der Schuldnerberatungsstellen aufweisen. Eine solche produktive Zusammenarbeit zwischen Schuldnerberatungsstellen und Justiz ist schon jetzt geplant (s. oben).

2. Verzeichnisse

Voraussetzung für die Durchführung des Verbraucherinsolvenzverfahrens ist die

- Ermittlung sämtlicher zu einem bestimmten Zeitpunkt gegen den Schuldner geltend gemachten wirksamen Forderungen einerseits
- sowie der Einkommens- und Vermögenswerte des Schuldners andererseits.

Dies gilt sowohl für den außergerichtlichen Plan als auch für den Antrag auf Einleitung des Insolvenzverfahrens, für den die entsprechenden Verzeichnisse in § 305 InsO zwingend vorgeschrieben sind.

Für die entsprechenden Verzeichnisse liegt jetzt ein erster Entwurf des Landes Nordrhein-Westfalen vor. Im folgenden sollen die notwendigen Angaben in diesen Verzeichnissen herausgearbeitet werden.

a) Gläubigerverzeichnis

Das Gläubigerverzeichnis dient der Erfassung sämtlicher Gläubiger. Daß dies möglichst umfassend geschieht, ist von Bedeutung für die Wirkung eines Vergleichs sowohl im außergerichtlichen wie auch im gerichtlichen Verfahren.

Für das außergerichtliche Verfahren ergibt sich aus der Wirkung eines Vertrags, daß dieser grundsätzlich nur für diejenigen Vertragspartner gelten kann, die auch einbezogen wurden. Wird also ein Gläubiger nicht erfaßt, und hatte er daher keine Möglichkeit, sich an den Vergleichsverhandlungen zu beteiligen, so wirkt der Vergleich nicht gegen ihn. Verträge zu Lasten Dritter sind rechtlich unzulässig. Dies hätte für den Schuldner grundsätzlich die unangenehme Wirkung, daß die Forderung des nicht einbezogenen Gläubigers in vollem Umfang gegen ihn bestehen bleibt, auch wenn er sich mit allen anderen Gläubigern erfolgreich einigen konnte.

Anders könnte dies nur dann aussehen, wenn in den außergerichtlichen Vergleich eine Art „Beitrittsklausel“ aufgenommen wird, die zum einen durch die Aufnahme einer Quote eine Eintrittsbasis für weitere Gläubiger schafft, und zum anderen die übrigen Gläubiger verpflichtet, auf entsprechende Beträge ihrerseits zu verzichten (s. unten). Da der Schuldner im Rahmen der Vergleichsverhandlungen sein pfändbares Einkommen meist vollständig zur Schuldenregulierung eingesetzt haben wird, würde sonst die Forderung eines einzelnen – bisher nicht berücksichtigten – Gläubigers dazu führen, daß der gesamte Plan scheitert, sofern der Schuldner ihn nicht dazu bewegen kann, auch auf einen Teil seiner Forderung zu verzichten.

Insofern ist bei der Erstellung des Gläubigerverzeichnisses durch den Schuldner und seinen Berater größte Sorgfalt an den Tag zu legen.

Das Gläubigerverzeichnis sollte folgende Angaben beinhalten:

- Firma/Name des jetzigen Gläubigers einer Forderung
- Firma/Name des ursprünglichen Gläubigers
- Adresse des jetzigen Gläubigers
- Ansprechpartner beim jetzigen Gläubiger.

Die Aufteilung in den jetzigen und den ursprünglichen Gläubiger ist dann von Bedeutung, wenn die Forderung abgetreten wurde, z. B. an ein Inkassobüro. Die Zahlung ist dann mit befreiender Wirkung nur noch an den neuen Gläubiger möglich.

b) Forderungsverzeichnis

Das Forderungsverzeichnis sollte folgende Komponenten enthalten:

- laufende Nummer
- Gläubiger (Kurzbezeichnung)
- Lohnvorausabtretung (vereinbart/geltend gemacht)
- Art des Kredits
- Zweck der Kreditaufnahme
- ursprünglicher Kreditbetrag
- Vertragsdatum
- Restschuld
- am ...
- jetzige Rate
- Zahlungsweise (monatlich, vierteljährlich etc.)
- gekündigt (ja/nein)

- tituliert (ja / nein)
- Bemerkung (z. B. bestellte Sicherheiten, Mitschuldner, Bürge)

Bei einer **Lohnvorausabtretung** hinsichtlich einzelner Verbindlichkeiten ist zu unterscheiden, ob sie nur vereinbart, oder ob sie dem Arbeitgeber gegenüber auch offengelegt wurde. Nur dann, wenn der Gläubiger seine Rechte aus der Abtretung auch tatsächlich geltend machen will, entfaltet die Abtretung ihre besondere Wirkung nach § 114 InsO mit dem Vorrang für den Abtretungsgläubiger für die ersten drei bzw. zwei Jahre.

Die Eintragung der Art und des Zwecks des Kredits dienen einer eventuellen statistischen Auswertung, wie sie sowohl mit CAWIN 4.0 als auch mit INSOLVENZ möglich ist. Um eine einheitliche Angabe zu gewährleisten, sind die hier einzutragenden Begriffe aus einer Indexliste auszuwählen.

Die hier vorgeschlagene Indexliste sieht hinsichtlich der **Art des Kredits** – in Anlehnung an CAWIN 4.0 – folgende Begriffe vor:

Ratenkredit	Mietschulden	Gerichtskosten
Variokredit	Energieschulden	Geldstrafen
Kontokorrentkredit	Versandhausschulden	Sonstige
Kreditkartenkredit	Schadensersatz	
Hypothekenkredit	Anwaltsgebühren	

Eine ebensolche Indexliste läßt sich für den **Zweck des Kredits** aufstellen:

Konsum	Betriebs(mittel)kredit	Sonstige
Existenzgründung	Immobilienfinanzierung	

Die Angabe der *bestellten Sicherheiten* bzw. der *Mitschuldner und Bürgen* ergibt sich schon aus dem Gesetz. Gem. § 305 Abs. 1 Nr. 4 letzter Halbs. InsO ist in den Plan aufzunehmen, ob und inwieweit Bürgschaften, Pfandrechte und andere Sicherheiten der Gläubiger vom Plan berührt sind. Entsprechend sollten sie auch bei den dazugehörigen Forderungen im Verzeichnis enthalten sein.

c) Verzeichnis des Vermögens und des Einkommens

Zur Ermittlung des Betrags, der dem Schuldner regelmäßig zur Verfügung steht, muß der Schuldner sowohl

- ein Vermögensverzeichnis als auch
- ein Einkommensverzeichnis

vorlegen.

Hinsichtlich des Vermögensbegriffs und des -verzeichnisses kann Rückgriff genommen werden auf die Angaben, die im Verfahren der eidesstattlichen Versicherung gefordert werden.

Das Einkommensverzeichnis weist folgende einzutragenden Kriterien auf:

- laufende Nummer
- Einkommensart
- Bezugsquelle mit Namen
- Nettobetrag
- Zahlungsweise (wöchentlich, monatlich etc.)
- pfändbarer Betrag

- gepfändeter Betrag
- Bemerkung.

Hinsichtlich der **Einkommensart** ist sinnvollerweise wiederum mit einer Indexliste zu arbeiten, die folgende Begriffe enthalten kann:

Nettolohn/-gehalt	Arbeitslosengeld/-hilfe	Unterhaltsvorschuß
Rente (ohne BVG)	Wohngeld	Krankengeld
Unterhalt	Kindergeld	Grundrente
Sozialhilfe	Erziehungsgeld	Sonstiges

3. Regelungen eines außergerichtlichen Vergleichs im einzelnen

a) Generelle Konstruktion nach dem Abtretungsmodell

Wie bereits erwähnt, sind Schuldner und Gläubiger sowohl hinsichtlich des außergerichtlichen Vergleichs als auch hinsichtlich des Schuldenbereinigungsplans, den der Schuldner bei Gericht einreicht, im Rahmen des Zivilrechts frei in der Ausgestaltung. Zumindest ist dies die Theorie. Praktisch ist es aber so, daß das Restschuldbefreiungsverfahren Auswirkungen auf alle vorherigen Versuche einer außergerichtlichen Einigung haben wird[105]. Zumindest der letzte Plan, den der Schuldner im Rahmen eines Vergleichs seinen Gläubigern vorschlagen wird, und der dann – im Falle des Scheiterns – bei Gericht vorgelegt wird, wird sich an das Bild des späteren Restschuldbefreiungs„plans" anlehnen.

Dies hat seinen Grund darin, daß jeder Gläubiger, der sich zu schlecht bedient fühlt, eine Einigung verhindern und damit u. U. das Verfahren bis in die Endstufe des Restschuldbefreiungsverfahrens treiben kann. Daher wird er von Anfang an mindestens den Betrag in einem Vergleich verlangen, den er in dieser letzten Verfahrensstufe erhalten würde. Umgekehrt bedeutet dies, daß die Schuldenregulierungspläne, mit denen die Schuldner eine außergerichtliche Einigung versuchen wollen, die Gläubiger genauso stellen müssen, wie sie im Restschuldbefreiungsverfahren stünden:

Grundsätzlich ist ihnen also der Barwert der Beträge anzubieten, der der fünf- bzw. siebenjährigen Zahlung aus dem abgetretenen pfändbaren Einkommen des Schuldners während der „Wohlverhaltensperiode" entspricht. Trotz dieser indirekten Vorgabe aus der Restschuldbefreiung gibt es für Schuldnerberater nicht zu unterschätzende Spielräume:

- Die Laufzeit kann auf drei oder vier Jahre verkürzt werden, ohne daß dadurch der Barwert der Zahlungen nach der Insolvenzordnung unterschritten wird. Damit kann trotz der relativ harschen Zeitregelung von 7 Jahren eine vernünftige Einigung erzielt werden, wenn folgende Komponenten beachtet werden:
  - Die Zahlungen des Gläubigers, der nicht zugestimmt hat, werden um die Barwertdifferenz erhöht, so daß der Vergleich insgesamt besser ist als eine Restschuldbefreiung kraft Gesetzes, dem Widerspruchsberechtigten jedoch kein Opfer abverlangt, da vom Gesetz her keine Gleichbehandlung der Gläubiger im außergerichtlichen Vergleich verlangt wird.
  - Es erfolgen zusätzliche Zahlungen auf die Restschuld durch Einbeziehung des Einkommens weiterer Haushaltsangehöriger.
  - Einmalzahlungen, die in der InsO nicht vorgesehen sind, können durch Leistungen Dritter oder aus einem Fonds oder durch zinslose Kredite erreicht werden.
  - Es wird eine erhöhte Erbschaftsquote für eine begründete Aussicht auf Erbschaft angeboten.

105 So auch Hupe, BAG-SB Informationen 4/95, S. 22, 23.

- Auch im übrigen können erheblich angepaßtere Bedingungen vereinbart werden, ohne daß damit eine Schlechterstellung der Gläubiger erfolgt. Es gibt nämlich eine Reihe von positiven Wirkungen einer außergerichtlichen Einigung, die dem Gläubiger erheblich mehr Vorteile bringen, als sie den Schuldner kosten, so daß sie sinnvollerweise vereinbart werden sollten und sich dann im Barwert entsprechend ausdrücken:
  - Im außergerichtlichen Vergleich werden die sonst zu zahlende Treuhändervergütung sowie etwaige Kosten der Rechtsverfolgung, die beim Schuldner nicht beitreibbar sind, eingespart.
  - Die Zahlungen im außergerichtlichen Vergleich sollten monatlich den Gläubigern zufließen, während sie bei der Restschuldbefreiung nur jährlich abgeführt werden. Dies erhöht ihren Barwert.
  - Kürzere Pläne haben ein vermindertes Risiko, da z. B. einzelne Teilzahlungsbanken ab 48 Monaten bereits automatisch einen Risikoaufschlag für die Verlängerung des Kredites auf den Zinssatz von 1–2 % verlangen. Dem könnte dadurch Rechnung getragen werden, daß der Abzinsungssatz zur Barwertberechnung entsprechend erhöht wird, wobei ohnehin bei zahlungsunfähigen Schuldnern als Abzinssatz mindestens ein im Risikobereich liegender Zinssatz für Teilzahlungskredite (zwischen 14 und 18 % p.a.) das tatsächliche Ausfallrisiko auch bei fortdauernder Pfändung im Barwert erkennbar machen würde. Da zudem die Art der Beitreibung das Umgehungsrisiko noch erhöht, weil nicht deklarierte Nebeneinkommen, nicht erkennbar mutwillige Arbeitsaufgabe mit einem Faktor miteinzubeziehen wären, der mit Sicherheit bei kürzeren Laufzeiten und Betreuung durch Schuldnerberater geringer ist.
  - Die zu leistenden Zahlungen können entsprechend durch eine variable Barwertberechnung als Risikoabschlag vermindert werden, wenn zu befürchten ist, daß der Schuldner in einem siebenjährigen Restschuldbefreiungsverfahren geringere oder gar keine pfändbaren Beträge mehr hat, z. B. weil er nur einen befristeten Arbeitsplatz hat.
- Ferner kann der Plan die Einbeziehung der gesamten Familie vorsehen, insbesondere bei einer Bürgschaft oder Mithaftung des Ehepartners. Auch dies kann ein Vorteil sein, der gegenüber den Gläubigern anrechenbar ist.
- Der Plan sollte bereits bei Abfassung mit Hilfe entsprechender EDV zukünftige (konkrete) Einkommens- und Ausgabenveränderungen einbeziehen und die Zahlungen darauf abstellen, so daß der Anpassungsbedarf sinkt bzw. bei unsicherem Einkommen abstrakte Anpassungsmöglichkeiten über Allgemeine Geschäftsbedingungen vorsehen.
- Kleingläubiger können durch sukzessive Zahlungen vorzeitig abgefunden werden, um eine Vielzahl von geringen Überweisungen zu vermeiden und damit die Kosten zu senken.

b) Zu erfassende Verbindlichkeiten

Selbstverständlich sind sämtliche bekannten fälligen Forderungen in einen außergerichtlichen Vergleich einzubeziehen, wobei vorher die Richtigkeit der Höhe überprüft werden sollte. Zwar ändert eine möglicherweise nicht oder nicht in dieser Höhe bestehende Forderung nichts an der Gesamtzahlung des Schuldners, die ohnehin nur einen bestimmten Teil der Gesamtverbindlichkeiten ausmachen wird. Aber eine solche zu Unrecht geltend gemachte Forderung verringert die Quote der übrigen Gläubiger. Diese Benachteiligung der korrekt abrechnenden Gläubiger gegenüber den nicht korrekt abrechnenden sollte vermieden werden.

Noch nicht fällige Forderungen, aber bereits entstandene Forderungen sind zweckmäßigerweise ebenfalls zu berücksichtigen. Einerseits soll der Gläubiger der betagten Forderung nicht benachteiligt werden, andererseits soll er aber auch gerade keine Vorteile daraus ziehen können, daß seine Forderung nicht Gegenstand des Vergleichs geworden ist. Sonst ist zu befürchten, daß der Gläubiger der betagten Forderung seine Forderung anderweitig tituliert und der Schuldner einer weiteren Zwangsvollstreckung ausgesetzt ist, die den Zweck des Plans gefährdet.

c) Verteilungsbetrag

Der Verteilungsbetrag, der die Basis aller Vergleichsverhandlungen sein sollte, ergibt sich – wie im Restschuldbefreiungsverfahren geregelt – im wesentlichen aus dem jeweils pfändbaren Einkommensteil, gezahlt für sieben bzw. fünf Jahre. Er ist die Grundlage für die Prognose über die Höhe der wahrscheinlichen Schuldenrückführung.

Mehr als eine Prognose ist dieser Verteilungsbetrag allerdings nicht, da die pfändbaren Beträge Schwankungen durch Veränderung des Einkommens oder der Zahl der Unterhaltsberechtigten ausgesetzt sind. Der Betrag, den ein Gläubiger am Ende der Restschuldbefreiung erhalten haben würde, läßt sich also nicht exakt beziffern.

Dies wirft Schwierigkeiten bei der Aushandlung eines außergerichtlichen Vergleichsplans auf:

Einigt man sich beispielsweise auf einen im Zivilrecht üblichen Vergleich mit festen monatlichen Ratenzahlungen, kann es sein, daß der Schuldner diesen nach einiger Zeit nicht mehr erfüllen kann, da er nicht (mehr) in der Lage ist, die festgelegten Raten zu bezahlen. Dem könnte nur entgegengewirkt werden, wenn statt fester monatlicher Raten als Zahlung eine Quote jedes Gläubigers am pfändbaren Einkommen vereinbart würde, denn mit einer Verringerung des pfändbaren Einkommens würden sich dann auch die an die Gläubiger abzuführenden Beträge verringern. Trotz der bisherigen Unüblichkeit solcher Quoten-Verträge bieten sie auch für den Gläubiger keine Nachteile gegenüber dem Restschuldbefreiungsverfahren, denn auch dort sind immer nur die jeweils pfändbaren Beträge abzuführen.

Legt man dem Vergleich einen festen Gesamt-Rückzahlungsbetrag zugrunde, so können Zahlungsdauer und Zahlungsweise trotzdem variabel gestaltet werden.

d) Grundsätzlicher Verteilungsschlüssel

Der Verteilungsschlüssel des Planbetrags richtet sich grundsätzlich nach dem prozentualen Anteil, der der Forderung jedes Gläubigers im Verhältnis zur Gesamtsumme der Forderungen aller Gläubiger entspricht. Als Ergebnis erhält man nach dem Grundsatz der Gleichbehandlung aller Gläubiger (§ 309 Abs. 1 Nr. 1 InsO) die Quoten, die auf jeden einzelnen Gläubiger entfallen.

Sind alle Gläubiger einverstanden, können jedoch auch hier unterschiedliche Quoten vereinbart werden.

e) Beginn und Ende der Laufzeit

Ein eventuelles Restschuldbefreiungsverfahren würde sieben bzw. fünf Jahre dauern, je nachdem, ob es sich um einen „Alt-“ oder einen „Neuschuldner“ handelt.

Außergerichtliche Pläne bieten hier den entscheidenden Vorteil, daß sie eine andere, vor allem kürzere Laufzeit vorsehen können. Nach den Erfahrungen der Schuldnerberatung ist kaum ein Schuldner in der Lage, die strengen Zahlungsverpflichtungen eines Vergleichs mit einer Lebensführung am Rande des Existenzminimums über einen Zeitraum von mehr als drei bis vier Jahren durchzuhalten. Ein auf sieben Jahre sich erstreckendes Verfahren der geregelten Einkommenspfändung wird nach allen bisherigen empirischen Erfahrungen zur Selbststeuerungs- und Vorausplanungsfähigkeit von Menschen keinen Anreiz zur geregelten Lebensführung geben[106]. So sehen auch die Verbraucherkonkursregelungen anderer Länder eine Befristung auf maximal fünf Jahre vor, soweit ein Zeitraum überhaupt bestimmt wird.

106 So schon AltE InsO, S. 42 unter Verweis auf Reifner VuR 1990, 132.

Die mit der zeitlichen Beschränkung verbundene Perspektivgebung soll den Schuldner auch davor bewahren, in halblegale oder illegale Einkommensquellen abzudriften.

f) Verschiedene Arten von außergerichtlichen Vergleichen

Außergerichtliche Vergleiche, die zwischen Schuldner und Gläubigern ausgehandelt werden, können verschiedene Zahlungsmodalitäten vorsehen:

1. Der Schuldner kann verpflichtet sein, feste monatliche Beträge während der gesamten Laufzeit an die Gläubiger zu zahlen.
2. Ein flexibler Plan kann eine Anpassung an veränderte Umstände wie etwa anderes Einkommen oder andere Familienverhältnisse vorsehen, z. B. in Form einer quotenmäßigen Ratenzahlung.
3. Der Schuldner zahlt keine Raten, sondern erfüllt den Vergleich in einer Summe.

Selbstverständlich sind beliebige Kombinationen dieser Vertragsarten denkbar. So kann eine Einmalzahlung mit monatlichen Raten kombiniert werden, oder es können trotz grundsätzlich fester monatlicher Raten Anpassungsmöglichkeiten für bestimmte Ereignisse vorgesehen werden.

Zur Darstellung der Vor- und Nachteile der einzelnen Formen sollen diese jedoch in ihrer „reinen“ Form behandelt werden.

(1) feste Ratenzahlungen

Für den *Schuldner* haben feste Ratenzahlungen den Vorteil, daß er genau absehen kann, was wann zu zahlen ist. Auf der anderen Seite gibt es aber bei einer Verschlechterung seiner finanziellen Situation keine Anpassungsmöglichkeit, es sei denn, diese sind ausdrücklich vereinbart. Kann ein Schuldner irgendwann nicht mehr zahlen, wird der Vergleich hinfällig, und die ursprüngliche Forderung der Gläubiger lebt nebst allen weiterhin aufgelaufenen Zinsen wieder auf. Er sollte sich also nur auf einen festen Plan einlassen, wenn sich seine finanzielle Situation voraussichtlich nicht so verschlechtert, daß er zu einer regelmäßigen Ratenzahlung nicht mehr in der Lage ist. Dies setzt folgendes voraus:

- Die volle Arbeitsfähigkeit bleibt über die Laufzeit des Vergleichs erhalten.
- Der Arbeitsplatz bleibt sicher und ermöglicht ein gleichbleibend hohes Einkommen über die Laufzeit hinweg.
- Das sozialhilferechtliche Existenzminimum ist durch den unpfändbaren Lohnanteil auf Dauer gedeckt.
- Es entstehen keine (weiteren) Unterhaltsverpflichtungen.
- Es kommt zu keinen Einkommenseinbußen durch Krankheit o. ä. (Krankengeld ab 1. 1. 1997 auf 90 % des Nettogehalts reduziert).

Im übrigen ist bei einer Bestimmung der Raten nach der Pfändungstabelle der ZPO zu berücksichtigen, daß hier seit 1992 keine Aktualisierung an die gestiegenen Lebenshaltungskosten erfolgt ist.

Die *Gläubiger* haben bei festen Ratenzahlungen unabhängig von der Situation des Schuldners den Vorteil, daß sie planbare Summen erhalten. Sollte der Schuldner den Plan allerdings nicht mehr einhalten können, ist es fraglich, ob sie mangels eines geordneten Zahlungsplans überhaupt noch Gelder von ihm bekommen. Des weiteren kann ein fester Ratenzahlungsplan für die Gläubiger auch den Nachteil haben, daß sie nicht von einer eventuellen Verbesserung der finanziellen Situation profitieren, durch die sie bei einem flexiblen Plan höhere Zahlungen auf die Restschuld erzielen könnten.

Grundsätzlich entlastet ein Plan mit festen Ratenzahlungen den Gläubiger von dem Risiko, daß er aufgrund eines geringeren pfändbaren Betrags weniger bzw. überhaupt keine Zahlungen erhält. Dies gilt allerdings nur so lange, wie der Schuldner auch in der Lage ist, zu zahlen. Umgekehrt ist dem Schuldner das volle Risiko aufgebürdet, denn er bleibt zu unverändert hoher Ratenzahlung verpflichtet, auch wenn sich seine Einkommensbezüge verringern.

Diese einseitige Risikoverteilung kann zum Teil pauschal dadurch aufgefangen werden, daß auf die Zahlungen ein risikovariabler Abschlag erhoben wird: Im außergerichtlichen Vergleich werden dann geringere Zahlungen vereinbart, als der Gläubiger im Rahmen der siebenjährigen Wohlverhaltensperiode erhalten würde. Um wieviel diese Raten sich vermindern, hängt von der Höhe des Risikos ab. Je mehr beispielsweise mit Arbeitslosigkeit nach Auslaufen eines befristeten Vertrags zu rechnen wäre, desto höher müßte der Risikoabschlag sein.

Rechnerisch erfolgt ein solcher Risikoabschlag mit Hilfe einer Abzinsung, wobei der zu wählende Abzinsungszinssatz der Höhe des Risikos entspricht, mit dem ein Ausfall bei der Ratenzahlung eintritt. Der Betrag, der sich durch entsprechende Abzinsung ergibt, ist der sog. Barwert. Der Barwert ist der abgezinste Nominalwert einer zukünftigen Zahlung.

Solche Barwerte lassen sich mit CAWIN berechnen, wobei der Nutzer den Abzinsungszinssatz frei wählen kann. Wie hoch dieser Zinssatz ist, wird – wie bereits erwähnt – vom Risikograd des Einzelfalls abhängen.

(2) flexible Pläne

Statt feste Zahlungen anzubieten, kann der Schuldner mit seinen Gläubigern auch eine Anpassung der Zahlungen an sich verändernde Verhältnisse vereinbaren.

Dies kann zum einen dadurch geschehen, daß für bestimmte Ereignisse Sonderregelungen getroffen werden. Insbesondere ist hier an eine Verringerung des Einkommens des Schuldners z.B. durch Arbeitslosigkeit, Familienzuwachs, Erhöhung der Miete zu denken. Im Prinzip handelt es sich dann aber immer noch um einen festen Plan mit Anpassungsmöglichkeit.

Ebenso ist es denkbar, die monatlichen Zahlungen von vornherein in Form einer Quote an das jeweils pfändbare Einkommen zu koppeln: Verändert sich das pfändbare Einkommen, verändert sich auch der an die Gläubiger abzuführende Betrag. Dies gilt dann sowohl bei einer Verringerung wie auch bei einer Erhöhung des Einkommens:

> *Ich verpflichte mich, in den nächsten x Jahren x% (das entspricht Ihrer Quote an der Gesamtschuld) meines jeweils nach der Tabelle zu § 850c ZPO bzw. nach § 850f ZPO pfändbaren Einkommens an Sie zu zahlen.*

Auch wenn Gläubiger möglicherweise Mühe haben werden, sich an einen solchen flexiblen Plan zu gewöhnen, so stellt dieser doch lediglich eine Vorwegnahme des Restschuldbefreiungsverfahrens dar, denn auch bei diesem hat der Schuldner nur den jeweils pfändbaren Betrag abzuführen. Insofern werden sie nicht schlechter gestellt, als wenn sie das Restschuldbefreiungsverfahren abwarten würden.

Im Gegensatz zur Restschuldbefreiung allerdings, wo der Treuhänder eine gewisse Kontrolle ausüben kann, ist der Gläubiger bei einer solchen Regelung allein auf die Angaben des Schuldners angewiesen, der allerdings für das pfändbare Einkommen die Bestätigung des Arbeitgebers und hinsichtlich § 850f ZPO eine Bescheinigung des Sozialamts verlangen könnte.

Voraussetzung dafür, daß ein Gläubiger sich auf einen flexiblen Plan einlassen wird, ist die Verpflichtung, ihm regelmäßig Informationen und Nachweise über die jeweilige Einkommenssituation zukommen zu lassen (z.B. Gehaltsabrechnung, Arbeitslosengeldbescheinigung, Bescheinigung des Sozialamts über § 850f ZPO). Geregelt werden könnte dies über eine entsprechende Selbstverpflichtung:

Ich verpflichte mich, jede Änderung meiner Einkommensverhältnisse unverzüglich anzuzeigen und unaufgefordert jeweils bis zum 30. 6. eines jeden Jahres einen Nachweis über meine jeweilige Einkommens- und Familiensituation vorzulegen.[107]

Die Vorteile des *Schuldners* bei einem solchen flexiblen Plan liegen auf der Hand: Trotz einer Einkommensverschlechterung ist er dank der sich anpassenden Raten immer noch in der Lage, den Vergleich mit seinen Gläubigern zu erfüllen.

Die *Gläubiger* haben das bereits genannte Risiko, daß sie wenig Kontrollmöglichkeiten darüber haben, welches pfändbare Einkommen der Schuldner tatsächlich erzielt, und ob er sich überhaupt um ein solches pfändbares Einkommen bemüht. Auf der anderen Seite profitieren sie aber auch von einer eventuellen Einkommenssteigerung. Eine reine Quotenregelung birgt die Gefahr in sich, daß der Schuldner seine Arbeitsmöglichkeiten vernachlässigt, wenn er hierfür keinerlei Sanktionen befürchten muß. Eine gewisse Abhilfe ließe sich möglicherweise über vertragliche Sanktionsmöglichkeiten schaffen.

(3) Zahlung in einer Summe

Der Schuldner kann seinen Gläubigern die Beträge, die während der Laufzeit des außergerichtlichen Vergleichs (oder einem sieben- bzw. fünfjährigen Restschuldbefreiungsverfahren) fällig würden, auch als Einmalzahlung anbieten. Voraussetzung dafür ist, daß er einen oder mehrere Geldgeber findet, die bereit sind, den zur Ablösung notwendigen Betrag zur Verfügung zu stellen. Dies können sein

- Verwandte/Bekannte
- eine Bank
- der Arbeitgeber
- ein Entschuldungsfonds.

Verwandte und Bekannte werden möglicherweise bereit sein, einen größeren Betrag zur Schuldentilgung zur Verfügung zu stellen, wenn sie davon ausgehen, daß dieses Geld nicht lediglich den Schuldenberg weiter erhöht, sondern dazu beiträgt, den Schuldner von seinen Verbindlichkeiten (endgültig) zu befreien. Gleiches mag für einen verständnisvollen Arbeitgeber gelten. Vereinzelt gibt es bei den Wohlfahrtsverbänden auch sog. Entschuldungsfonds, aus denen – meist für bestimmte Schuldnergruppen – Beträge zur Ablösung von Schulden auf Darlehensbasis zur Verfügung gestellt werden.

Da Vergleiche in der Regel auf einer monatlichen Zahlungsweise beruhen, die sich über mehrere Jahre erstreckt, hätten die Gläubiger einen ungerechtfertigten Vorteil, wenn sie diese Raten zu einem erheblich früheren Zeitpunkt als nach Plan bekommen würden, ohne daß sie für diesen zeitlichen Vorteil einen Zinsabschlag bezahlen müßten. Ebensowenig wäre dann ein Risikoabschlag in der Leistung enthalten, so daß sich wiederum eine variabel abgezinste Barwertberechnung anbietet.

Auch hier ist der Vorteil einer Einmalzahlung für die *Gläubiger* offensichtlich: Sie erhalten die Vergleichssumme statt über Jahre hinaus in Kleinbeträgen als Einmalzahlung. Gleichzeitig vermeiden sie das Risiko einer früheren oder späteren Reduzierung der Zahlungen des Schuldners.

Der *Schuldner* wird seine (bisherigen) Schulden – meist unter erheblicher Reduzierung – auf einen Schlag los und ist nur noch mit einem (Umschuldungs)Gläubiger konfrontiert. Auch dieser Gläubiger will allerdings in jedem Fall sein Geld zurückhaben, was ein Problem werden kann, wenn der Schuldner erneut die Raten nicht bezahlen kann. Hier droht die Gefahr einer erneuten Ver- und Überschuldung. Im Ergebnis sind jedoch Einmalzahlungen für Schuldner und Gläubiger gleichermaßen attraktiv. Der Schuldner muß allerdings über den

107 Nach Hartmann, So werde ich meine Schulden los, S. 132.

Gesamtbetrag verfügen können. Dies wird in größerem Umfang nur dann der Fall sein, wenn es genügend Entschuldungsfonds gibt, die das Umschuldungskapital bereitstellen.

(4) Ergebnis

Die Art des außergerichtlichen Vergleichs, auf den Schuldner und Gläubiger sich einigen, wird davon abhängen, welche Zukunftserwartungen die Vertragsparteien haben:

So haben die Gläubiger grundsätzlich Interesse an festen Ratenzahlungen, wenn absehbar ist, daß das pfändbare Einkommen des Schuldners zukünftig sinken wird. Bei einem jungen alleinstehenden Schuldner beispielsweise liegt der pfändbare Betrag um ein Vielfaches höher als bei einem Schuldner mit Unterhaltsverpflichtungen.

Allerdings birgt ein solch starrer Plan gleichzeitig die Gefahr, daß er bei Verringerung des pfändbaren Betrags überhaupt nicht mehr eingehalten werden kann. Als Alternative zu einem festen Plan ist daher für die Gläubiger besonders die Einmalzahlung interessant, da sie dann die vereinbarten Beträge – wenn auch abgezinst – auf jeden Fall sofort erhalten, unabhängig davon, was später passiert.

Für den Schuldner umgekehrt besteht bei unsicherer Zukunft eher ein Interesse an einem flexiblen Ratenplan, da dieser seinen Einkommensverhältnissen angepaßt werden kann. Bei festen Raten droht das Scheitern, wenn die Raten nicht mehr aufgebracht werden können. Ähnliches gilt für eine Umschuldung, da auch bei dieser meist feste Raten zur Tilgung des neuen Kredits geleistet werden müssen.

Ein Muster für einen außergerichtlichen Vergleich – erstellt mit dem Programm CAWIN – im Anhang zeigt, wie Zahlungs- und Tilgungspläne insgesamt sowie für die einzelnen Gläubiger aussehen können. Das Muster wurde auf Basis des pfändbaren Betrags und einer siebenjährigen Dauer berechnet. Hier sind jedoch sehr viele Varianten denkbar, die ebenfalls mit dem Programm berechnet werden können.

C. Problemkatalog für den außergerichtlichen Vergleich

1. Bestehende Lohnvorausabtretungen

Ein besonders schwieriger rechtlicher Punkt ist die Behandlung von bestehenden Lohnvorausabtretungen in außergerichtlichen Vergleichsverhandlungen.

Gemäß § 114 Abs. 1 InsO wird die Vorausabtretung oder -verpfändung von künftig fällig werdenden Beträgen aus Arbeitseinkommen erst drei bzw. zwei Jahre für Altfälle nach Eröffnung des Insolvenzverfahrens unwirksam, so daß bis zu diesem Zeitpunkt der Abtretungsgläubiger vorrangig befriedigt wird. Dies bedeutet, daß im Restschuldbefreiungsverfahren in den meisten Fällen angesichts der geringen pfändbaren Beträge der oder die Abtretungsgläubiger drei/zwei Jahre lang alles Pfändbare erhalten, während die übrigen Gläubiger leer ausgehen. Erst im Anschluß kommt der Gleichbehandlungsgrundsatz zum Zuge, so daß dann alle Gläubiger – auch die Abtretungsgläubiger – entsprechend nach ihrer Quote befriedigt werden.

Für den Gesetzgeber, der außer der Lohnvorausabtretung keiner anderen Sicherheit eine Sonderbehandlung eingeräumt hat, stellt die Regelung des § 114 InsO einen Kompromiß zwischen der Vorrangstellung aller Sicherheiten und der völligen Entwertung dar[108]. Bestehende Lohnvorausabtretungen behalten – im Gegensatz zu Lohnpfändungen (s. § 114 Abs. 3 InsO) – ihre (eingeschränkte) Wirksamkeit. Lediglich Lohnvorausabtretungen, die der Schuldner nach Eröffnung des Insolvenzverfahrens über sein zukünftiges Arbeitsein-

108 Begründung RegE zu § 114, s. Balz/Landfermann, Insolvenzordnung S. 207; so auch Arnold DGVZ 1996, 65, 68.

kommen oder andere vergleichbare Bezüge vereinbart, sind verboten, und zwar auch soweit es sich um Bezüge für die Zeit nach der Beendigung des Insolvenzverfahrens handelt.

Berücksichtigt man diese Vorgaben für die außergerichtlichen Verhandlungen, so wirft dies das Problem auf, daß bei bestehender Lohnvorausabtretung der Schuldner den übrigen Gläubigern kaum ein akzeptables Angebot machen kann, da ein Großteil der über den Gesamtzeitraum für einen Vergleich einzusetzenden Beträge allein an den/die Abtretungsgläubiger geht. Wer im Restschuldbefreiungsverfahren zwei bzw. drei Jahre lang allein alle pfändbaren Beträge erhält, wird kaum an Konzessionen interessiert sein[109]. Nach *Hupe*[110] sind die Inhaber von Lohnvorausabtretungen mit dem ältesten Datum oft die Sparkassen, die bislang recht umgängliche Partner waren und Lösungsvorschlägen von seiten der Schuldnerberatung selten im Wege gestanden haben. Nun aber haben sie eine Rechtssituation, die sie im Verfahren gegenüber anderen Gläubigern besserstellt. Dieser Vorrang mußte in den Lösungsvorschlägen der Schuldnerberatung bislang kaum berücksichtigt werden. Durch das Restschuldbefreiungsverfahren bekommt dieser Vorrang für außergerichtliche Einigungsversuche eine andere Bedeutung.

Für diese Bevorzugung besteht kein sachlicher Grund. Es ist unverständlich, warum ausgerechnet die Sparkassen bevorzugt werden sollen, die erfahrungsgemäß nicht unerheblich zum Entstehen der Verschuldenssituation beigetragen haben (s. oben zur Gläubigerbeteiligung an Finanzierung). Zudem stellt es eine weitverbreitete Praxis dar, daß sich gerade bestimmte Kreditgeber wie Banken oder Inkassounternehmen eine Vorausabtretung der Lohnforderungen des Kreditnehmers, eine Bürgschaft oder eine Mithaftung naher, meist noch weniger vermögender Angehöriger vertraglich ausbedingen. Der Kreditnehmer steht in den Kreditverhandlungen mit diesen Gläubigern meist unter dem Druck, alles zu akzeptieren, weil er sonst den benötigten Kredit nicht bekommt. Dadurch kann der Kreditgeber kraft seiner stärkeren Verhandlungsposition umfangreichere Sicherheiten erlangen, als er bei einem gleichgewichtigen Kräfteverhältnis erlangt hätte. Dadurch werden die Gläubigergruppen, die an der zunehmenden Überschuldung privater Haushalte erheblichen Anteil tragen, privilegiert. Das Ausfallrisiko wird so für diese Gläubigergruppe reduziert und der Kreis der in Frage kommenden Schuldner und damit weiteren potentiellen Überschuldeten ausgeweitet.

Auch angesichts des Verbots der Lohnvorausabtretung in anderen Ländern ist die Bevorzugung der Abtretungsgläubiger wenig verständlich.

2. Nullpläne und Mindestquote

Nullpläne betreffen die Frage, ob ein Schuldner das Verbraucherinsolvenzverfahren mit Restschuldbefreiung auch dann erfolgreich durchlaufen kann, wenn er kein pfändbares Einkommen und auch keine Aussicht hat, jemals Einkünfte zu erzielen, oder ob zumindest eine bestimmte Mindestquote der Verbindlichkeiten an die Gläubiger zurückgezahlt werden muß.

Die Antwort auf diese Frage ist nicht nur von Bedeutung für die Schuldner und die sie beratenden Personen. Sie wird auch darüber mitentscheiden, wieviele Verbraucherinsolvenzverfahren auf die Gerichte zukommen werden und damit auch für Bedarfsplanung der Justizverwaltungen. Sind und bleiben Nullpläne zulässig, wird die Zahl der Schuldner, die insgesamt das Verbraucherinsolvenzverfahren durchlaufen möchten, deutlich höher liegen als bei Einführung einer Mindestquote. Dies hat zur Folge, daß die einzukalkulierenden Kosten nicht nur für das gerichtliche, sondern auch für das außergerichtliche Verfahren sowohl durch

109 So auch Hupe, BAG-SB Informationen 4/95, S. 22, 23.
110 Hupe, BAG-SB Informationen 4/95, S. 22, 23.

die entsprechend notwendige Ausstattung der Schuldnerberatungsstellen als auch durch die Gewährung von Prozeßkostenhilfe in den Haushalten erheblich zu Buche schlagen werden.

Eine Mindestquote existiert bereits in Österreich, wo es bereits seit Beginn 1995 die Möglichkeit einer Restschuldbefreiung im Privatkonkurs gibt: Um zur Restschuldbefreiung zu gelangen, wird das Einkommen des Schuldners von seinen Gläubigern für eine bestimmte Zeit bis zur Grenze des Existenzminimums „abgeschöpft“. Bei einer siebenjährigen Abschöpfungsperiode muß er mindestens 10 % der Verbindlichkeiten seiner Gläubiger befriedigen, alternativ bei einer verkürzten Abschöpfungsperiode von nur 3 Jahren sogar 50 %.

Würde man in Deutschland das Gesetz entsprechend auf 10 % ändern, rechnet die Bund-Länder-AG in ihrem Abschlußbericht vom 25. 11. 1996 mit einem maximalen Einsparungspotential von etwa einer halben Mrd. DM pro Jahr[111].

a) Auswirkungen einer Mindestquote

Oberflächlich betrachtet betrifft die Frage der Mindestquote nur das gerichtliche Verfahren. Außergerichtlich nämlich können sich Schuldner und Gläubiger nach dem Grundsatz der Privatautonomie auf alle nur denkbaren Zahlungsmodalitäten einigen, d. h. selbstverständlich auch darauf, daß überhaupt keine Zahlungen fließen. Rechtlich sind hierfür sowohl die Möglichkeit der Erfüllung (§ 362 BGB) als auch des Schuldenerlasses gegeben (§ 397 BGB)[112].

Bei näherem Hinsehen zeigt sich jedoch, daß das Restschuldbefreiungsverfahren auf die außergerichtlichen Verhandlungsbemühungen stark zurückwirkt: Kein Gläubiger wird sich außergerichtlich auf geringere Zahlungen einlassen, als er spätestens im Restschuldbefreiungsverfahren ohnehin erhalten würde. Würde man also eine Restschuldbefreiung nur dann zulassen, wenn die Gläubiger eine gewisse Mindestquote bekommen, so ist davon auszugehen, daß die Gläubiger diese Mindestquote auch bei außergerichtlicher Einigung verlangen würden.

Dies würde nicht nur nach Ansicht der Schuldnerberater zur Folge haben, daß eine erheblich geringere Zahl von außergerichtlichen Vergleichen geschlossen werden würde, als der Gesetzgeber sich dies wünscht, weil nämlich ein Großteil der überschuldeten Verbraucher überhaupt kein pfändbares Einkommen besitzt. Auch der Abschlußbericht der Bund-Länder-AG enthält zur Frage der Mindestquote diese Erkenntnis:

> *„... wird sie (die Frage nach der Zulässigkeit von Nullplänen, die Verf.) verneint, wäre die finanzielle Belastung der Länder entsprechend geringer, jedoch dürfte das sozialpolitische Anliegen der Entschuldung wirtschaftlich schwacher Bevölkerungskreise verfehlt und die mit der Insolvenzrechtsreform insoweit geweckte Erwartung zahlreicher Betroffener enttäuscht werden.“*[113]

Das zeigt auch das Beispiel Österreichs: Nach Ablauf des ersten Halbjahres seit Inkrafttreten des Privatkonkurses ist der prognostizierte Boom ausgeblieben. Im ersten Quartal 1995 waren österreichweit nur 102 Privatkonkurse anhängig. Das ist deutlich weniger als ursprünglich erwartet. Vor Inkrafttreten des neuen Schuldenregulierungsverfahrens war von 5 000 und mehr Privatkonkursen die Rede gewesen[114]. Dazu kamen im zweiten Quartal noch zusätzlich 190 Verfahren. Erkennbar ist somit eine ansteigende Tendenz hinsichtlich der Verfahrenszahl, die den Kreditschutzverband von 1870 (KSV)[115] zur Prognose veranlaßt, daß insgesamt im Kalenderjahr 1995 mit einer Zahl von ca. 2 000 Verfahren zu rechnen ist.

---

111 Abschlußbericht der Bund-Länder-AG vom 25. 11. 1996, S. 2.

112 So auch Heyer JR 1996, 114 ff.

113 Abschlußbericht der Bund-Länder-AG vom 25. 11. 1996, S. 4.

114 Gem. Information der Arbeiterkammer Wien v. 24. 4. 1995, zit. nach Mayer/Pirker, in: Der neue Schuldenreport, 1995, S. 164, 177.

115 Die Presse v. 17. 7. 1995, zit. nach Mayer/Pirker, in: Der neue Schuldenreport, 1995, S. 164, 177.

Erste Erkenntnisse dort machen die Mindestquote als besonderen „Verfahrensbremser" ausfindig. Nur etwa 1 % der Überschuldeten haben den Zugang zum Verfahren geschafft. Auffällig ist, daß die Gruppe der Arbeitslosen nahezu zur Gänze aus dem Privatkonkurs ausscheidet. Gute Chancen haben vor allem diejenigen, die unselbständig erwerbstätig sind. Hier ist daher häufig auch ein außergerichtlicher Vergleich möglich. Auch ehemals Selbständige – insbesondere, wenn sie als junge und unerfahrene Unternehmer „gestrandet" sind – sind vielfach in der Lage, konstante Einkommensverhältnisse herzustellen[116].

In Deutschland sind zur Zeit etwa zwei Millionen Haushalte überschuldet, und nur wenige haben die Aussicht, in absehbarer Zeit wieder ein „schuldenfreies" Leben führen zu können. Die Folgen davon sind eine für das gesamte Gemeinwesen schädliche Ausgrenzung aus dem Erwerbs- und Wirtschaftsleben sowie eine dauerhafte Abhängigkeit von Sozialhilfe. Die verabschiedete und zum 1. Januar 1999 in Kraft tretende Insolvenzordnung sieht die Möglichkeit einer Restschuldbefreiung für überschuldete Verbraucher vor. Eine Mindestquote würde diesen Hoffnungs- und Motivationsschimmer wieder zunichte machen.

Sofern demgegenüber behauptet wird, ein Schuldner, der wegen Unpfändbarkeit seines Einkommens und Vermögens nicht einmal geringste Beiträge zur teilweisen Befriedigung seiner Gläubiger aufbringen könne, bedürfe nicht zwingend einer Restschuldbefreiung, da er ohnehin nicht zur Zahlung herangezogen werden könne[117], so ist dies eine Fehleinschätzung.

Tatsächlich hätte die Einführung einer Mindestquote eine erhebliche Benachteiligung derjenigen Verbraucher zur Folge, die ihren Gläubigern nichts anbieten können: Sie wären gegenüber denjenigen Überschuldeten, die mit einer geringen Rate ins Restschuldbefreiungsverfahren gehen, schon dadurch benachteiligt, daß sie weiterhin den rücksichtslosen Eintreibungsversuchen von Inkassobüros ausgesetzt wären, deren Machenschaften im Gegensatz zu den USA in Deutschland kaum Beschränkungen gesetzt sind. Diese Versuche führen oft aus Angst zu Zahlungen aus dem nicht pfändbaren Einkommen, nur um die Verfolger loszuwerden.

Darüber hinaus bergen hohe Schuldverpflichtungen und geringe pfändbare Beträge ein hohes Risiko des Überschuldeten für einen dauerhaften Verbleib im Schuldturm und damit zu einem Mißlingen der Zielsetzung des Verbraucherkonkurses: Alleinerziehende, Sozialhilfeempfänger, Arbeitslose und Familien mit mehreren Kindern werden durch eine beabsichtigte Mindestquote meist auf Dauer von einem Restschuldbefreiungsverfahren ausgeschlossen bleiben, da ihr Einkommen auch in nächster Zukunft nicht für eine Zahlung an die Gläubiger ausreichen wird. Dies gilt in besonderem Maße für Frauen. Dieser Personenkreis kann – wenn überhaupt – erst sehr viel später in das Insolvenzverfahren eintreten. In der Zwischenzeit sind die Schulden durch Verzugszinsen weiter angestiegen, wodurch auch die zu erreichende Mindestquote höher wird.

Eine Mindestquote gefährdet auch die Aufnahme einer geregelten Arbeit, da die Überschuldeten im Gegensatz zu denjenigen, die sich im Restschuldbefreiungsverfahren befinden, nicht vor Pfändungen ihrer Gläubiger geschützt sind. Die in der Probezeit beim Arbeitgeber eingehende Lohnpfändung führt im Regelfall wegen der damit verbundenen Arbeitsbelastung zur Kündigung. Die Frage nach zu erwartenden Lohnpfändungen ist in bestimmten Branchen mittlerweile schon Standardthema bei der Einstellung.

Noch immer weigern sich viele Kreditinstitute, Girokonten für Überschuldete einzurichten oder belasten die Konten bei eingehenden Pfändungen mit horrenden Bearbeitungsgebühren von bis zu 300 DM pro Pfändung, was einer faktischen Kündigung des Kontos gleichkommt.

116 Mayer/Pirker, in: Der neue Schuldenreport, 1995, S. 164, 177.
117 So z. B. die Bund-Länder-AG in ihrem Abschlußbericht vom 25. 11. 1996, S. 5.

Geht man davon aus, daß eine Mindestquote nicht nur bei Beginn des Verfahrens als geplante zukünftige Zahlung vorhanden sein, sondern im Laufe der Wohlverhaltensperiode tatsächlich an die Gläubiger verteilt werden muß, so kann – selbst bei der Möglichkeit einer letztlich aus Billigkeitsgründen zugesprochenen Restschuldbefreiung – das Zahlungsziel durch unvorhersehbare Ereignisse gefährdet werden. Dieses sind z. B. Krankheit, Arbeitslosigkeit, Scheidung, Familienzuwachs, die das pfändbare Einkommen mindern. Besonders gilt dies für die verkürzte fünfjährige Wohlverhaltensperiode der sog. „Altfälle" (Zahlungsunfähigkeit vor dem 1. 1. 1997), denn diese müssen die Mindestquote in einem erheblich kürzeren Zeitraum erfüllen. Hier hätte das Beharren auf einer Mindestquote zur Folge, daß einem Verbraucher der wirtschaftliche Neuanfang verweigert wird, obwohl er das Insolvenzverfahren ordnungsgemäß durchlaufen hat und ihm auch sonst kein Fehlverhalten vorgeworfen werden kann. Damit würden die ganz normalen Ereignisse des Lebens für den Schuldner eine Bestrafung nach sich ziehen.

Im Ergebnis wäre es mit dem Ziel der beabsichtigten Verbraucherentschuldung nicht vereinbar, gerade diejenigen, die eine Entschuldung zum Aufbau einer neuen Lebensperspektive am nötigsten haben, von der Restschuldbefreiung auszuschließen.

Zu untersuchen ist, wie dies der Gesetzgeber gesehen hat.

b) Zulässigkeit von Nullplänen nach dem aktuellen Gesetzesstand

(1) Die Frage der Lücke

Ob in Deutschland Nullpläne zulässig sind, läßt sich weder aus dem Wortlaut des Gesetzes noch aus den Materialien eindeutig beantworten, wird aber überwiegend bejaht[118]. Sowohl die Verteidiger von Nullplänen als auch die Verfechter einer Mindestquote versuchen, die Insolvenzordnung zur Begründung ihres Ziels heranzuziehen. Lücken in Gesetzestexten wie hier werden juristisch – je nachdem, welche Meinung man vertritt – immer in zwei mögliche Richtungen interpretiert.

Zum einen ließe sich möglicherweise sagen, daß es sich bei der zu klärenden Frage um ein Problem handelt, das der Gesetzgeber nicht gesehen habe, so daß die Lücke gesetzeskonform gefüllt werden müsse. Zum anderen kann aber auch behauptet werden, daß der Gesetzgeber die Frage sehr wohl gesehen, aber bewußt nicht in den Wortlaut aufgenommen habe.

Übertragen auf die Frage der Mindestquote bedeutet dies, daß die Befürworter darlegen müßten, daß der Gesetzgeber das Problem der Mindestquote nicht gesehen habe, aber durchaus in ihrem Sinne gelöst hätte, wenn er es denn gesehen hätte. Allerdings läßt sich im vorliegenden Fall kaum behaupten, daß das Problem der Mindestquote in den Verhandlungen völlig unbekannt gewesen ist. Das österreichische Recht hat in weiten Teilen den Entwurf der deutschen Insolvenzordnung übernommen. Neben anderen Veränderungen hat der österreichische Gesetzgeber eine Mindestquote eingeführt. Dies war dem Rechtsausschuß bekannt. Trotzdem hat er auf eine solche Regelung verzichtet.

Die Frage der Einführung einer Mindestquote ist durchaus im Rechtsausschuß diskutiert worden. Dies führte dazu, daß die Frage nach dem Sinn einer Mindestquote auch den Experten bei der öffentlichen Anhörung im Bundestag gestellt wurde. Die Frage des an die Experten versandten Fragebogens lautete: „Halten Sie die Einführung einer Mindestquote für sinnvoll oder kontraproduktiv?" Diese Frage wurde als sehr wohl erwogen und offenbar wegen der durchweg ablehnenden Haltung der Experten und selbst des Zentralen Kreditausschusses als untauglich verworfen. So schrieb der Ausschuß als Organ der Geschäftsbanken und Sparkassen in seiner Stellungnahme vom 20. 4. 1993 auf die Frage, ob die Einführung einer Mindestquote für sinnvoll erachtet werde, auf S. 15 wörtlich:

118 S. für viele ausführlich Heyer JR 1996, 314 ff.; a. A. Arnold DGVZ 1996, 129, 133 f.

„Eine Mindestquote als Voraussetzung für die Restschuldbefreiung halten wir nicht für sinnvoll, da sodann die Restschuldbefreiung in den Fällen versagt werden müßte, in denen die Verschuldung am drängendsten ist."

(2) § 1 InsO als Auslegungshilfe

In § 1 InsO heißt es, daß das Verfahren der gemeinschaftlichen Befriedigung der Gläubiger dient, indem das Vermögen des Schuldners verwertet und der Erlös verteilt wird. Außerdem wird dem redlichen Schuldner Gelegenheit gegeben, sich von seinen restlichen Verbindlichkeiten zu befreien.

Die Befürworter einer Mindestquote ziehen hieraus in Anlehnung an die Begründung des Regierungsentwurfs[119] den Schluß, daß das Hauptziel des neuen Verfahrens die bestmögliche Befriedigung der Gläubiger ist. Auch wenn die Regelungen der Restschuldbefreiung in der Insolvenzordnung wesentlich weniger Raum einnehmen als die Vorschriften zur Haftungsverwirklichung, so stehen die Ziele dennoch gleichwertig nebeneinander. Dem Gesetzgeber war die Restschuldbefreiung ein sehr wichtiges Ziel der Reform:

„Die Restschuldbefreiung ist ein zugleich soziales und freiheitliches Anliegen, dem redlichen Schuldner nach der Durchführung eines Insolvenzverfahrens eine endgültige Schuldenbereinigung zu ermöglichen."[120]

Zudem ist der Begriff der „bestmöglichen" Befriedigung relativ; insbesondere schließt er nicht aus, daß – wenn keine Gelder für Zahlungen vorhanden sind – nicht auch eine Restschuldbefreiung auf Basis eines Nullplans erfolgen kann. Dies gilt vor allem dann, wenn das Bestehen auf einer Mindestquote unter Umständen zu einem völligen Leerlaufen des zweiten Ziels, der Befreiung für den Schuldner, führt.

Die Einführung einer Mindestquote führt dazu, daß ein Großteil der Schuldner vom Verbraucherinsolvenzverfahren ausgeschlossen wird und – wie oben dargestellt – nur in seltenen Fällen zu einem späteren Zeitpunkt in der Lage sein wird, es zu durchlaufen. In der Regel wird der Schuldner – wie auch jetzt schon – für den Rest seines Lebens überschuldet bleiben und an der Grenze des Existenzminimums leben. Hierfür gibt es keine Notwendigkeit: Wenn schon die Gläubiger keine Zahlungen erhalten, so ist es trotzdem sinnvoll, den redlichen Schuldner von seinen Schulden zu befreien, denn nur so kann er aus dem Überschuldungssumpf wieder herausfinden und erneut am Wirtschaftsleben teilhaben.

Dieses zweite Ziel sollte nicht zu gering geschätzt werden, was auch schon die Allgemeine Begründung des Regierungsentwurfs hervorhebt:

„Das heutige Konkursverfahren beläßt den Gläubigern das Recht der freien Nachforderung (§ 164 Abs. 1 KO). ... Infolgedessen sind selbst junge Schuldner häufig bis an ihr Lebensende der Rechtsverfolgung der Konkursgläubiger ausgesetzt ... Die praktisch lebenslange Nachhaftung drängt viele ehemalige Gemeinschuldner in die Schattenwirtschaft und in die Schwarzarbeit ab, wenn nicht ihre Fähigkeiten der Volkswirtschaft ganz verlorengehen ... Der regelmäßig geringe wirtschaftliche Wert des Nachforderungsrechts steht schwerlich in einem angemessenen Verhältnis zu den gesellschaftlichen und gesamtwirtschaftlichen Kosten der häufig lebenslangen Schuldenhaftung."[121]

Wieso sollte einem Schuldner nicht auch die ersehnte Restschuldbefreiung gewährt werden, wenn die Gläubiger auch ohne diese Befreiung kein Geld erhalten würden? Eine Verweigerung wirkt wie eine Bestrafung, ein im Zivilrecht unzulässiger Gesetzeszweck.

Rechtsvergleichend läßt sich darauf hinweisen, daß das US-amerikanische Konkursrecht, das als Vorbild für das Verbraucherschutzverfahren der Insolvenzordnung herangezogen wurde,

119 Begründung RegE zu § 1, s. Balz/Landfermann, Insolvenzordnung S. 70 f.
120 BR.-Drucks. 1/92, S. 81.
121 Allgemeine Begründung RegE, s. Balz/Landfermann, Insolvenzordnung S. 17.

bei masselosen Insolvenzen eine Art Pro-forma-Konkurs zuläßt, der nach einer Verwertung des vorhandenen Vermögens dem Schuldner einen sofortigen Neuanfang ermöglicht[122]. Hiervon hat der deutsche Gesetzgeber Abstand genommen, jedoch ebenso von der Mindestquote.

(3) „Angemessene" Schuldenbereinigung

Befürworter einer Mindestquote sind der Ansicht, daß zu der in § 305 Abs. 1 Nr. 4 InsO verlangten „angemessenen Schuldenbereinigung unter Berücksichtigung der Gläubigerinteressen" eine mindestens teilweise Erfüllung der Gläubigerforderungen gehört[123].

Als Beispiel nennt *Arnold* die Verpflichtung des Schuldners, ein Verzeichnis seines vorhandenen Vermögens und Einkommens vorzulegen. Hinzu käme, daß nach den allgemeinen Vorschriften ein Insolvenzverfahren überhaupt nicht durchzuführen sei, wenn nicht gewisse Mindestbeträge zur Verfügung stehen (§§ 26, 207 ff. InsO)[124].

Dem ist entgegenzusetzen, daß der Begriff der „angemessenen" Schuldenbereinigung mindestens ebenso auslegungsfähig ist wie der der „bestmöglichen" Befriedigung der Gläubiger. Insbesondere kann sich der Begriff sowohl auf den Schuldner wie auf die Gläubiger beziehen. Beide Interessen sind also angemessen zu berücksichtigen, was entsprechend der obigen Argumentation zu Haupt- und Nebenziel auch bei einem Nullplan nicht generell ausgeschlossen werden kann.

„Angemessen" kann ein Nullplan zumindest dann sein, wenn er eine zukünftige Verbesserung der Einkommensverhältnisse mitberücksichtigt. Bietet der Schuldner daher einen „flexiblen" Plan an, d. h. entsprechende Anteile seines zukünftig pfändbaren Einkommens, so ist ein solcher Plan sowohl in Anbetracht der wirtschaftlichen Lage des Schuldners und der Gläubiger als auch bezüglich der Möglichkeiten der gerichtlichen Entschuldung durchaus als angemessen zu betrachten.

Heyer betont darüber hinaus, daß – streng nach dem Wortlaut des Gesetzes – nach § 305 Abs. 1 Nr. 1 InsO zwingend nur die „Vorlage" eines Schuldenbereinigungsplans vorgeschrieben sei. Danach sei jeder Plan ausreichend, der für das Problem der Schuldenbereinigung eine rechtlich zulässige Lösung anbiete, was auch mit einem Erlaß der Fall sei[125].

(4) Erreichen der Restschuldbefreiung nur unter „strengen Voraussetzungen"

Der Abschlußbericht der Bund-Länder-AG vertritt die Auffassung, daß eine Befreiung nicht nur von den Rest-, sondern von den Gesamtverbindlichkeiten nicht im Einklang mit den vom Gesetzgeber aufgestellten „strengen Voraussetzungen für die Gewährung der Restschuldbefreiung" steht[126]. Diese „strengen Voraussetzungen" gehören jedoch in einen ganz anderen Zusammenhang, der mit einer Mindestzahlung nichts zu tun hat, nämlich mit der Redlichkeit des Schuldners.

Der Schuldner muß während der sieben- bzw. fünfjährigen Wohlverhaltensperiode seinen Obliegenheiten iSd § 295 InsO nachkommen, sonst erhält er die Befreiung nicht. Zu den Obliegenheiten gehört insbesondere auch die Verpflichtung, sich um eine angemessene Erwerbstätigkeit zu bemühen. Die Begründung des Regierungsentwurfs faßt die Voraussetzungen an eine Restschuldbefreiung noch einmal zusammen:

---

122 Vgl. zum amerikanischen Vorbild Balz ZRP 1986, 12 ff.
123 Vgl. hierzu Abschlußbericht der Bund-Länder-AG vom 25. 11. 1996, S. 7; ebenso Arnold DGVZ 1996, S. 129 ff.
124 Arnold DGVZ 1996, 129, 133 f.
125 Heyer JR 1996, 314 ff.
126 Abschlußbericht der Bund-Länder-AG vom 25. 11. 1996, S. 7, unter Verweis auf BT-Drucks. 12/2443, S. 188.

„Der Schuldner soll sich nach Kräften bemühen, seine Gläubiger während dieses Zeitraums (der Wohlverhaltensperiode, die Verf.) so weit wie möglich zu befriedigen, um anschließend endgültig von seinen restlichen Schulden befreit zu werden.“[127]

Hier wurde also noch das Bemühen des Schuldners um eine bestmögliche Befriedigung der Gläubiger als ausreichend angesehen. Der Schuldner soll sich um eine Erwerbstätigkeit kümmern. Restschuldbefreiung unter der Voraussetzung der Masseunzulänglichkeit setzt dann lediglich voraus, daß der Schuldner seine pfändbaren Bezüge aus einem Dienstverhältnis oder an deren Stelle tretende laufende Bezüge für die Dauer der „Wohlverhaltensperiode“ an den Treuhänder abtritt, unabhängig davon, wie hoch diese Bezüge sind. Findet er also eine solche nicht, soll ihm dies nach dem Willen des Gesetzgebers jedoch nicht zum Nachteil gereichen. Unbedenklich ist in diesem Zusammenhang nach der richtigen Ansicht *Heyers* auch, daß die Forderungsabtretung im Falle der fehlenden pfändbaren Einkünfte ins Leere geht. Die Abtretung wird dadurch nur gegenstandslos[128].

Entgegen der Auffassung im Abschlußbericht ist der Gesetzgeber auch nicht davon ausgegangen, daß Restschuldbefreiung nur dann zu gewähren ist, wenn es zu einer Verteilung von Insolvenzmasse an die Gläubiger gekommen ist. Nur wenn die Kosten des Verfahrens nicht gedeckt sind, ist nach der Begründung des Regierungsentwurfs keine geeignete Grundlage für die Restschuldbefreiung vorhanden[129].

(5) Zustimmungsersetzung durch das Gericht

Weiter stellt sich die Frage, ob der Nullplan materiell ausreichend ist, um auf seiner Grundlage das Verfahren über den Schuldenbereinigungsplan erfolgreich zu Ende zu führen. Dies setzt voraus, daß der Richter die Zustimmung der Gläubiger auch zum Nullplan nach § 309 InsO ersetzen kann. Dies wird regelmäßig der Fall sein, da die Gläubiger durch einen Nullplan wirtschaftlich nicht schlechter gestellt werden, als sie bei Durchführung der Restschuldbefreiung stünden. Geht man nämlich davon aus, daß während eines Restschuldbefreiungsverfahrens keinerlei pfändbare Beträge zur Verfügung stehen (und hier ist im Zweifel davon auszugehen, daß sich die wirtschaftlichen und familiären Verhältnisse des Schuldners während der ganzen Zeit nicht ändern), würde sich nach fünf bzw. sieben Jahren eine Restschuldbefreiung ergeben, ohne daß auch nur eine DM gezahlt worden wäre. Damit stellt auch im gerichtlichen Verfahren ein Nullplan kein Hindernis zur Verfahrensdurchführung dar.

(6) Ergebnis

Die Materialien belegen lediglich, daß der außergerichtliche Vergleich ebenso wie der bei Gericht einzureichende Schuldenbereinigungsplan nach dem Willen des Gesetzgebers der Privatautonomie unterliegt[130], womit keine bestimmten Mindestanforderungen festgelegt wurden[131]. Mangels entsprechender Einschränkungen spricht daher viel dafür, daß Nullpläne erlaubt sind.

Die Anerkennung von Nullplänen entspricht auch Sinn und Zweck der beabsichtigten Verbraucherentschuldung, mit dem es nicht vereinbar wäre, gerade die ärmsten Schuldner, die zu keinen Schuldentilgungen in der Lage sind, wie etwa Arbeitslose und Sozialhilfeempfänger, von der Entschuldungsmöglichkeit auszuschließen. Insbesondere für diesen Personenkreis wird oftmals die Entschuldung die einzige Möglichkeit sein, wieder eine wirtschaftliche Perspektive aufzubauen.

---

127 Begründung RegE zu § 295, s. Balz/Landfermann, Insolvenzordnung S. 417.
128 Heyer JR 1996, 314 ff.
129 Begr. zu § 329 RegE.
130 Begr. z. Beschlußempf. des RA des BT, BT-Drs. 12/7302, S. 190.
131 So auch Heyer JR 1996, 314, 316; Schmidt-Räntsch MDR 1994, 321, 323 f.

Nach der jetzigen Rechtslage ist daher davon auszugehen, daß sowohl außergerichtliche Vergleiche als auch das Durchlaufen des gerichtlichen Verfahrens mit einem sog. Nullplan möglich ist. Eine Änderung ist nur durch ausdrückliche Einführung einer Mindestquote denkbar.

c) Sozialer Anspruch contra Kostenfragen

Völlig losgelöst von der Frage nach dem, was Materialien und Gesetzeswortlaut über die Zulässigkeit von Nullplänen aussagen, ist die Frage danach zu beantworten, was politisch wünschenswert oder politisch machbar erscheint.

Die Bund-Länder-AG wirft hierzu besonders das Kostenargument auf, das gegen Nullpläne und für die Einführung einer Mindestquote sprechen soll:

> *„Es müßten allerdings Null-Plan-Verfahren zweifelsfrei ausgeschlossen sein. In diesem Fall betrügen die voraussichtlichen Mehrausgaben für Prozeßkostenhilfe nur etwa 152 Mio. DM, also etwa 366 Mio. DM weniger. Zusammen mit um 120 Mio. DM geringeren Personalkosten liegt das Einsparungspotential der Klarstellung, daß Null-Pläne nicht zu einer Restschuldbefreiung führen können, demnach bei rd. einer halben Milliarde DM."*[132]

Zu prüfen ist, ob die Kostenfrage wirklich so gravierend ist, wie es die Bund-Länder-AG darstellt:

Nach Ansicht der Bund-Länder-AG sind bei geschätzten 170 000 Verfahren jährlich etwa 518 Mio. DM für Prozeßkostenhilfe aufzuwenden[133]:

Auslagen:	ca. 1 850 DM
Anwaltskosten:	ca. 1 200 DM
Summe:	ca. 3 050 DM

Multipliziert man diesen Betrag mit den 170 000 Verfahren, so ergibt sich nach den Berechnungen der Bund-Länder-AG ein Betrag von rd. 518 Mio. DM. Bei Prozeßkostenhilfe nur für 50 000 Verfahren – so niedrig schätzt die Bund-Länder-AG die Anzahl bei Einführung einer Mindestquote – fielen hingegen nur etwa 152,5 Mio. DM an.

An zusätzlichen Personalkosten ergäben sich nach dem Abschlußbericht der Bund-Länder-AG bei 170 000 Verfahren und einer geschätzten Anzahl von zusätzlich 340 Richtern und 850 Rechtspflegern ein mutmaßlicher Personalaufwand von etwa 170 Mio. DM, der sich bei 50 000 Verfahren auf 50 Mio. DM reduzieren ließe.

Diese Berechnungen sind jedoch aus mehreren Gründen nicht haltbar:

- Zunächst ist der Kostenansatz für die Auslagen für öffentliche Bekanntmachungen, Zustellungen und Vervielfältigungen, die ja einen Großteil der geschätzten Kosten ausmachen, noch leicht durch eine Änderung der entsprechenden Gesetzesgrundlagen zu verringern. Dies hat der Gesetzgeber selbst in der Hand. Entgegen der Ansicht der Bund-Länder-AG ist das hierdurch zu erreichende Einsparungspotential auch keineswegs als gering einzustufen: Können die Auslagen pro Verfahren um 900 DM auf die Hälfte reduziert werden, würden hier die Kosten für die Prozeßkostenhilfe um etwa 153 Mio. DM sinken.
- Sodann wird bei den Anwalts- und Gerichtskosten zu Unrecht davon ausgegangen, daß das Verfahren von jedem Schuldner bis zum Ende der Restschuldbefreiung durchlaufen wird, ohne daß es vorher zu einer außergerichtlichen Einigung kam. Gerade im Rahmen der Verbraucherinsolvenz geht es jedoch darum, möglichst viele Verfahren schon vor der Inanspruchnahme der Gerichte durch einen außergerichtlichen Vergleich zu beenden,

132 Abschlußbericht der Bund-Länder-AG vom 25. 11. 1996, S. 13.
133 Abschlußbericht der Bund-Länder-AG vom 25. 11. 1996, S. 17 ff.

was hier völlig unberücksichtigt blieb. Geht man davon aus, daß ungefähr die Hälfte der Verfahren außergerichtlich oder zumindest im Rahmen des gerichtlichen Schuldenbereinigungsplans zu einer erfolgreichen Erledigung geführt werden könnte, ergäbe sich eine weitere gravierende Kostensenkung gegenüber den Schätzungen der Bund-Länder-AG.

- Auch werden nicht in allen Verfahren vor Gericht Anwälte hinzugezogen werden, so daß auch dieser Kostenansatz mit Vorsicht zu betrachten ist.
- Schließlich hindert die Einführung einer Mindestquote die Inanspruchnahme von Gerichten und Anwälten nicht in dem Umfang, wie es die Bund-Länder-AG annimmt: Ein Teil der Schuldner wird durchaus in der Lage sein, eine Quote anzubieten (und damit das Verfahren zu beginnen), wenn diese dann im Ergebnis auch nicht unbedingt durchgehalten werden kann. Eine sichere Kostenersparnis ergibt sich damit aus der Mindestquote keinesfalls.
- Völlig außer acht gelassen wurden auch Gegenrechnungen mit Einsparungen, die durch das Verbraucherinsolvenzverfahren erreicht werden können: So ist beispielsweise davon auszugehen, daß Sozialhilfe weniger in Anspruch genommen werden wird, wenn die überschuldeten Verbraucher die Möglichkeit haben, ein neues Leben anzufangen[134]. Umgekehrt ist bei ca. 2 Mio. überschuldeten Haushalten – unter der Annahme, daß hier nichts zur Entschuldung getan wird – mit erheblicher Inanspruchnahme und anderen staatlichen Transferleistungen zu rechnen. Ohne eine Entschuldung laufen Wiedereingliederungsmaßnahmen leer, wird die Verweildauer im Sozialhilfebezug verlängert und die Schattenwirtschaft gestärkt.
- Gleiches gilt für die betriebs- und volkswirtschaftlichen Effekte. Die geschwächte Binnenmarktnachfrage ist nicht nur eine Folge dessen, daß die Konsumenten vorsichtig sind. Überschuldete Haushalte können nur noch das Lebensnotwendigste kaufen.

Letztendlich wird niemand daran zweifeln, daß die Einführung des Verbraucherinsolvenzverfahrens Geld kostet. Feststellungen darüber, wieviel dies sein wird, sind jedoch nur sehr schwer zu treffen, und auf jeden Fall nicht mit einer einfachen Addition der Prozeßkostenhilfe und Personalkosten pro Verfahren zu ermitteln, wie die Kritikpunkte zeigen.

Unbestritten ist auch, daß sich durch die Einführung einer Mindestquote erhebliche Kosten sparen lassen. Fraglich ist allerdings, ob diese Vorgehensweise mit der „Brechstange" – aufgrund deren weite Teile der Schuldner vom Verbraucherinsolvenzverfahren ausgeschlossen sein werden – nicht durch andere Maßnahmen vermieden werden kann.

Kosten lassen sich in weitem Umfang vermeiden, wenn die außergerichtlichen Verfahren gestärkt werden, denn dann fällt weder Prozeßkostenhilfe an, noch wird das Gericht belastet. Gerade zu diesem Zweck wurde die Bund-Länder-AG eingesetzt. Eine Mindestquote wirkt hier kontraproduktiv, da die Möglichkeiten für einen Vergleich erheblich beschnitten werden.

Ein großer Teil der Kosten ist allerdings durch die Regelungen der Insolvenzordnung hausgemacht. Die Prozeßkostenhilfe muß nämlich nicht nur dann einspringen, wenn der Schuldner kein pfändbares Einkommen hat, sondern auch dann, wenn er über pfändbares Einkommen verfügt, dieses aber an einen oder mehrere Gläubiger abgetreten hat. Denn Abtretungen behalten nach der Regelung des § 114 InsO bis zu drei Jahre nach Eröffnung des Verfahrens ihre Gültigkeit. Da mittlerweile nahezu alle Gläubiger dazu übergegangen sind, sich Abtretungserklärungen unterschreiben zu lassen, bedeutet das im Ergebnis, daß nahezu alle Verfahren masselos sein werden. Die widersinnige Folge ist, daß der schnellste

134 Eine Untersuchung der Verbraucherzentrale Hamburg ergab z. B., daß die dortige Schuldnerberatung monatlich zu einer um 100 000 DM reduzierten Sozialhilfe führt, wobei sie selbst den öffentlichen Haushalt mit ca. 10 000 DM belastet.

und cleverste Gläubiger drei Jahre lang die gesamten pfändbaren Beträge kassiert, während der Staat die dadurch entstehende Massearmut durch die Gewährung von Prozeßkostenhilfe finanziert. Zumindest eine Einschränkung wäre hier geboten, so daß wenigstens die Kosten des Verfahrens angespart werden können.

Insgesamt ist der Spareffekt wesentlich geringer als im Abschlußbericht geschätzt. Durch geringe Änderungen einiger Verfahrensvorschriften könnten wesentliche Einsparungen erreicht werden, ohne daß hier auf die sozial äußerst fragwürdige Mindestquote zurückgegriffen werden muß.

3. Einstellung der Zwangsvollstreckung während der Verhandlungen

Ein weiteres Problem ergibt sich dadurch, daß die Gläubiger während der Verhandlungen in einem außergerichtlichen Vergleich noch ungehindert in das Vermögen des Schuldners zwangsvollstrecken können, was das Ansparen für einen Vergleich oder auch für die Kosten des gerichtlichen Vergleichs außerordentlich erschwert.

Im gerichtlichen Teil des Verbraucherinsolvenzverfahrens hingegen kann das Gericht unmittelbar nach dem Antrag auf Eröffnung des Insolvenzverfahrens anordnen, daß die Zwangsvollstreckung einzelner Gläubiger gegen den Schuldner eingestellt wird (§ 21 Abs. 2 Nr. 3 iVm § 306 Abs. 2 InsO).

Dies wird das Gericht im Regelfall auch tun, wenn es das Ziel der Vorschrift des § 21 InsO erreichen will, nämlich „bis zur Entscheidung über den Antrag eine den Gläubigern nachteilige Veränderung in der Vermögenslage des Schuldners zu verhüten". Wird das Insolvenzverfahren eröffnet, so sind Zwangsvollstreckungen einzelner Gläubiger während der Dauer des Insolvenzverfahrens ohnehin unzulässig (§ 89 InsO). Gleiches gilt für die Laufzeit der Wohlverhaltensperiode (§ 294 Abs. 1 InsO). Damit sind in allen gerichtlichen Phasen Einkommen und Vermögen des Schuldners vor Zugriffen einzelner Gläubiger geschützt. Während dieser Zeit sollen sich nach der Begründung des Gesetzgebers die Befriedigungsaussichten der Insolvenzgläubiger untereinander nicht verschieben[135].

Nur für den Zeitraum der außergerichtlichen Verhandlungen gibt es keine Möglichkeit eines Moratoriums, obwohl ohne ein solches Moratorium die Basis für einen Vergleich überhaupt nicht definitiv festgelegt werden kann.

a) Nachteile einer freien Zwangsvollstreckung während außergerichtlicher Vergleichsverhandlungen

Will man mit Erfolg über eine Schuldenbereinigung verhandeln, dann benötigt man Zeit, und es wäre kontraproduktiv, wenn in dieser Zeit ein Gläubiger ohne jede Rücksicht weiter vollstrecken könnte. Grundvoraussetzung für außergerichtliche Vergleiche im Vorfeld der Insolvenzordnung ist das Stillhalten aller Gläubiger für einen Zeitraum, der zur Entwicklung eines Vergleichsvorschlags benötigt wird. So wie das Gericht im Insolvenzverfahren als Sicherungsmaßnahme u. a. auch Zwangsvollstreckungen gegen den Schuldner untersagen oder einstweilen einstellen kann, so wird auch für den außergerichtlichen Einigungsversuch (einschl. des Zeitraums für die Einholung der Forderungsaufstellungen etc.) eine entsprechende Regelung benötigt. Gerade die Aufforderung an die Gläubiger, ihre Forderung noch einmal zu benennen, könnte viele erst auf die Idee einer Vollstreckungsmaßnahme bringen. Es kann nicht sein, daß ein Gläubiger, der möglicherweise erst durch die Intervention der Schuldnerberatung Klarheit über das Ausmaß der Zahlungsprobleme seines Schuldners erhält, Beitreibungsmaßnahmen in Gang setzt und damit den Vergleich sprengt.

Der Versuch eines Vergleichs mit allen Forderungsberechtigten kann durch Aktivitäten einzelner Gläubiger erheblich gestört werden. Diese könnten so das letzte vorhandene Ver-

135 Begründung RegE zu § 294, s. Balz/Landfermann, Insolvenzordnung S. 416.

mögen einziehen und damit eine geordnete außergerichtliche Einigung unendlich erschweren[136].

b) Vorteil eines Moratoriums

Ein Moratorium liegt nicht nur im Interesse des Schuldners, sondern dient auch der Gleichbehandlung der Gläubiger. Nicht zwangsläufig versuchen sämtliche Gläubiger des Schuldners im Wege der Zwangsvollstreckung, ihre Forderungen beizutreiben. Der Schuldner bevorzugt womöglich diejenigen, die den meisten Druck ausüben bzw. es bleibt dem Zufall überlassen, wer bis zum Beginn des Vergleichs das Geld bekommt. Um eine – wie auch immer geartete – Bevorzugung einzelner Gläubiger zu vermeiden, sollten sämtliche Zwangsvollstreckungs- und Sicherungsverwertungen ruhen, bis der außergerichtliche Vergleich aufgestellt ist. Der Plan erfüllt damit auch die Funktion der gleichmäßigen Gläubigerbefriedigung.

c) Lösungsansatz

(1) . . . für den Zeitraum nach Abschluß des Vergleichs

Teilweise läßt sich ein Moratorium in die „Allgemeinen Geschäftsbedingungen“ eines außergerichtlichen Vergleichs einarbeiten, nämlich für den Zeitraum, der nach Abschluß des Vertrags liegt:

> *Mit wirksamem Abschluß des außergerichtlichen Vergleichs ruhen sämtliche Zwangsvollstreckungsmaßnahmen und Sicherungsverwertungen, soweit sie die in das Verfahren einbezogenen Forderungen und Ansprüche betreffen.*

Durch das Moratorium werden die Forderungen keineswegs in ihrem Bestand angegriffen. Sie sollen jedoch nicht durchgesetzt werden können. Auch Umgehungen des Moratoriums durch „freiwillige“ Versprechungen des Schuldners zu einer Zahlung sollten untersagt sein.

> *Den Gläubigern ist es untersagt, in bezug auf die einbezogenen Forderungen Leistungen des Schuldners direkt oder über Dritte entgegenzunehmen oder sich versprechen zu lassen.*[137]

(2) . . . für die Verhandlungsphase

Aber eine solche Regelung reicht nicht aus, um ein Stillhalten der Gläubiger schon für die Verhandlungsphase vor Abschluß des Vergleichs zu sichern. Darüber hinausgehende Regelungen werden jedoch vertraglich kaum durchsetzbar sein, gerade weil es in der Verhandlungsphase noch nicht zu einer Einigung der Gläubiger gekommen ist.

Eine gesetzliche Formulierung könnte inhaltlich an § 21 InsO anknüpfen, der es dem Insolvenzgericht ermöglicht, Maßnahmen der Zwangsvollstreckung schon im Eröffnungsverfahren gegen den Schuldner zu untersagen oder einstweilen einzustellen[138]. Allerdings sollte hier ein bestimmtes zeitliches Limit von z. B. anfänglich höchstens drei Monaten mit einer Verlängerungsoption geschaffen werden, damit der Schuldner auch in der Verpflichtung steht, seine Verhandlungen mit den Gläubigern voranzutreiben und nicht lediglich das Moratorium dazu benutzt, um durch Verschleppung Zeit zu gewinnen.

4. Einbeziehung von Bürgen und Gesamtschuldnern

Eine der am meisten kritisierten Regelungen des Verbraucherinsolvenzverfahrens ist diejenige, daß Bürgen und Mitschuldner nicht automatisch in die Restschuldbefreiung einbezogen werden, wenn der Hauptschuldner die siebenjährige Treuhandphase erfolgreich durchlaufen

136 Hupe in: BAG-SB Informationen 1995, Heft 4, 23 – ein weiterer Befürworter eines Moratoriums ist Kohte (s. Hupe in: BAG-SB Informationen 1993, Heft 3, 27).
137 So schon § 239 Abs. 3 Alternativentwurf zur Insolvenzordnung des IFF.
138 Mit Verfahrenseröffnung tritt ohnehin ein Vollstreckungsverbot ein (§ 89 InsO).

hat (§ 301 Abs. 2 InsO). Vielmehr muß jeder Schuldner für sich, also auch der Bürge oder Mitschuldner, ein eigenes Verfahren durchlaufen. Betrachtet werden also nicht die Objekte des Verfahrens – die Verbindlichkeiten –, sondern die Subjekte – die Schuldner.

Dies ist insbesondere dann von Bedeutung, wenn Bürgen oder Mitschuldner andere Familienmitglieder sind. Die Überschuldung ist regelmäßig nicht auf ein einzelnes Haushaltsmitglied beschränkt. Daher ging es bisher in den mit Hilfe der Schuldnerberatungsstellen abgeschlossenen Vergleichen immer um die vollständige Beseitigung der Forderung[139]. Sinnvoll wäre es daher gewesen, wenn auch im Rahmen des Restschuldbefreiungsverfahrens mithaftende Familienangehörige des Schuldners oder andere Dritte die Möglichkeit bekommen hätten, sich mit entschuldender Wirkung am Verfahren des Schuldners zu beteiligen.

Der Sinn des Gesetzes, Schuldnern wieder die Teilnahme am wirtschaftlichen und gesellschaftlichen Leben zu ermöglichen, wird fragwürdig, wenn zwar der Schuldner von seinen Verbindlichkeiten frei wird, der Gläubiger aber immer noch auf den Ehepartner als Bürgen oder Mitschuldner zugreifen kann. Sinnvoller ist hier die Entschuldung des Familienverbandes als Einheit. Dem ist der Gesetzgeber nicht gefolgt. In § 301 Abs. 2 InsO heißt es ausdrücklich, daß die Rechte der Insolvenzgläubiger gegen Mitschuldner und Bürgen durch die Restschuldbefreiung nicht berührt werden.

Im außergerichtlichen Einigungsverfahren jedoch ist es möglich, nicht nur einzelne Personen, sondern gleichzeitig auch die Bürgen oder Mitschuldner zu entschulden. Hierfür ist nicht einmal eine gesonderte Regulierung notwendig. Nach dem für einen außergerichtlichen Plan maßgeblichen allgemeinen Zivilrecht können nach der Kürzung einer Forderung – und eine solche entsteht durch einen außergerichtlichen Vergleich – aus Gründen der Akzessorietät auch die Sicherheiten wie beispielsweise Bürgschaften nicht mehr in voller Höhe in Anspruch genommen werden[140].

Zur Klarstellung kann dies in den Vergleich aufgenommen werden; notwendig ist es aber nicht:

> *Vom Vergleich sind auch die Forderungen der Gläubiger gegen Bürgen bzw. Mitschuldner erfaßt.*

Erforderlich ist eine Regelung nur, wenn die gesetzliche Folge abbedungen werden soll, wenn also der Bürge oder der Mitschuldner trotz des Vergleichs noch haften sollen.

5. Spätere Behandlung nichteinbezogener Gläubiger

Für die Restschuldbefreiung sind die Wirkungen für nicht erfaßte Verbindlichkeiten in § 301 InsO festgelegt: Alle Gläubiger, die in dem vorangegangenen Insolvenzverfahren die Stellung eines Insolvenzgläubigers hatten, können ihre Forderungen nicht mehr durchsetzen. Dies gilt auch für Gläubiger, die ihre Forderungen nicht angemeldet haben, obwohl ihnen dies möglich war (§ 301 Abs. 1 Satz 2 InsO).

Gläubiger aber, die mit ihren Forderungen nicht in den vom Schuldner vorgelegten Verzeichnissen angeführt waren, denen deshalb der Plan nicht zur Stellungnahme zugestellt worden war und die auch nachträglich keine Gelegenheit hatten, beim Zustandekommen des Plans mitzuwirken, werden von den Wirkungen des angenommenen Plans nicht berührt; sie können vom Schuldner Erfüllung ihrer Ansprüche verlangen (§ 308 Abs. 3 InsO).

Daher ist es von äußerster Wichtigkeit für den Schuldner, im Gläubigerverzeichnis für das gerichtliche Verfahren auch tatsächlich alle Gläubiger zu erfassen, deren Forderungen bereits entstanden waren. Zu untersuchen ist, wie sich dieser Bereich außergerichtlich regeln läßt.

---

139 So auch Hupe, BAG-SB Informationen 4/95, S. 22, 26.

140 So auch Ausschußbericht zu § 305 InsO, Balz/Landfermann, Insolvenzordnung S. 429.

Würde man eine Regelung dergestalt treffen, daß mit Erfüllung des Vergleichs auch die Forderungen gegen nicht in den Vertrag einbezogene Gläubiger erlöschen, so wäre dies ein Vertrag zu Lasten Dritter, den das Zivilrecht ablehnt.

Möglicherweise kann aber in der Einigung eine Art „Beitrittsrecht" vereinbart werden, wonach sich die Gläubiger verpflichten, bisher nicht bekannte Gläubiger aufzunehmen und ihnen gleiche Konditionen einzuräumen, d. h. beispielsweise die gleiche – dann für alle reduzierte – Zahlungsquote zu gewähren. Dies hätte zur Folge, daß ab dem Eintrittszeitpunkt sich die konkreten Zahlungen für die einzelnen Gläubiger verringern würden, in der Gesamtsumme aber gleich blieben, so daß die Belastung für den Schuldner sich nicht verändern würde. Eine solche Regelung wird fast immer unerläßlich sein, denn sonst würde jeder einzelne, neu auftauchende Gläubiger den gesamten Rückzahlungsplan gefährden, da Luft für zusätzliche Zahlungen nicht bestehen wird, was Zwangsvollstreckungsversuche des „Neuen" fast unweigerlich nach sich ziehen würde.

Für die übrigen Gläubiger liegt in einer nachträglichen Einbeziehung weiterer Gläubiger zwar durchaus ein Nachteil, denn die Zahlungen, die sie insgesamt erwarten können, werden durch einen weiteren Teilhaber geringer. Andererseits aber haben sie den Vorteil, daß die Wahrscheinlichkeit, daß der Vergleich die vereinbarte Zeit überdauert und die Zahlungen regelmäßig fließen, sich bei einer automatischen Aufnahme weiterer – bisher nicht bekannter – Gläubiger erheblich erhöhen wird. Eine mögliche außergerichtliche Regelung könnte lauten:

(1) Weitere, hier nicht genannte Gläubiger, deren Forderungen bereits bei Abschluß dieses Vergleichs entstanden waren, sind grundsätzlich berechtigt, in den Vergleich aufgenommen zu werden.

(2) Bei gleichmäßiger Verteilung der vereinbarten Rate gemäß den jeweiligen Forderungen erfolgt eine Neuverteilung nach dem entsprechend erhöhten Gesamtforderungsbetrag. Bei ungleichmäßiger Verteilung der Ratenzahlung ergibt sich die Quote für hinzugekommene Gläubiger aus einer fiktiven Neuverteilung der vereinbarten Rate gemäß Satz 1. Die Quote für die übrigen Gläubiger ist entsprechend zu senken.

Zusätzlich könnte der Nachteil der Gläubiger, die eine Verringerung ihrer Quote hinnehmen müssen, dadurch aufgehoben werden, daß zwar die aktuelle Quote gesenkt wird, daß aber der Schuldner insgesamt entsprechend länger zahlt, damit jeder Gläubiger die ursprünglich vereinbarte Summe erhält. Dabei sollte eine Höchstdauer der Verlängerung festgeschrieben werden, damit für den Schuldner absehbar ist, wie lange er insgesamt mit der Belastung der Ratenzahlung rechnen muß:

(3) Bei einem Vergleich mit festen Ratenzahlungen verlängert sich die Vertragslaufzeit im Fall des Abs. 2 so lange, bis jeder Gläubiger seine ursprüngliche Vergleichsquote erreicht hat, jedoch maximal um ein Jahr. Für hinzugekommene Gläubiger ist entsprechend Abs. 2 eine Befriedigungsquote zu ermitteln.

6. Behandlung neuer Verbindlichkeiten

Fraglich ist, wie mit neuen Verbindlichkeiten, die bei Abschluß des Vergleichs noch nicht entstanden waren, umzugehen ist.

Von einer Restschuldbefreiung werden neue Verbindlichkeiten nicht erfaßt (§ 38 InsO). Zwar ist es durchaus möglich, in einem außergerichtlichen Vergleich eine abweichende Regelung zu treffen, doch ist zu bezweifeln, ob dies sinnvoll ist. Schon die eventuelle Aufnahme von bisher unbekannten „Alt"-Gläubigern in den Kreis der Vertragspartner wird erhebliche Probleme mit sich bringen, so daß von weiteren Kandidaten möglichst abzusehen ist.

Das Ziel sollte daher sein, einer Neuverschuldung des Schuldners eher vorzubeugen, als sein Schuldenproblem über die Neuaufnahme von Schulden zu verstärken. Insofern sollte den Vorschlägen zu dem dem Schuldner zu belassenden Einkommen große Bedeutung zugemessen werden. Die Aufnahme von Neu-Gläubigern in einen bestehenden Vergleich schafft hier keine Lösung. Die Verpflichtung des Schuldners zu einer zukünftigen geordneten Haushaltsführung kann hier noch einmal deutlich gemacht werden:

Es besteht Einigkeit darüber, daß eventuelle neue Verbindlichkeiten, die nach Abschluß des Vergleichs entstehen, nicht in diesen Vergleich einbezogen werden können, es sei denn, alle Gläubiger sind damit einverstanden.

7. Anpassungsregeln für den Fall der Einkommensverschlechterung

Verändern sich die Lebensumstände des Schuldners, droht die Gefahr, daß er seinen Zahlungsverpflichtungen nicht mehr nachkommen kann. Werden für diesen Fall keine Anpassungsregelungen getroffen, kann der Schuldner möglicherweise den ausgehandelten Plan nicht mehr einhalten, so daß die ganze Mühe umsonst war.

Der Verzug mit den Zahlungen kann zwei Ursachen haben: Das zur Schuldentilgung zur Verfügung stehende Einkommen hat sich aufgrund

- einer Verschlechterung der Einkommenssituation oder
- von Steigerungen für den notwendigen Lebensunterhalt des Schuldners

reduziert. So kann ein Schuldner arbeitslos werden, oder eine Schuldnerin bekommt ein Kind, was sich wegen des zu leistenden Unterhalts direkt auf den pfändbaren Betrag auswirkt.

Angesichts der Bedeutung, die der außergerichtliche Vergleich für das Gelingen der Entschuldung hat, sollte ein Scheitern des Plans möglichst vermieden werden, denn die Zeit, die der Schuldner in einem solchen Fall bis zum Ende eines eventuellen Restschuldbefreiungsverfahrens durchhalten muß, ist erheblich.

Beispiel:

Ein Schuldner, der beispielsweise einen Vergleich mit einer geplanten Laufzeit von vier Jahren nach drei Jahren Zahlung nicht mehr erfüllen kann, muß sich mit folgenden, nahezu unabsehbaren Zeiträumen einrichten:

bei Erfüllung des außergerichtlichen Vergleichs	bei Scheitern des außergerichtlichen Vergleichs
meist ca. 3–5 Jahre	Zahlung auf den Vergleich 3 Jahre
	neuer Durchlauf des Verbraucherinsolvenzverfahrens
	außergerichtlicher Einigungsversuch ca. ½ Jahr
	gerichtliches Verfahren ca. 1 Jahr
	ggfs. Restschuldbefreiung 7 Jahre
Gesamtdauer 3–5 Jahre	11 ½ Jahre

Während er bei ordnungsgemäßer Erfüllung des Vergleichs nach etwa drei bis fünf Jahren von seinen (Rest)Schulden befreit worden wäre, muß er nun das Verbraucherinsolvenzverfahren völlig neu durchlaufen. Die Gesamtdauer des Verfahrens dauert für ihn damit 11½ Jahre. Damit ist der Schuldner schlechter gestellt, als wenn der außergerichtliche Vergleich gar nicht erst abgeschlossen worden, sondern er direkt in das 7 Jahre dauernde Restschuldbefreiungsverfahren gegangen wäre. Insofern wird er dafür bestraft, daß er sich drei Jahre lang bemüht hat, den Vergleich zu erfüllen.

Für die Gläubiger bringt das Scheitern des Vergleichs zwar den Effekt, daß die ursprünglichen Forderungen wieder aufleben. Darin ist allerdings kaum ein Vorteil zu sehen, denn die Zwangsvollstreckung wird schon vor Abschluß des gescheiterten Vergleichs ohne Ergebnis gewesen sein, und ohne einen zweiten Einigungsversuch werden die Gläubiger kaum mit weiteren Zahlungen rechnen können.

Daher sind sowohl die Energien der Gläubiger als auch die des Schuldners und seiner Berater darauf zu richten, einen einmal ausgehandelten Vergleich möglichst aufrecht zu halten.

Hat der Schuldner beispielsweise seine Obliegenheiten zur Ausübung einer angemessenen Erwerbstätigkeit oder zur Annahme zumutbarer Arbeit erfüllt, so sollte es in Anlehnung an die Restschuldbefreiung unschädlich sein, wenn er wegen Arbeitslosigkeit zeitweise keine pfändbaren Einkünfte hat[141]. Es gilt daher, Anpassungsregeln zu vereinbaren, die für möglichst viele Eventualitäten Lösungsvorschläge anbieten.

a) Korrektur bestehender Vereinbarungen

Aus Sicht der Schuldnerberatung ist es wichtig, außergerichtliche Vergleiche aufgrund ihrer Mittel-/Langfristigkeit individuell an geänderte Lebensumstände des Schuldners anpassen zu können.

Die Anpassungsbedürftigkeit hängt dabei von der Art des außergerichtlichen Vergleichs ab: Bei flexiblen Plänen ist kein weiterer Anpassungsbedarf gegeben, da in der Vereinbarung einer Zahlung des pfändbaren Einkommens bereits jede Änderung des Einkommens bzw. der pfändbaren Beträge berücksichtigt wurde:

> *Bei einem Vergleich mit flexiblen Ratenzahlungen führt jede Einkommensverringerung bzw. -verbesserung automatisch zu einer niedrigeren bzw. erhöhten Ratenzahlung des Schuldners gemäß den nach der neuen Situation pfändbaren Beträgen. Die Summe der Ratenzahlungen darf jedoch die ursprüngliche Forderungssumme der Gläubiger nicht überschreiten.*

Wird nun der Schuldner beispielsweise arbeitslos, reduziert sich sein Einkommen und damit automatisch auch der nach ZPO pfändbare Betrag, so daß er an die Gläubiger für die Zeit des geringeren Einkommens auch nur geringere Raten zahlen muß.

Anders ist dies bei einem Vergleich mit grundsätzlich festen Ratenzahlungen, denn in einem solchen Vergleich sind über den gesamten Zeitraum hinweg festgelegte Ratenzahlungen zu leisten. Ein solcher Plan sollte Bestimmungen über die Anpassung des Entschuldungsplans an sinkende oder fortfallende Einkünfte oder erhöhte Ausgaben des Schuldners enthalten, da sonst zu befürchten ist, daß der Schuldner den Plan nicht mehr erfüllen kann. Damit wären dann sämtliche Mühen um eine außergerichtliche Einigung umsonst gewesen.

Rechtfertigen lassen sich solche Anpassungsklauseln mit dem Vergleich mit dem späteren Restschuldbefreiungsverfahren. Zwar wird dort dem Schuldner die Ausübung einer angemessenen Erwerbstätigkeit zur Pflicht gemacht. Ist er ohne Beschäftigung, so muß er sich um eine solche bemühen und darf eine ihm angebotene zumutbare Tätigkeit nicht ablehnen (Obliegenheit gemäß § 295 InsO). Schuldbefreiung wird jedoch nicht nur dann erteilt, wenn während der Wohlverhaltensperiode ständig Beiträge über den Treuhänder an die Insolvenzgläubiger abgeführt werden. Eine Formulierung könnte lauten:

> *Verringert sich bei einem Vergleich mit festen Ratenzahlungen das dem Schuldner zur Tilgung zur Verfügung stehende Einkommen, ohne daß ihn hieran ein Verschulden trifft, so ist auf seinen Antrag hin die monatliche Ratenzahlung – im ungünstigsten Fall bis auf Null – zu reduzieren, wenn ihm ohne eine Reduzierung nicht der unpfändbare Teil seines Einkommens verbleibt. Verbessert sich die Einkommenslage des Schuldners zu einem*

141 Arnold DGVZ 1996, 65, 69.

späteren Zeitpunkt dergestalt, daß wieder pfändbare Beträge vorhanden sind, so ist (schrittweise) die Ratenzahlung bis maximal zur ursprünglichen Ratenhöhe zu erhöhen.

Nimmt man beispielsweise einen Schuldner mit einem Nettoeinkommen von 3 000 DM bei einer Unterhaltspflicht gegenüber Ehefrau und einem Kind, der aufgrund eines außergerichtlichen Vergleichs monatlich DM 400,– an seine Gläubiger zahlt. Wird er arbeitslos und verringert sich sein Einkommen auf 2 000 DM, so würde sich bei einer solchen Regelung die für die Zeit der Arbeitslosigkeit zu zahlende Rate auf Null verringern, da in diesem Fall nach § 850c ZPO kein pfändbarer Betrag mehr vorhanden wäre.

Ähnlich könnte man verfahren, wenn sich die regelmäßigen Ausgaben des Schuldners erhöhen, z. B. weil ein neues Familienmitglied geboren wird. Bleibt gemäß dem vorherigen Beispielsfall das Einkommen des Schuldners unverändert bei 3 000 DM netto, hat er aber nun gegenüber drei Familienmitgliedern Unterhalt zu leisten, würde sich die Ratenzahlung auf monatlich DM 186,30 ermäßigen.

Auch hier sollte eine Erhöhung des unpfändbaren Betrags analog § 850f ZPO möglich bleiben.

Um die Gläubiger hinsichtlich ihres Ausfallrisikos zu entlasten, kann eine Nachzahlungsverpflichtung getroffen werden:

Die Vertragslaufzeit verlängert sich, bis die ursprüngliche Vergleichssumme erreicht ist. Die Verlängerung sollte jedoch ein Jahr nicht überschreiten.

Mit einer solchen Regelung zur Vertragsanpassung lassen sich für den Schuldner alle Probleme einer Einkommensverringerung sinnvoll lösen, da er nicht verpflichtet wird, mehr zu zahlen, als er nach seiner Einkommenssituation in der Lage ist. Für die Gläubiger bringt eine solche Variationsbreite allerdings den Nachteil mit sich, daß für sie bei Vertragsschluß unabsehbar ist, welche Zahlungen sie tatsächlich über den Vertragszeitraum erhalten. Im Extremfall kann z. B. Arbeitslosigkeit bei dieser Regelung dazu führen, daß die Gläubiger nach einer bestimmten Zeit, in der der Schuldner noch Einkommen hatte, bis zum Ende der Vertragslaufzeit überhaupt keine Zahlungen mehr erhalten. Allerdings muß sich ein Gläubiger immer wieder vor Augen halten, ob er im Rahmen der Restschuldbefreiung mehr erhielte, was meist nicht der Fall sein wird.

b) Stundung

Etwas mehr Sicherheit hinsichtlich der zukünftig zu erwartenden Zahlungen erhalten Gläubiger durch eine befristete Stundungsregelung. Diese kann auf einen bestimmten Fall oder allgemein auf unverschuldetes Unvermögen des Schuldners zur Ratenzahlung bezogen sein:

Die Ratenzahlungen werden bei einem unverschuldeten Arbeitsplatzverlust auf Antrag des Schuldners für ein halbes Jahr ausgesetzt.

oder

Ist der Schuldner aus Gründen, die er nicht zu vertreten hat, nicht in der Lage, seinen Ratenverpflichtungen nachzukommen, werden die Zahlungen auf seinen Antrag hin für . . . Monate ausgesetzt.

Für den Schuldner allerdings bringt eine solche – eingeschränktere – Regelung die Gefahr mit sich, daß er möglicherweise auch nach der zeitlich befristeten Stundung seine Ratenzahlungen nicht regelmäßig leisten kann.

Die Klauseln können ebenfalls mit einer Nachzahlungsverpflichtung für die Zeit der Aussetzung kombiniert werden.

8. Kündigungsregelungen und Folgen

Nicht alle Fälle, in denen der Schuldner nicht zahlt, lassen sich mit Korrektur- oder Stundungsregelungen klären.

a) Gründe für eine Kündigung

Kommt der Schuldner längerfristig seinen Zahlungsverpflichtungen nicht nach, ohne daß die Voraussetzungen für Stundung oder Korrektur vorliegen, wird man den Vergleich als gescheitert ansehen müssen. Eine entsprechende Vertragsklausel könnte analog § 12 Abs. 1 Satz 1 VerbrKrG folgendermaßen aussehen:

Jeder Gläubiger hat, sofern keine angemessene Lösung i. S. der vorherigen Vorschriften erreichbar war, die Möglichkeit, die weitere Abwicklung zu kündigen, wenn

1. *der Schuldner mit mindestens zwei ganzen aufeinanderfolgenden Monatsraten und mindestens 10 % – bei einer Laufzeit des Vergleichs über drei Jahre mit 5 % des Gesamtvergleichsbetrags – in Verzug ist, und*
2. *der Gläubiger dem Schuldner erfolglos eine zweiwöchige Frist zur Zahlung des rückständigen Betrags mit der Erklärung gesetzt hat, daß er bei Nichtzahlung innerhalb der Frist den Vergleich kündigen würde.*

b) Anrechnung analog § 11 Abs. 3 VerbrKrG

Damit leben die ursprünglichen Verbindlichkeiten des Schuldners grundsätzlich wieder auf, reduzieren sich allerdings um den Betrag, den der Schuldner bereits geleistet hat. Fraglich ist, in welcher Form dann die Zahlungen, die der Schuldner bis zum Scheitern des Plans geleistet hat, auf die bestehenden Verbindlichkeiten angerechnet werden.

Nach § 367 BGB werden die Zahlungen zunächst auf die Kosten, dann auf die Zinsen und zuletzt auf die Hauptleistung angerechnet. Dies hat für den Schuldner den Nachteil, daß trotz monatlich laufender Zahlungen auf die Gesamtforderung für die Reduzierung des Kapitalanteils nichts oder nur sehr wenig übrig bleibt. Da der Kapitalsaldo im wesentlichen unverändert bleibt, bei meist gleichbleibend hohem Verzugsniveau jedoch fortlaufend entsprechend hohe Zinsforderungen entstehen, kann sich der Schuldner aus diesem „modernen Schuldturm“[142] meist nicht selbst befreien. Trotz möglicherweise längerer ordnungsgemäßer Dauer wäre der Schuldner bei einem Scheitern des Vergleichs in keiner Weise besser gestellt als vorher.

Zur Verbesserung der Situation in Not geratener Verbraucher hat der Gesetzgeber daher in § 11 Abs. 3 VerbrKrG eine abweichende Anrechnung von Zahlungen gewählt, nämlich zunächst auch auf die Kosten, dann aber direkt auf den übrigen geschuldeten Betrag und erst zuletzt auf die Zinsen.

Zwar ist die Vorschrift des Verbraucherkreditgesetzes nicht unmittelbar auf einen außergerichtlichen Vergleich im Verbraucherinsolvenzverfahren anwendbar. Vertraglich läßt sich diese Anwendung aber ohne weiteres vereinbaren:

Eine solche Regelung ist sozial angemessen und besonders auch im Hinblick auf einen zweiten Anlauf wertvoll[143]. Versucht der Schuldner nämlich einen zweiten außergerichtlichen Plan – wozu er auch verpflichtet wäre, um ins Restschuldbefreiungsverfahren zu gelangen – so ist der Anreiz hierzu erheblich größer, wenn er sehen kann, daß sich durch die bisher geleisteten Zahlungen seine Verbindlichkeiten bereits reduziert haben[144]:

---

142 Bruchner/Ott/Wagner-Wieduwilt, VerbrKrG 2. Aufl. 1994, § 11 Rdnr. 2.
143 So Hupe, BAG-SB Informationen 4/95, S. 22, 29.
144 Vgl. zu Auswirkungen Beispiel in Alternativentwurf zur Insolvenzordnung des IFF zu § 242, S. 58 f.

Hinsichtlich der Restforderungen nach Kündigung gilt § 11 Abs. 3 Verbraucherkreditgesetz entsprechend.

c) Anrechnung auf die Dauer des Restschuldbefreiungsverfahrens

Um bei einem Scheitern des Vergleichs die lange Verfahrensdauer – über einen zweiten Vergleichsversuch bis hin zu einer eventuellen Restschuldbefreiung – von etwa 11 Jahren (s. oben) zu vermeiden und dem Schuldner die Chance zu geben, trotz gescheiterten Vergleichs ein zweites Verfahren zügig durchzuziehen, wäre eine Anrechnung der Laufzeit des außergerichtlichen Vergleichs bis zu seinem Scheitern auf die Restschuldbefreiung zu empfehlen.

Dies würde bedeuten, daß der Schuldner – sofern ein zweiter Vergleichsversuch scheitert – nicht die volle Zeit der Treuhandphase von sieben bzw. fünf Jahren durchlaufen müßte, sondern nur eine um die Zeit der ordnungsgemäßen Erfüllung des Vergleichs reduzierte Wohlverhaltensperiode hätte. In einer solchen Regelung wäre keineswegs eine ungerechte Bevorzugung des betreffenden Schuldners zu sehen. Er wäre dadurch vielmehr dem Schuldner gleichgestellt, bei dem der außergerichtliche Vergleich gar nicht erst zustande gekommen, und der sofort in die Treuhandphase eingetreten wäre. Da es keinen Grund gibt, den Schuldner für einen ohne sein Verschulden gescheiterten Vergleich zu bestrafen, wäre eine Gleichstellung hier durchaus gerechtfertigt.

Vertraglich kann eine solche Anrechnung allerdings nicht vereinbart werden, da das Restschuldbefreiungsverfahren gesetzlich mit einer festen Dauer versehen ist, ohne daß für vertragliche Vereinbarungen eine entsprechende Öffnungsklausel geschaffen wurde. Hier wäre also der Gesetzgeber gefordert.

d) Gestaffelter Erlaß der Gesamtschulden

Zwar kann bei Scheitern des Vertrags eine Anrechnung der Zeit der ordnungsgemäßen Erfüllung auf die Laufzeit der Restschuldbefreiung nicht vertraglich vereinbart werden. Hierfür wäre – wie beschrieben – eine Gesetzesänderung zwingend erforderlich.

Worüber sich die Parteien allerdings einigen können, um die Laufzeit eines außergerichtlichen Plans trotz seines letztendlichen Scheiterns zu berücksichtigen, ist ein gestaffelter Erlaß von Schulden:

Im Falle der Kündigung wird dem Schuldner für jedes Jahr der vollständigen und rechtzeitigen Zahlung der jeweils fälligen Beträge aus dem außergerichtlichen Vergleich ein Bruchteil der Gesamtforderungen erlassen, der diesem Jahr im Verhältnis zur Gesamtlaufzeit entspricht.

Die Höhe der zu erlassenden Schulden müßte sich nach den Jahren der Laufzeit des Vergleichs bemessen, d. h. daß beispielsweise bei einer geplanten Laufzeit von vier Jahren für jedes Jahr der ordnungsgemäßen Erfüllung ein Erlaß von 25 % der Gesamtforderungen vereinbart werden kann.

9. Analoge Anwendung des § 850f – ZPO[145]

Im Rahmen der Restschuldbefreiung hat der Schuldner den pfändbaren Teil seines Einkommens an den Treuhänder abzutreten, der diesen dann einzieht und einmal jährlich an die Gläubiger auskehrt. Auch außergerichtlich wird es sich oft anbieten, den Gläubigern diesen pfändbaren Betrag als freiwillige Ratenzahlung anzubieten, da dann die Chance hoch ist, daß die Gläubiger einen solchen Vergleich akzeptieren.

Wie hoch der pfändbare Betrag grundsätzlich ist, ergibt sich aus dem Anhang zu § 850c ZPO, in dem die pfändbaren Beträge in Abhängigkeit vom Nettolohn und der Unterhaltspflicht aufgelistet sind.

---

145 S. ausführlich Kohte/Kemper, Blätter der Wohlfahrtspflege 2/93, 81, 86 ff.

Bleibt dem Schuldner aber nach Abzug des Pfändungsbetrags nicht das Existenzminimum, kann die Pfändungsfreigrenze unter bestimmten Umständen erhöht werden. Insbesondere bei zwangsläufig hohen Ausgaben – wie z. B. hoher Miete und Heizkosten – kann der Fall eintreten, daß der nach der Tabelle unpfändbare Satz niedriger ist als der Sozialhilfesatz. Um zu verhindern, daß das Sozialamt hier ergänzende Hilfe leisten muß, hat der Gesetzgeber mit § 850f ZPO die Möglichkeit der Anpassung an den sozialhilferechtlichen Mindestbedarf vorgesehen. Streit besteht allerdings darüber, in welchen Fällen § 850f ZPO herangezogen werden kann:

Seinem Wortlaut nach gilt die Vorschrift nur bei einer Lohnpfändung. In dem Fall muß der Schuldner einen entsprechenden Antrag beim örtlichen Vollstreckungsgericht stellen, nachdem er sich von seinem Sozialamt eine Bescheinigung über seinen sozialhilferechtlichen Mindestbedarf hat ausstellen lassen.

Bei einer Lohnabtretung hingegen ist das Vollstreckungsgericht nicht für einen Erhöhungsantrag zuständig. Noch ist umstritten, inwieweit § 850f ZPO überhaupt auf Abtretungen Anwendung findet. Nach neuerer Rechtsprechung soll der Abtretungsgläubiger aber verpflichtet sein, nur so viel einzuziehen, daß dem Schuldner sein Existenzminimum nach dem Bundessozialhilfegesetz verbleibt[146]. Für Bezieher von Sozialleistungen hingegen ist der Sozialleistungsträger selbst verpflichtet, auf Antrag des Schuldners den abzuführenden Betrag so zu reduzieren, daß ihm das Existenzminimum verbleibt[147].

Daraus wird deutlich, daß der Anwendungsbereich des § 850f ZPO immer weiter ausgedehnt wird, womit dem Grundgedanken Rechnung getragen wird, daß das sozialhilferechtliche Existenzminimum des Schuldners zu sichern ist.

Dem folgt auch § 100 Abs. 2 InsO, wonach der Insolvenzverwalter mit Zustimmung des Gläubigerausschusses dem Schuldner und dessen Unterhaltsverpflichteten den notwendigen Unterhalt gewährt. Der Begriff des „notwendigen Unterhalts" ist dabei dem Sozialhilferecht entlehnt (§§ 11, 12 BSHG). Ziel ist es, einen Sozialhilfebezug möglichst zu vermeiden. Dies entspricht den Wertungen, die im Recht der Einzelzwangsvollstreckung zum Pfändungsschutz für einen Teil des Arbeitseinkommens geführt haben (vgl. §§ 850 bis 850i ZPO)[148].

Um dieses Ziel auch in außergerichtlichen Vergleichen zu verwirklichen, ist eine gesonderte Vereinbarung darüber nötig, daß eine Anpassung des Ratenbetrags erfolgen soll, falls das pfändbare Einkommen höher liegt als Existenzminimum. Während bei direkter Anwendung des § 850f ZPO die Vollstreckungsgerichte für eine Herabsetzung des pfändbaren Betrags zuständig sind, müßte im Rahmen von außergerichtlichen Vergleichsverhandlungen allein die entsprechende Bescheinigung des Sozialamts über den Bedarf des Schuldners für eine Änderung ausreichen:

> *Die Höhe der zu zahlenden Rate ist auf Antrag des Schuldners analog § 850f ZPO anzupassen, falls sein Einkommen unter das sozialhilferechtliche Existenzminimum sinkt. Zur Überprüfung der Einkommenssituation ist eine entsprechende Bescheinigung des Sozialamts vorzulegen.*

10. Einbeziehung neuen Vermögens

Handelt es sich um einen Plan mit festen Raten, haben die Gläubiger zwar den Vorteil, daß eine Verschlechterung der Einkommenssituation des Schuldners ihre Ansprüche grundsätzlich erst einmal nicht tangiert. Auf der anderen Seite profitieren sie aber auch nicht von Einkommenssteigerungen des Schuldners, soweit eine solche Beteiligung nicht ausdrücklich vereinbart wird.

---

146 AG Düsseldorf, Urteil v. 31. 3. 1994, AZ. 44 C 19319/93.

147 BSG, Urteil v. 23. 5. 1995, AZ. 13 JR 43/93, abgedr. in BAG-SB Informationen 4/95, S. 11.

148 Begründung RegE zu § 100 ZPO, Balz/Landfermann, Insolvenzordnung S. 188.

Diese Situation gilt gleichermaßen auch für flexible Pläne hinsichtlich neuen Vermögens, denn auch in diesen bezieht sich die Zahlungsverpflichtung grundsätzlich lediglich auf das laufende Einkommen.

Für das Restschuldbefreiungsverfahren wurde daher eine besondere gesetzliche Regelung geschaffen, die es ermöglicht, neues Vermögen in gewissem Umfang in die Abtretungspflicht miteinzubeziehen. Nach § 295 Abs. 1 Nr. 2 InsO obliegt es dem Schuldner, „während der Laufzeit der Abtretungserklärung Vermögen, das er von Todes wegen oder mit Rücksicht auf ein künftiges Erbrecht erwirbt, zur Hälfte des Wertes an den Treuhänder herauszugeben“.

Mit dieser hälftigen Anrechnung wollte der Gesetzgeber einerseits vermeiden, daß der Schuldner während der „Wohlverhaltensperiode“ als Erbe Vermögen erlangt, ohne daß er dieses nicht zumindest teilweise zur Befriedigung der Gläubiger einsetzen muß. Andererseits sollte die Beschränkung der Anrechnung auf die Hälfte des neuen Vermögens verhindern, daß der Schuldner durch Ausschlagung der Erbschaft oder in anderer Weise dafür sorgt, daß ihm das Vermögen gar nicht erst zufällt[149].

Da das Ziel eines außergerichtlichen Vergleichs neben der letztlichen Befreiung des Schuldners von seinen Verbindlichkeiten darin besteht, die Gläubiger so weit wie möglich zu befriedigen, sollte hier eine entsprechende Regelung getroffen werden (s. Obliegenheiten des Schuldners).

11. Obliegenheiten des Schuldners bei variablen Plänen

Sofern zwischen Schuldner und Gläubiger ein Plan vereinbart wurde, der nicht auf festgelegten Raten, sondern auf einer Quote am jeweils pfändbaren Einkommen beruht, muß sich der Schuldner im Interesse der Erfüllung des Plans und zur berechtigten Kontrolle der Gläubiger zur Einhaltung bestimmter Verhaltensweisen verpflichten. Gleiches gilt, wenn es sich um einen Plan mit festen Raten handelt, in dem aber Anpassungsregelungen für den Fall von Einkommensveränderungen (sowohl negativ als auch positiv) getroffen wurden.

Dies ist zum einen die Verpflichtung zur Offenlegung der Einkommens- und Vermögensverhältnisse während der Laufzeit, damit die Gläubiger wissen, wie hoch der pfändbare Betrag bzw. das anzurechnende neue Vermögen tatsächlich ist. Zum anderen hat er sich in zumutbarer Form um Arbeit zu bemühen, was ebenfalls im außergerichtlichen Vergleich festgehalten werden sollte. Entsprechende Regelungen sieht auch das Gesetz in § 295 InsO vor, so daß sich diesbezügliche „Allgemeine Geschäftsbedingungen“ hieran orientieren könnten:

Dem Schuldner obliegt es, während der Laufzeit des Vergleichs

1. *eine angemessene Erwerbstätigkeit auszuüben und, wenn er ohne Beschäftigung ist, sich um eine solche zu bemühen und keine zumutbare Tätigkeit abzulehnen;*
2. *Vermögen, das er von Todes wegen oder mit Rücksicht auf ein künftiges Erbrecht erwirbt, zur Hälfte des Wertes an die Gläubiger entsprechend ihrer Anteile an den Gesamtverbindlichkeiten herauszugeben;*
3. *jeden Wechsel des Wohnsitzes oder der Beschäftigungsstelle unverzüglich allen Gläubigern anzuzeigen;*
4. *einmal jährlich allen Gläubigern einen Nachweis über seine Erwerbstätigkeit bzw. sein Bemühen darum, seine Einkommens- und Vermögensverhältnisse zu erbringen sowie eine Änderung derselben unverzüglich anzuzeigen*
5. *keinem Gläubiger einen Sondervorteil zu verschaffen.*

149 Begründung RegE zu § 295, s. Balz/Landfermann, Insolvenzordnung S. 418.

Weiter ist zu regeln, wie verfahren werden soll, wenn sich während der Laufzeit des Plans oder in einem bestimmten Zeitraum nach Ablauf herausstellt, daß der Schuldner diese Obliegenheiten, auf denen die Funktionsfähigkeit eines solchen flexiblen Plans basiert, nicht eingehalten hat:

> *Stellt sich nachträglich heraus, daß der Schuldner eine seiner Obliegenheiten vorsätzlich verletzt und dadurch die Befriedigung der Insolvenzgläubiger erheblich beeinträchtigt hat, so hat jeder Gläubiger die Möglichkeit, den Vergleich zu widerrufen.*
>
> *Eine Verletzung der Obliegenheiten kann nur binnen eines Jahres nach dem Zeitpunkt gerügt werden, in dem diese dem Gläubiger bekanntgeworden ist, spätestens jedoch ein Jahr nach Erfüllung des Vergleichs.*

12. Schuldbefreiung und Herausgabe von Titeln nach erfülltem Plan

In den „Allgemeinen Geschäftsbedingungen" des außergerichtlichen Plans sollte auch festgehalten werden, daß mit ordnungsgemäßer vollständiger Erfüllung des Vergleichs die einbezogenen Forderungen erledigt und eventuelle Titel herauszugeben sind. Dies ist besonders wichtig auch im Hinblick auf Bürgen und Gesamtschuldner, denn damit wird ein Vorgehen gegen sie unmöglich:

> *Nach Bewirkung der letzten Rate werden dem Schuldner die gesamten Restforderungen der Gläubiger erlassen. Nach rechtzeitiger Bewirkung der letzten Rate wird dem Schuldner der Schulderlaß von jedem Gläubiger unverzüglich schriftlich bestätigt und der entsprechende Schuldtitel ausgehändigt. (Der Erlaß wirkt auch zugunsten von Bürgen und Mitschuldnern.)*

D. „Allgemeine Geschäftsbedingungen"

Angesichts der Tatsache, daß der außergerichtliche Vergleich keinerlei Zwängen hinsichtlich seiner Ausgestaltung unterliegt, auf der anderen Seite aber einige Gestaltungsprobleme aufwirft, bietet es sich an, die bereits genannten Lösungsvorschläge in „Allgemeinen Geschäftsbedingungen" zusammenzufassen, die in die Vergleichsverhandlungen und -vereinbarungen mitaufgenommen werden sollten.

Diese „Allgemeinen Geschäftsbedingungen" können gleichermaßen für den bei Gericht einzureichenden Schuldenbereinigungsplan Geltung beanspruchen, sofern die Gläubiger durch die Vertragsklauseln nicht schlechter gestellt werden, als sie bei Durchführung des Restschuldbefreiungsverfahrens stünden (vgl. § 309 Abs. 1 Nr. 2 InsO). Bei den hier vorgeschlagenen Regelungen dürfte dies nicht der Fall sein.

Die in diesem Gutachten erarbeiteten Vorschläge zu „Allgemeinen Geschäftsbedingungen" im einzelnen:

> **Präambel**
>
> *Der nachstehende Vertrag bindet die Parteien dieser Schuldenregulierung in dem gemeinsamen Ziel, die darin festgelegte oder festzulegende Rückzahlungssumme den Gläubigern effektiv zuzuführen, die wirtschaftlichen Bedingungen des Schuldners zu stabilisieren und damit eine eigenständige Teilnahme am Wirtschaftsleben zu ermöglichen. Die Parteien werden alles unternehmen, um auch bei Störungen des Vertragszweckes einverständliche und für den Zweck sinnvolle Lösungen zu suchen und, wenn nötig, sich dabei der Hilfe Dritter zur Schlichtung zu bedienen.*

§ 1 Einstellung der Zwangsvollstreckung

(1) Mit wirksamem Abschluß des außergerichtlichen Vergleichs ruhen sämtliche Zwangsvollstreckungsmaßnahmen und Sicherungsverwertungen, soweit sie die in das Verfahren einbezogenen Forderungen und Ansprüche betreffen.

(2) Den Gläubigern ist es untersagt, in bezug auf die einbezogenen Forderungen Leistungen des Schuldners direkt oder über Dritte entgegenzunehmen oder sich versprechen zu lassen.

((3) Vom Vergleich sind auch die Forderungen der Gläubiger gegen Bürgen bzw. Mitschuldner erfaßt.)

§ 2 Verhalten im Störungsfall

(1) Im Störungsfall soll der Schuldner die Gläubiger möglichst frühzeitig von drohenden Problemen in Kenntnis setzen und spätestens unverzüglich nach Eintritt der Störung einen Vorschlag vorlegen, aus dem hervorgeht, in welcher Form er seine Zahlungen so fortsetzen kann, daß die berechtigten Belange der Gläubiger ohne Gefährdung der Existenz des Schuldners und der Ziele der Vereinbarung gewahrt werden können.

(2) Die Gläubiger werden dem Schuldner hierfür durch Duldung der Störung die notwendige Zeit zur Verfügung stellen und innerhalb angemessener Frist auf den Vorschlag reagieren. Hat der Schuldner für seinen Vorschlag die Hilfe einer im Sinne der Insolvenzordnung anerkannten Schuldnerberatungsstelle in Anspruch genommen, so werden die Gläubiger auch dieser gegenüber erklären, ob sie die Vorschläge akzeptieren. Ein Widerspruch gilt nur dann als erfolgt, wenn er mit einem eigenen auf das Problem bezogenen Vorschlag verbunden ist. Wird dem Vorschlag nicht oder nicht qualifiziert widersprochen, so gilt dies als Zustimmung.

(3) Die Gläubiger werden in entsprechender Anwendung des § 315 BGB die Vorschläge annehmen, wenn sie angemessen sind, um den Fortbestand der Vereinbarung und ihrer Ziele zu sichern und ihre berechtigten Belange gewahrt sind. Die Angemessenheit wird vermutet, wenn der Vorschlag eine der in den §§ 3 ff. gewählten Alternativen enthält.

(4) Können sich die Parteien nicht einigen, so kann eine für solche Probleme von den Sozialverbänden und der Gläubigerseite eingerichtete Stelle angerufen werden, die einen Vorschlag unterbreitet/einen Schiedsspruch fällt.

§ 3 Anpassung der Rate

(1) Verringert sich bei einem Vergleich mit festen Ratenzahlungen *das dem Schuldner zur Tilgung zur Verfügung stehende Einkommen, ohne daß ihn hieran ein Verschulden trifft, so ist auf seinen Antrag hin die monatliche Ratenzahlung – im ungünstigsten Fall bis auf Null – zu reduzieren, wenn ihm ohne eine Reduzierung nicht der unpfändbare Teil seines Einkommens verbleibt. Verbessert sich die Einkommenslage des Schuldners zu einem späteren Zeitpunkt dergestalt, daß wieder pfändbare Beträge vorhanden sind, so ist (schrittweise) die Ratenzahlung bis maximal zur ursprünglichen Ratenhöhe zu erhöhen.*

(2) Die Ratenzahlungen können auch auf Antrag des Schuldners für ... Monate ausgesetzt werden, wenn er aus Gründen, die er nicht zu vertreten hat, nicht in der Lage ist, seinen Ratenverpflichtungen in voller Höhe nachzukommen.

(3) In den Fällen der Abs. 1 und 2 kann die Vertragslaufzeit verlängert werden, bis die ursprüngliche Vergleichssumme erreicht ist. Die Verlängerung sollte jedoch ein Jahr nicht überschreiten.

(4) Bei einem Vergleich mit flexiblen Ratenzahlungen *führt jede Einkommensverringerung bzw. -verbesserung zu einer entsprechend niedrigeren bzw. erhöhten Ratenzahlung des Schuldners gemäß den nach der neuen Situation pfändbaren Beträgen. Die*

Summe der Ratenzahlungen darf jedoch die ursprüngliche Forderungssumme der Gläubiger zu diesem Zeitpunkt nicht überschreiten.

(5) Unabhängig von einer Verringerung des Schuldnereinkommens ist die Höhe der zu zahlenden Rate auf Antrag des Schuldners analog § 850f ZPO anzupassen, falls sein Einkommen unter das sozialhilferechtliche Existenzminimum sinkt. Zur Überprüfung der Einkommenssituation ist eine entsprechende Bescheinigung des Sozialamts vorzulegen.

§ 4 Kündigung des Vergleichs, Anrechnung der Zahlungen und stufenweiser Teilerlaß

(1) Jeder Gläubiger hat, sofern keine angemessene Lösung i. S. der §§ 2–3 erreichbar war, die Möglichkeit, die weitere Abwicklung zu kündigen, wenn

1. *der Schuldner mit mindestens zwei ganzen aufeinanderfolgenden Monatsraten und mindestens 10 % – bei einer Laufzeit des Vergleichs über drei Jahre mit 5 % des Gesamtvergleichsbetrags – in Verzug ist, und*
2. *der Gläubiger dem Schuldner erfolglos eine zweiwöchige Frist zur Zahlung des rückständigen Betrags mit der Erklärung gesetzt hat, daß er bei Nichtzahlung innerhalb der Frist den Vergleich kündigen würde.*

(2) Im Falle der Kündigung wird dem Schuldner für jedes Jahr der vollständigen und rechtzeitigen Zahlung der jeweils fälligen Beträge aus dem außergerichtlichen Vergleich ein Bruchteil der Gesamtforderungen erlassen, der diesem Jahr im Verhältnis zur Gesamtvertragslaufzeit entspricht (z. B. 1 Jahr ordnungsgemäße Erfüllung, 4 Jahre Laufzeit des Vergleichs, 25 % Erlaß der Forderungen).

(3) Hinsichtlich der Restforderungen nach Kündigung gilt § 11 VerbraucherkreditG entsprechend.

§ 5 Obliegenheiten bei variabler Rückzahlungsvereinbarung

(1) Dem Schuldner obliegt es, während der Laufzeit des Vergleichs

1. *eine angemessene Erwerbstätigkeit auszuüben und, wenn er ohne Beschäftigung ist, sich um eine solche zu bemühen und keine zumutbare Tätigkeit abzulehnen;*
2. *Vermögen, das er von Todes wegen oder mit Rücksicht auf ein künftiges Erbrecht erwirbt, zur Hälfte des Wertes an die Gläubiger entsprechend ihrer Anteile an den Gesamtverbindlichkeiten herauszugeben;*
3. *jeden Wechsel des Wohnsitzes oder der Beschäftigungsstelle unverzüglich allen Gläubigern anzuzeigen;*
4. *einmal jährlich allen Gläubigern einen Nachweis über seine Erwerbstätigkeit bzw. sein Bemühen darum, seine Einkommens- und Vermögensverhältnisse zu erbringen sowie eine Änderung derselben unverzüglich anzuzeigen;*
5. *keinem Gläubiger einen Sondervorteil zu verschaffen.*

(2) Stellt sich nachträglich heraus, daß der Schuldner eine seiner Obliegenheiten vorsätzlich verletzt und dadurch die Befriedigung der Insolvenzgläubiger erheblich beeinträchtigt hat, so hat jeder Gläubiger die Möglichkeit, den Vergleich zu widerrufen.

(3) Eine Verletzung der Obliegenheiten kann nur binnen eines Jahres nach dem Zeitpunkt gerügt werden, in dem diese dem Gläubiger bekanntgeworden ist, spätestens jedoch ein Jahr nach Erfüllung des Vergleichs.

§ 6 Nichteinbezogene Gläubiger

(1) Weitere, hier nicht genannte Gläubiger, deren Forderungen bereits bei Abschluß dieses Vergleichs entstanden waren, sind im Interesse des reibungslosen Vollzugs der Vereinbarung in den Vergleich aufzunehmen. § 2 gilt entsprechend.

(2) Bei gleichmäßiger Verteilung der vereinbarten Rate gemäß den jeweiligen Forderungen erfolgt eine Neuverteilung nach dem entsprechend erhöhten Gesamtforderungsbetrag. Bei ungleichmäßiger Verteilung der Ratenzahlung ergibt sich die Quote für hinzugekommene Gläubiger aus einer fiktiven Neuverteilung der vereinbarten Rate gemäß Satz 1. Die Quote für die übrigen Gläubiger ist entsprechend zu senken.

((3) Bei einem Vergleich mit festen Ratenzahlungen verlängert sich die Vertragslaufzeit im Fall des Abs. 2, bis jeder Gläubiger seine ursprüngliche Vergleichsquote erreicht hat. Die Verlängerung sollte jedoch ein Jahr nicht überschreiten. Für hinzugekommene Gläubiger ist entsprechend Abs. 2 eine Befriedigungsquote zu ermitteln.)

§ 7 Neue Verbindlichkeiten

Es besteht Einigkeit darüber, daß eventuelle neue Verbindlichkeiten, die nach Abschluß des Vergleichs entstehen, nicht in diesen Vergleich einbezogen werden können, es sei denn, alle Gläubiger sind damit einverstanden. Im letzteren Fall richtet sich die Einbeziehung nach § 6.

§ 8 Erlaß der Restforderungen und Aushändigung der Schuldtitel

Nach Bewirkung der letzten Rate werden dem Schuldner die gesamten Restforderungen der Gläubiger erlassen. Nach rechtzeitiger Bewirkung der letzten Rate wird dem Schuldner der Schulderlaß von jedem Gläubiger unverzüglich schriftlich bestätigt und der entsprechende Schuldtitel ausgehändigt. (Der Erlaß wirkt auch zugunsten von Bürgen und Mitschuldnern.)

IV. Anhang

A. Verbraucherinsolvenzverfahren in Europa

1. Deutschland

Die 1994 verabschiedete, aber erst zum 1. Januar 1999 in Kraft tretende Insolvenzordnung[150] sieht nunmehr zum ersten Mal in der deutschen Geschichte die Möglichkeit einer Restschuldbefreiung für überschuldete Verbraucher vor. Damit wird eine Schuldbefreiung für überschuldete Verbraucher möglich, die bislang den Zugriffen ihrer Gläubiger über einen Zeitraum von 30 Jahren ausgesetzt sind:

> *Die Insolvenzordnung schafft erstmalig ein besonderes Verfahren, das es Menschen, die unverschuldet in wirtschaftliche Not geraten sind, ermöglicht, wieder neu anzufangen*[151].

Allerdings rückte das außergerichtliche Verfahren erst aufgrund eines Alternativvorschlags zum Regierungsentwurf einer Insolvenzordnung[152] in den Mittelpunkt des Verbraucherinsolvenzverfahrens.

Die Betonung des außergerichtlichen Verfahrens hat seinen Grund darin, daß die Schuldenbereinigung auf einem einfachen, kostensparenden, flexiblen, den Bedürfnissen von Verbrauchern und Kleingewerbetreibenden angepaßten Weg erreicht werden soll, mit dem sich auch die Interessen von Gläubigern gerade dieser Personengruppen sachgerecht wahren lassen. Hier können die Schuldnerberatungsstellen, die – jetzt gesetzlich in § 305 InsO vorgesehen – den Schuldnern beratend zur Seite stehen sollen, ihre Erfahrungen und ihre Möglichkeiten zur Schuldenbewältigung und vor allem auch zur Prävention einbringen.

Beim Verbraucherinsolvenzverfahren in Deutschland handelt es sich um ein vierstufiges Verfahren, das aus

- der außergerichtlichen Schuldenregulierung,
- dem gesetzlichen Schuldenbereinigungsplan,
- dem vereinfachten Insolvenzverfahren und
- dem Restschuldbefreiungsverfahren

besteht und nachfolgend kurz dargestellt werden soll[153].

Erforderlich für einen Antrag des Schuldners auf Durchführung des Verbraucherinsolvenzverfahrens beim zuständigen Amtsgericht ist – nicht zuletzt, um eine übermäßige Belastung der Gerichte zu vermeiden – der *Versuch einer außergerichtlichen Einigung* (§ 305 InsO). Die Vorlage einer Bescheinigung über den Vergleichsversuch ist dabei Verfahrensvoraussetzung (§ 287 InsO): Erst nach dem Scheitern des außergerichtlichen Einigungsversuchs ist die Eröffnung eines Insolvenzverfahrens möglich.

Haben die außergerichtlichen Verhandlungen zwischen dem Schuldner und seinen Gläubigern (antragsgemäß) nicht zu einem Erfolg geführt, folgt der *zweite Versuch einer einvernehmlichen Lösung, diesmal mit Hilfe des Gerichts.* Mit dem Antrag auf Eröffnung des Insolvenzverfahrens hat der Schuldner – neben einer Aufstellung über seine Gläubiger, Verbindlichkeiten und Einkommen – zu diesem Zwecke auch einen sog. Schuldenbereinigungsplan vorzulegen, der ähnlich oder gleich aussehen kann wie der außerge-

150 Insolvenzordnung vom 5. 10. 1994 (BGBl. I, 2866).

151 BT.-Drucks. 13/5282 v. 16. 7. 1996 zum Thema „Arbeitslosigkeit und Verschuldung", S. 8.

152 1993 erstellt vom Institut Für Finanzdienstleistungen e.V. im Auftrag der Arbeitsgemeinschaft der Verbraucherverbände e.V., der Bundesarbeitsgemeinschaft der Freien Wohlfahrtspflege e.V., der Bundesarbeitsgemeinschaft Schuldnerberatung e.V. sowie dem Deutschen Gewerkschaftsbund.

153 S. ausführlich zum Ablauf und zu den Möglichkeiten des neuen Verbraucherinsolvenzverfahrens mit vielen praktischen Beispielen: Hartmann, So werde ich meine Schulden los, 1996.

richtliche Vergleichsversuch. Stimmt diesem Plan die einfache Mehrheit der Gläubiger nach Köpfen und nach der Summe der Ansprüche zu, kann die Zustimmung der übrigen Gläubiger vom Gericht unter bestimmten Umständen nach § 309 InsO ersetzt werden, so daß es hier also die völlig neue Möglichkeit gibt, eine Einigung zwischen Schuldner und Gläubigern zu erzwingen.

Nur wenn auch eine Einigung im Verfahren über den Schuldenbereinigungsplan nicht zustande kommt, weil z. B. die erforderlichen Mehrheiten nicht erreicht werden, wird das *vereinfachte Insolvenzverfahren mit der sich anschließenden Restschuldbefreiung* durchgeführt; es ist also nur als Ultima ratio gedacht (§§ 311–314 InsO). Dabei wird zunächst eventuelles Vermögen des Schuldners verwertet, d. h. in der Regel versteigert. Haben alle Gläubiger ihre Forderungen ordnungsgemäß angemeldet, wird die Insolvenzmasse nach Quoten verteilt. Im Anschluß daran verpflichtet sich der Schuldner, sieben Jahre lang sein pfändbares Einkommen an einen Treuhänder abzutreten, der die eingenommenen Beträge abzüglich seiner Kosten jährlich an die Gläubiger verteilt. Für diejenigen Schuldner, die bereits vor dem 1. 1. 1997 zahlungsunfähig waren, verkürzt sich dieser Zeitraum auf fünf Jahre. Hat sich der Schuldner über die „Wohlverhaltensperiode" redlich verhalten (hierzu gehört insbesondere die Verpflichtung, sich um zumutbare Arbeit zu bemühen), befreit ihn das Gericht durch Beschluß von seinen restlichen Verbindlichkeiten (§ 300 InsO).

2. Ausländische Erfahrungen

a) USA

Für die Verbraucher in den USA kommen drei Verfahrensarten in Betracht, die alle eine mehr oder weniger schnelle Restschuldbefreiung vorsehen: das Liquidationsverfahren nach Chapter 7 des Bankruptcy Codes, das Reorganisationsverfahren gem. Chapter 11 und das Schuldenregulierungsverfahren für Personen mit regelmäßigen Einkünften, Chapter 13.

Chapter 7 („Liquidation")

Unter dem Titel „Liquidation" sieht der Bankruptcy Code ein Verfahren zur Befriedigung der Gläubiger vor, in dem zunächst das Schuldnervermögen verwertet und anschließend verteilt wird. Der wesentliche Unterschied zur deutschen Insolvenzordnung liegt in der sofort nach dem Abschluß des Verfahrens eintretenden Restschuldbefreiung (discharge, vgl. 11 U.S.C. § 727) und den teilweise großzügigen Ausnahmen von der Massezugehörigkeit aufgrund der sog. exemptions gem. 11 U.S.C. § 522 .

Chapter 11 („Reorganization")

Das Verfahren nach Chapter 11 ist auf die Fortführung von Firmen zugeschnitten. Im Gegensatz zu Chapter 7 enthält es einen Plan, der die Befugnisse für die Aufrechterhaltung der Geschäfte regeln soll, so daß es von Verbrauchern in den seltensten Fällen genutzt wird. Für sie ist es nur unter dem Aspekt interessant, daß die Höhe der Schulden ein Verfahren nach Chapter 13 ausschließen kann. Wenn das Interesse an bestimmten (wertvollen) Objekten der Masse, die der Schuldner behalten möchte, einer vollen Liquidation des Schuldnervermögens nach Chapter 7 entgegenstehen, so kann das Verfahren nach Chapter 11 eine Alternative sein[154].

Chapter 13 („Adjustments of debts of an individual with regular income")

Das Verfahren nach Chapter 13 ermöglicht dem Schuldner den Erhalt seines Vermögens; ein Zugriff der Gläubiger im Wege der Zwangsvollstreckung ist sowohl für die Zeit des Insolvenzverfahrens und der Planerfüllung als auch danach ausgeschlossen. Dafür muß allerdings der Regulierungsplan beachtliche Zahlungen an die Konkursgläubiger vorsehen, und die ungesicherten Schulden dürfen nicht mehr als 250 000 $, die gesicherten Schulden nicht

---

154 Vgl. dazu Hirte/Otte ZIP 1994, 1493, 1494.

mehr als 750 000 $ betragen, 11 U.S.C. § 109 (e). Im Zuge der Bemühungen, den Anstieg der Verfahren nach Chapter 7 zu begrenzen und die Zahl der Totalausfälle zu verringern, wurden diese Grenzen angehoben.

Nach 11 U.S.C. § 1321 hat der Schuldner einen Plan zu erstellen, für den ein regelmäßiges Einkommen Voraussetzung ist, denn ein angemessener Teil der zukünftigen Einkünfte ist an einen Verwalter abzuführen. Der Plan soll eine Laufzeit von maximal 3 Jahren haben und kann nur mit Erlaubnis des Gerichts auf maximal 5 Jahre ausgedehnt werden. Wenn der Schuldner dann alle nötigen Gebühren bezahlt hat und der Plan in gutem Glauben bezüglich seiner Erfüllung eingereicht worden ist – vgl. U.S.C. § 1325 (a) (3) –, wird er vom Insolvenzgericht bestätigt. Vorher ist eine Anhörung durchzuführen, in der jede Partei bei berechtigtem Interesse Einwendungen erheben kann.

Beurteilung

Die größte Bedeutung für die Verbraucherinsolvenzen hat eindeutig das Verfahren nach Chapter 7 erlangt. Von allen 918 734 beantragten Konkursen 1993 waren 852 306 Verbraucherinsolvenzen. Nach Chapter 7 wurden 638 916 Verfahren, nach Chapter 13 257 777 und nach Chapter 11 20 579 Verfahren beantragt[155].

Das Liquidationsverfahren nach Chapter 7 bietet dem Verbraucher die Perspektive, innerhalb kürzester Zeit von seinen Schulden und entsprechenden Vollstreckungsmaßnahmen der Gläubiger befreit zu werden. Durch die problemlose Befreiung fehlt es allerdings an einer Warnfunktion für den Schuldner – Prävention wird bei diesem Verfahren nicht unterstützt. Auch das Verfahren nach Chapter 13 befreit den überschuldeten Verbraucher relativ schnell von seinen Verbindlichkeiten. Die Planlaufzeit, die bis zur Restschuldbefreiung vergeht, ist überschaubar, was den Schuldner zum Durchhalten motiviert. Gleichzeitig ist mit der Einhaltung des Plans ein gewisser Lernerfolg hinsichtlich des Budgetierens verbunden. Die Erfahrungen zeigen, daß Schuldner, die ihren Schuldenbereinigungsplan erfüllten, später trotz neuer Kreditaufnahme nur in Ausnahmefällen wieder in Überschuldungssituationen gerieten[156].

Auch auf das Verhalten der Anbieterseite übt die Ausgestaltung der Insolvenzverfahren mit ihrer Möglichkeit der sofortigen oder in absehbarer Zeit erfolgenden Restschuldbefreiung eine überschuldungsverhindernde Wirkung aus. Es wird stärker auf die finanzielle Leistungsfähigkeit der Verbraucher und eine weniger exzessive Kreditvergabepolitik geachtet[157].

Vergleich mit Deutschland

In den USA führen das Verfahren nach Chapter 7 des 11 U.S.C. über eine Verwertung des Schuldnervermögens und das Verfahren nach Chapter 13 des 11 U.S.C. über eine zeitlich begrenzte Zahlungspflicht aus dem laufenden Einkommen zur Befreiung des überschuldeten Verbrauchers von seinen Verbindlichkeiten.

Im zukünftigen deutschen Verbraucherinsolvenzverfahren hingegen erstreckt sich die Zugriffsmöglichkeit *sowohl* auf das vorhandene Vermögen des Schuldners *als auch* auf seine späteren Einkünfte. Die Verfahren, die nach dem Recht der USA jeweils einzeln zu einer Entlastung des überschuldeten Verbrauchers von seinen Schulden führen, müssen nach der Insolvenzordnung nacheinander durchlaufen werden. Den Gläubigern eines überschuldeten Verbrauchers stehen in den USA entweder das Vermögen zum Zeitpunkt der Einreichung des Insolvenzantrags oder die Einkünfte des Schuldners aufgrund seiner Arbeitskraft zur

155 Zit. nach Streit, Kartenzahlung und Verbraucherverschuldung aus rechtlicher Sicht, 1997, S. 155.
156 Zit. nach Streit, Kartenzahlung und Verbraucherverschuldung aus rechtlicher Sicht, 1997, S. 167.
157 Streit, Kartenzahlung und Verbraucherverschuldung aus rechtlicher Sicht, 1997, S. 168.

Befriedigung zur Verfügung. Hierbei haben aber nicht sie, sondern der Schuldner das Wahlrecht.

Auch hinsichtlich der Verfahrensdauer weicht die InsO entscheidend von den Vorgaben des US-amerikanischen Insolvenzrechts ab. Dort wird der überschuldete Verbraucher bereits nach der Durchführung des Insolvenzverfahrens von seinen Schulden befreit, soweit er sich für das Verfahren nach Chapter 7 entschieden hat. Aber auch nach Chapter 13 beschränkt sich die Abführung des Einkommens auf 3, maximal 5 Jahre zuzüglich einer kurzen Verfahrensdauer. In Deutschland hingegen wird allein mit Verfahrensdauern von etwa 2 bis 3 Jahren gerechnet. Hieran schließt sich die 7jährige Wohlverhaltensperiode an. Theoretisch liegt bei längerer Zahlungsdauer ein geringerer Ausfall auf seiten des Kreditgebers vor, dies aber praktisch auch nur dann, wenn der Schuldner die lange Gesamtdauer des Verfahrens durchhält, was eher verneint werden muß. Dann wiederum stellt sich die Frage, ob eine kürzere Wohlverhaltensperiode nicht insgesamt wirkungsvoller für beide Seiten wäre.

Während in Deutschland nur die geringen Einschränkungen gem. § 36 Abs. 1 InsO iVm §§ 811 ZPO bzw. § 287 Abs. 2 InsO iVm §§ 850 ff. ZPO den Gläubigerzugriff begrenzen und dabei kaum das Existenzminimum und die rein persönlichen Gegenstände schützen, reicht der Schuldnerschutz in den USA auch in dieser Hinsicht weiter. Die „exemptions“, die teilweise sogar im Liquidationsverfahren das Wohnhaus des Schuldners von der Zugehörigkeit zur Masse ausnehmen (so etwa in Texas), sind sowohl im Bundesrecht als auch einzelstaatlich geregelt.

Vergleicht man die Rechtsfolgen von Obliegenheitsverletzungen bzw. die Gründe für eine Versagung der Restschuldbefreiung mit vergleichbaren Regelungen in den USA, so wird im amerikanischen Recht eher an die Schuld selbst angeknüpft und das Problem durch die Ausnahme der Schuld von der Restschuldbefreiung gelöst. Die InsO hingegen knüpft stets an die Person des Schuldners an und folgert aus dem Vorliegen bestimmter Schulden die Unwürdigkeit des Schuldners selbst, der von der Restschuldbefreiung ausgeschlossen wird[158].

So ist nach der Insolvenzordnung die Restschuldbefreiung dann zu versagen, wenn der Verbraucher in den letzten drei Jahren vor Stellung des Antrags auf Eröffnung des Verfahrens vorsätzlich oder grob fahrlässig falsche schriftliche Angaben zu seinen wirtschaftlichen Verhältnissen machte, um einen Kredit zu erhalten. In den USA ist dann nicht die Restschuldbefreiung an sich ausgeschlossen; vielmehr werden lediglich die aufgrund solcher Falschangaben entstandenen Schulden nicht von der Restschuldbefreiung erfaßt.

b) Frankreich

Das nationale Verbraucherinstitut (INC)[159] zieht vier Jahre nach der Verabschiedung des französischen Gesetzes zur Überschuldung der Verbraucher (Gesetz Neiertz[160]) in einer beachtlichen Forschungsarbeit im Mai 1995 die ersten Schlüsse, die bestätigt werden durch eine Studie des Sparforschungsinstituts (CREP), das zum selben Zeitpunkt seine Arbeit veröffentlicht hat[161].

Französisches Entschuldungsverfahren

Das französische Entschuldungsverfahren gliedert sich in ein einvernehmliches und ein richterliches Schuldenregulierungsverfahren. Antragsberechtigt sind Verbraucher, Ge-

158 Streit, Kartenzahlung und Verbraucherverschuldung aus rechtlicher Sicht, 1997, S. 174.

159 Institut National de la Consommation, Evaluation de la Loi sur le surendettement des particuliers du 31 décembre 1989. Analyse de 502 plans amiables et judiciaires sur la période 1991 à 1994, Paris, Mai 1995, 125 p. + annexes. ISBN 2-904744-09-6.

160 Gesetz 89-1010 v. 31. 12. 1989 zur Verhütung und Regelung der Überschuldung von Privatpersonen.

161 „Une étude peinte les difficultes grandissantes des ménages surendettés. Les plans d'apurement des dettes ne sont pas respectés“, in: Le Monde, 18 mai 1995, 15.

schäftsleute, Freiberufler und Minderkaufleute, die nicht mehr in der Lage sind, ihre fälligen (nicht geschäftlichen) Verbindlichkeiten zu begleichen.

Zunächst muß der Schuldner ein außergerichtliches Verfahren zur gütlichen Einigung durchlaufen, bei dem in jedem Departement eine drittelparitätisch mit Vertretern der Verbraucherverbände, der Banque de France und der Banken besetzten Kommission die Überschuldungsfälle analysieren und zwischen den betroffenen Parteien (Gläubigern und Schuldnern) einen einvernehmlichen Plan der Schuldenregulierung erarbeiten sollte.

Der Schuldenregulierungsplan

In dem Plan sind die monatlichen Ratenzahlungen und die Gesamtschuld so anzupassen, daß sie den verfügbaren monatlichen Mitteln des Schuldners in Abhängigkeit von seiner persönlichen Situation entsprechen.

Die Kommission hat dabei folgende Möglichkeiten:

- Stundung der Rückzahlung einer oder mehrerer Verbindlichkeiten
- Streckung der Laufzeit
- Herabsetzung der Zinsen und Verzugszinsen.

Gegen den Schuldner anhängige Zwangsvollstreckungsmaßnahmen sind nicht automatisch ausgesetzt, sondern die Kommission hat lediglich die Möglichkeit, das zuständige Amtsgericht hierzu aufzufordern. Maximal ist eine dreimonatige Aussetzung der Beitreibungsmaßnahmen möglich. Die Schulden müssen zu 100 % zurückgezahlt werden; die Kommission kann einen Teilerlaß bei den Zinsen veranlassen.

Bei der richterlichen Schuldenregulierung erhält der Richter eine Aufstellung aller Forderungen und überprüft diese auf Legitimität und Fälligkeit. Er legt den Entschuldungsplan fest und verfügt über weitere Möglichkeiten der Einflußnahme, so z. B. über einen Zahlungsaufschub um maximal fünf Jahre. Falls der Schuldner mit seinen Zahlungen in Verzug gerät, kann der Richter Gläubiger und Schuldner erneut zusammenrufen und den Plan entsprechend modifizieren. Auch bei diesem Verfahren müssen grundsätzlich alle Schulden zu 100 % zurückgezahlt werden.

Es besteht also in Frankreich weder die Möglichkeit einer sofortigen Schuldbefreiung – wie in den USA – noch einer Restschuldbefreiung wie in Österreich und Deutschland.

Empirische Ergebnisse

In der genannten Studie wurden alle Überschuldungsfälle, die den Kommissionen oder den Richtern vorgelegt wurden, untersucht: So wurden ca. 360 000 Akten bei den Kommissionen eingereicht, von denen 70 000 in ein gerichtliches Verfahren einmündeten. Die durchschnittliche Anzahl der Schulden lag zwischen vier und fünf.

Fazit: Gesetz verfehlt den Zweck

INC kommt zu dem Schluß, daß das Gesetz letztlich nicht adäquat auf die Probleme der Überschuldeten antworten kann. Diese Erkenntnis beruht auf einem Studium der Statistiken von 502 Schuldenregulierungsplänen zwischen 1991 und 1994, deren Analyse vom CREP vorgenommen wurde, ergänzt durch Informationen von 21 direkt befragten überschuldeten Haushalten.

In 74 % der Fälle hatten die Haushalte nach den Plänen nicht ausreichend Mittel für einen minimalen Lebensbedarf, obwohl dies von Kommissionen und Richtern kontrolliert worden war. In Dreiviertel der Fälle waren somit die zu zahlenden Monatsraten höher, als es das Existenzminimum erlaubte. In der Folge davon kam es in der Hälfte dieser Pläne wiederum zu Zahlungsstörungen. Selbst bei realistischeren Zahlungsplänen traten bei 30 % der Fälle Zahlungsschwierigkeiten auf. Zum selben Ergebnis kommt auch die Studie des CREP nach einer

Untersuchung von 790 überschuldeten Haushalten, für die ein Schuldenregulierungsplan aufgestellt wurde.

Verschiebung der Probleme auf später

Das INC zieht alarmierende Schlüsse aus der Studie. Trotz der Ziele des Gesetzes wird die Schuldenregulierung im wesentlichen auf den Schultern der Betroffenen gelöst, wobei im besten Fall noch die Problematik auf einen späteren Zeitpunkt verschoben wird. Kommissionen haben keine ausreichende Macht gegenüber Gläubigern, Richter als Instanz für gescheiterte Pläne können die Schulden nicht ausreichend anpassen. Die Hoffnung, wonach die Gläubiger innerhalb eines Verfahrens Opfer bringen würden, um den Gang zum Gericht zu vermeiden, hat sich zerschlagen.

Wenn also die Überschuldeten nach einer durchschnittlichen Wartezeit von ungefähr 5 Monaten eingewilligt haben, sich einem so langwierigen Plan von etwa 10 Jahren im Durchschnitt zu unterwerfen, so bleibt letztendlich der Eindruck, daß das Verfahren ihnen lediglich für seine Dauer die Möglichkeit gibt, Luft zu holen, nicht dadurch, daß sie aufgehört hätten, zu zahlen oder weniger zahlten, sondern daß sie in diesem Zeitraum von den Gläubigern und Gerichtsvollziehern verschont blieben.

c) Österreich

In Österreich trat das neue Gesetz über den „Privatkonkurs“ mit Wirkung vom 1. 1. 1995 in Kraft.

In Vorbereitung auf das neue Verfahren wurden aus dem österreichischen Bundeshaushalt die Bezirksgerichte bundesweit mit 84 zusätzlichen Planstellen versehen (jährliche Mehrkosten in Höhe von umgerechnet rund 5 Mio. DM) und Bauinvestitionen in Höhe von umgerechnet 7 Mio. DM vorgenommen. Das Budget der österreichischen Schuldnerberatungsstellen wurde zum überwiegenden Teil aus dem Etat des Sozialministeriums von umgerechnet jährlich 5 Mio. auf knapp das Doppelte aufgestockt. Laut Arbeiterkammer Wien wird die Anzahl überschuldeter Haushalte mit 120 000 beziffert[162].

Ablauf des Verfahrens

Durch die Novelle zur Konkursordnung wurde ein speziell für natürliche Personen zugeschnittenes Konkursverfahren eingeführt. Danach hat der (Nichtunternehmer-)Schuldner vor Einleitung eines Konkursverfahrens einen außergerichtlichen Einigungsversuch zu unternehmen. Da dieser angemessen, tauglich und nachweislich erfolgen muß, sollte der Schuldner die Unterstützung einer Beratungsstelle in Anspruch nehmen.

Scheitert der außergerichtliche Einigungsversuch, kann der Schuldner die Einleitung eines gerichtlichen Konkursverfahrens beantragen. Voraussetzung für die Einleitung des Konkursverfahrens ist die Zahlungsunfähigkeit des Schuldners sowie das Vorliegen einer Gläubigermehrheit. Der Schuldner muß sodann ein Vermögensverzeichnis sowie einen Zahlungsplan vorlegen. Weiter hat er die Einleitung eines Abschöpfungsverfahrens zu beantragen und zu bescheinigen, daß er den Zahlungsplan erfüllen kann bzw. im Falle eines Abschöpfungsverfahrens eine Restschuldbefreiung zu erwarten ist.

Durch die Konkurseröffnung wird das gesamte pfändbare Vermögen des Schuldners zur Konkursmasse. Da die Konkursmasse zur gemeinschaftlichen Befriedigung der Konkursgläubiger verwendet werden soll, hat die Konkurseröffnung eine Exekutionssperre zur Folge. Weiter tritt ein Zinsenstop hinsichtlich der Konkursforderungen ein.

Pfandrechte werden durch die Konkurseröffnung in der Regel nicht berührt; allerdings erlöschen Pfandrechte an Gegenständen und Liegenschaften, die in den letzten 60 Tagen vor

162 Vgl. Haane, Verbraucherschutz in Europa – 7. Teil –: Inkrafttreten des österreichischen Privatinsolvenzverfahrens ab dem 1. 1. 1995, in: BankWatch-Infodienst 10/1994.

Konkurseröffnung im Rahmen eines Exekutionsverfahrens erworben wurden. Für Pfandrechte an Einkommensbezügen gilt besonderes: Gerichtliche Pfandrechte am Arbeitseinkommen („Gehaltsexekutionen") erlöschen mit Konkurseröffnung; vertraglich abgetretene bzw. verpfändete Forderungen auf Einkünfte aus einem Arbeitsverhältnis – z. B. Pfandrechte aus Kreditverträgen – erlöschen zwei Jahre nach der Konkurseröffnung.

Zwangsausgleich

Primäres Ziel des Konkursverfahrens ist der Abschluß eines Zwangsausgleichs. Diesen wird der Schuldner dann anstreben, wenn er Vermögen hat, dessen Verwertung er verhindern möchte (z. B. ein Eigenheim). Der Schuldner dann hat den Konkursgläubigern eine Quote von mindestens 20 % der Forderungen, zahlbar innerhalb eines Zeitraums von zwei Jahren, bzw. eine Mindestquote von 30 % der Forderungen, zahlbar in maximal fünf Jahren, anzubieten. Der Zwangsausgleichsantrag gilt als angenommen, wenn die Mehrheit der anwesenden Konkursgläubiger (Kopfmehrheit) dem Antrag zustimmen, wobei die Forderungen der zustimmenden Konkursgläubiger mindestens Dreiviertel der Gesamtsumme der Forderungen der anwesenden stimmberechtigten Konkursgläubiger beträgt (Summenmehrheit).

Wird der Zwangsausgleich von den Gläubigern angenommen und vom Gericht bestätigt, so hat dies zur Folge, daß der Schuldner nach Bezahlung der vereinbarten Quote von den restlichen Schulden befreit ist. Eine Verwertung des Vermögens unterbleibt.

Verwertung des gesamten Vermögens und Zahlungsplan

Scheitert der Zwangsausgleich an der Zustimmung der Gläubiger bzw. strebt ihn der Schuldner von vornherein nicht an, wird das gesamte zur Konkursmasse gehörende Vermögen des Schuldners verwertet. Der Erlös wird auf die Gläubiger verteilt.

Die Initiative für die Durchführung eines Zahlungsplanverfahrens kann nur vom Schuldner ausgehen. Über den Zahlungsplan wird erst nach Verwertung des Vermögens abgestimmt. Der Schuldner wird einen solchen Zahlungsplan – anstelle eines Zwangsausgleichs – anstreben, wenn er kein Vermögen hat, die Mindestquote für den Zwangsausgleich nicht anbieten kann, oder wenn er sich vorhandenes Vermögen nicht erhalten will. Außerdem kommt er dann in Betracht, wenn der Zwangsausgleich mangels Zustimmung der Gläubiger gescheitert ist.

Der Zahlungsplan ist ein Unterfall des Zwangsausgleichs, setzt aber die vorherige Verwertung des Vermögens voraus. Er unterscheidet sich vom Zwangsausgleich durch eine längere Zahlungsfrist und dadurch, daß keine zahlenmäßige Mindestquote vorgesehen ist. Der Schuldner muß jedoch seinen Gläubigern eine Quote anbieten, die seinen Einkommensverhältnissen in den folgenden fünf Jahren entspricht. Die Zahlungsfrist darf maximal sieben Jahre betragen. Auch dieser Plan bedarf der Zustimmung der Gläubigermehrheiten und der Bestätigung des Gerichts. Nach ordnungsgemäßer Zahlung wird der Schuldner von seinen Restverbindlichkeiten befreit.

Verschlechtert sich nach Annahme des Zahlungsplans die Einkommens- und Vermögenslage des Schuldners ohne sein Verschulden, so kann der Schuldner den Gläubigern einen neuen Zahlungsplan zur Abstimmung vorlegen. Er hat darin eine neue Quote vorzulegen, die seiner geänderten Einkommenslage entspricht. Die Laufzeit des neuen Zahlungsplans ist verkürzt: Der Schuldner kann sich auf die Laufzeit des neuen Zahlungsplans die halbe abgelaufene Frist des früheren Zahlungsplans anrechnen lassen. Wird der neue Zahlungsplan von den Gläubigern nicht angenommen, entscheidet das Gericht über die Einleitung des Abschöpfungsverfahrens.

Abschöpfungsverfahren

Wird auch der Zahlungsplan von den Gläubigern nicht angenommen, so kann auf Antrag des Schuldners ein Abschöpfungsverfahren eingeleitet werden.

Im Abschöpfungsverfahren verpflichtet sich der Schuldner, für die Dauer von sieben Jahren einer angemessenen Erwerbstätigkeit nachzugehen, oder, wenn er ohne Beschäftigung ist, sich um eine solche zu bemühen. Den pfändbaren Teil seines Arbeitseinkommens hat er während dieses Zeitraums an einen vom Gericht zu bestellenden Treuhänder abzutreten. Darüber hinaus hat er Vermögen, das er während des Abschöpfungsverfahrens durch eine Erbschaft oder eine unentgeltliche Zuwendung erwirkt, den Gläubigern herauszugeben.

Ziel des Abschöpfungsverfahrens ist die Erlangung der sogenannten Restschuldbefreiung. Der Schuldner hat Anspruch auf die Restschuldbefreiung, wenn

- die Konkursgläubiger nach Ablauf des Abschöpfungsverfahrens mindestens 10 % ihrer Forderungen erhalten haben oder
- drei Jahre der Laufzeit des Abschöpfungsverfahrens verstrichen sind und die Konkursgläubiger zumindest 50 % der Forderungen erhalten haben.

Hier ist es eine wesentliche Aufgabe der Schuldnerberatungsstellen, eine realistische Einschätzung bezüglich der Realisierbarkeit eines „Privatkonkurses" vorzunehmen. Dies ist deshalb von immenser Bedeutung, weil das Scheitern eines Abschöpfungsverfahrens für die Dauer von 20 Jahren ein Einleitungshindernis für die neuerliche Durchführung eines Abschöpfungsverfahrens darstellt.

Sind die 10 % nicht erbracht, kann das Gericht in Härtefällen dennoch eine Restschuldbefreiung aus Billigkeitsgründen erteilen:

- Eine Restschuldbefreiung kann unmittelbar nach Ablauf des Abschöpfungsverfahrens ohne weitere Voraussetzungen erteilt werden.
- Das Gericht kann festlegen, ob und inwieweit der Schuldner einzelne oder alle Verbindlichkeiten noch erfüllen muß, damit er von den nicht erfüllten Verbindlichkeiten befreit ist. Der Erfüllungszeitraum darf drei Jahre nicht übersteigen.
- Das Gericht kann eine Verlängerung des Abschöpfungsverfahrens um höchstens drei Jahre verfügen.

Die Gründe, die bei dieser Billigkeitsentscheidung zu berücksichtigen sind, werden im Gesetz demonstrativ aufgezählt. Das Gericht muß z. B. in seine Überlegungen einbeziehen,

- ob die der Konkursforderung zugrundeliegende Leistung überhaupt einen Vermögensvorteil für den Schuldner brachte. Zu denken ist hier daran, daß die Verschuldung aus einer Bürgschaft herrührt. Die erläuternden Bemerkungen zur Regierungsvorlage Konkursordnungs-Novelle nennt hier das Beispiel, daß ein Ehepartner für Unternehmensschulden des anderen als Bürge oder Mitschuldner haftet[163];
- ob der Konkursgläubiger bei Einräumung des Kredits oder Abschluß des Abzahlungsgeschäfts wußte oder wissen mußte, daß der Schuldner die Forderung bei Fälligkeit nicht zahlen kann[164]. Die erläuternden Bemerkungen erachten es als grob fahrlässige Kreditvergabe, wenn die Höhe des Kredits in grobem Widerspruch zu den laufenden Einkünften des Schuldners steht oder wenn sich der Gläubiger nicht über bestehende Kredite erkundigte, obwohl dies möglich gewesen wäre[165].

---

163 1218 BlgNR 18. GP, zu § 213.

164 Kleinstkredite, die vielleicht in der Vergangenheit etwas großzügiger gehandhabt wurden, werden nunmehr restriktiver vergeben: Die größte österreichische Bank hat im Frühjahr 1994 bekanntgegeben, daß seit Inkrafttreten der neuen Kreditvergaberichtlinie, die im Hinblick auf die Konkursordnungs-Novelle 1993 eingeführt wurde, bei ihr 15 % weniger Kreditfälle, aber nur 3 % weniger Kreditvolumen zu verzeichnen ist.

165 1218 BlgNR 18. GP, zu § 213.

Erfahrungen

Anliegen des österreichischen Gesetzgebers war es, mit diesem Gesetz jenen redlichen Schuldnern einen Neubeginn im Rahmen der Gesellschaft zu ermöglichen, die bisher aufgrund fehlender rechtlicher Möglichkeiten ins soziale Abseits gedrängt waren.

Im ersten Halbjahr des Inkrafttretens des Privatkonkurses blieb der prognostizierte Boom aus, es waren österreichweit nur 102 Privatkonkurse anhängig. Das ist deutlich weniger als ursprünglich erwartet. Vor Inkrafttreten des neuen Schuldenregulierungsverfahrens war von 5 000 und mehr Privatkonkursen die Rede gewesen[166]. Dazu kamen im zweiten Quartal noch zusätzlich 190 Verfahren. Von Januar bis Juni 1996 wurden 565 Anträge auf Eröffnung des Schuldenregulierungsverfahrens bei den Bezirksgerichten gestellt, von denen 492 Verfahren eröffnet wurden (87 %)[167].

Im Bundesdurchschnitt entfallen im Durchschnitt der Monate Juni 1995 bis Juni 1996 auf 10 000 ÖsterreicherInnen etwas mehr als 1,5 Schuldenregulierungsverfahren.

Die Erfahrung der Schuldnerberatungsstelle Wien zur praktischen Abwicklung der „Privatkonkurse" ergibt folgendes Bild[168]: Pünktlich nach Inkrafttreten des „Privatkonkurses" erfolgte ein massiver Ansturm auf die Beratungsstelle. Gegenüber dem Vorjahr waren doppelt so viele Anmeldungen zu Beratungsgesprächen registriert. Im Mai 1995 pendelte sich der Ansturm auf das Niveau des Vorjahres ein.

Festzustellen ist, daß hinsichtlich des Abschöpfungsverfahrens die Gruppe der Arbeitslosen nahezu zur Gänze aus dem Privatkonkurs ausscheidet, da sie nicht die Mindestquote erreichen kann. Gute Chancen haben hingegen diejenigen, die unselbständig erwerbstätig sind. Hier ist daher häufig auch ein außergerichtlicher Vergleich möglich. Auch ehemals Selbständige – insbesondere, wenn sie als junge und unerfahrene Unternehmer „gestrandet" sind – sind vielfach in der Lage, konstante Einkommensverhältnisse herzustellen.

166 Gem. Information der Arbeiterkammer Wien v. 24. 4. 1995, zit. nach Mayer/Pirker, in: Der neue Schuldenreport, 1995, S. 164, 177.
167 ASB-Informationen 3/96, 9.
168 Mayer/Pirker, in: Der neue Schuldenreport, 1995, S. 164, 177.

B. Entwürfe zum Anforderungs- und Ausstattungsprofil von Schuldnerberatungsstellen (Ausführungsgesetz der Länder)

1. Vorschlag der Bund-Länder-AG

Entwurf
Landes-Gesetz zur Ausführung der Insolvenzordnung (AGInsO)

§ 1 Geeignete Stellen im Verbraucherinsolvenzverfahren

Geeignet im Sinne von § 305 Abs. 1 Nr. 1 Insolvenzordnung sind nur solche Stellen, die von der nach § 5 Abs. 1 zuständigen Behörde als geeignet anerkannt worden sind.

§ 2 Aufgaben

(1) Aufgabe der Stelle ist die Beratung und Vertretung von Schuldnern bei der Schuldenbereinigung, insbesondere bei der außergerichtlichen Einigung mit den Gläubigern, auf der Grundlage eines Planes nach den Vorschriften über das Verbraucherinsolvenzverfahren nach dem Neunten Teil der Insolvenzordnung.

(2) Scheitert eine außergerichtliche Einigung zwischen dem Schuldner und seinen Gläubigern, hat die Stelle den Schuldner über die Voraussetzungen des Verbraucherinsolvenzverfahrens und des Restschuldbefreiungsverfahrens zu unterrichten und ihm eine Bescheinigung über den erfolglosen Einigungsversuch auszustellen.

(3) Die Stelle unterstützt den Schuldner auf sein Verlangen bei der Ausfüllung des nach § 305 Abs. ... Insolvenzordnung vorgeschriebenen Vordrucks sowie der Zusammenstellung aller Unterlagen, die mit dem Antrag auf Eröffnung des Insolvenzverfahrens vorzulegen sind. Sie ist befugt, den Schuldner in dem anschließenden Verfahren vor dem Insolvenzgericht zu beraten und zu vertreten. Die Vorschriften des Rechtsberatungsgesetzes bleiben unberührt.

§ 3 Anerkennung

(1) Eine Stelle kann als geeignet anerkannt werden, wenn

1. sie von einer zuverlässigen Person geleitet wird, die auch die Zuverlässigkeit der einzelnen Mitarbeiter gewährleistet,
2. sie auf Dauer angelegt ist,
3. in ihr mindestens eine Person mit ausreichender praktischer Erfahrung in der Schuldnerberatung tätig ist,
4. die erforderliche Rechtsberatung sichergestellt ist,
5. sie über zeitgemäße technische, organisatorische und räumliche Voraussetzungen für ordnungsgemäße Schuldnerberatung verfügt.

Ausreichende praktische Erfahrung nach Satz 1 Nr. 3 liegt in der Regel bei dreijähriger Tätigkeit vor. Der Leiter oder eine sonstige in der Stelle tätige Person soll über eine Ausbildung als Diplom-Sozialarbeiter/Diplom-Sozialarbeiterin, als Diplom-Sozialpädagoge/Diplom-Sozialpädagogin, als Bankkaufmann/Bankkauffrau, als Betriebswirt/Betriebswirtin, als Ökonom/Ökonomin oder als Ökotrophologe/Ökotrophologin oder eine Ausbildung im gehobenen Verwaltungs- oder Justizdienst oder eine zur Ausübung des Anwaltsberufs befähigende Ausbildung oder eine vergleichbare Ausbildung verfügen. Sofern in der Stelle keine Person mit einer Ausbildung tätig ist, die zur Ausübung des Anwaltsberufs befähigt, muß die nach Satz 1 Nr. 4 erforderliche Rechtsberatung auf andere Weise sichergestellt sein, etwa durch den Justitiar des Trägers oder einen niedergelassenen Rechtsanwalt.

(2) Die Anerkennung in einem anderen Land steht der Anerkennung nach Abs. 1 gleich.

§ 4 Stellen von Kommunen

Stellen, die von Gemeinden oder Landkreisen eingerichtet sind, können als geeignet anerkannt werden, wenn sie die Voraussetzungen des § 3 Abs. 1 Satz 1 Nrn. 2 bis 5 erfüllen und eine dort tätige Person nach § 3 Abs. 1 Satz 3 qualifiziert ist.

§ 5 Anerkennungsverfahren

(1) Zuständig für die Anerkennung ist das . . .ministerium oder die vom . . .ministerium bestimmte Behörde.

(2) Die Anerkennung ist schriftlich zu beantragen. Mit dem Antrag sind Nachweise vorzulegen, daß die in § 3 genannten Anerkennungsvoraussetzungen vorliegen. Das . . .ministerium kann das Nähere des Anerkennungsverfahrens durch Verwaltungsvorschriften regeln.

(3) Die Anerkennung ist widerruflich und kann unter Auflagen erteilt werden. Die Stelle ist verpflichtet, die nach Satz 1 zuständige Behörde über den Wegfall von Anerkennungsvoraussetzungen nach § 3 Abs. 1 zu unterrichten. Die Behörde kann verlangen, daß der Nachweis des Fortbestehens der Anerkennungsvoraussetzungen geführt wird.

falls gewünscht:

§ 6 Art und Umfang der Förderung von Insolvenzberatungsstellen

(1) Das Land gewährt nach Maßgabe des Staatshaushaltsplans im Rahmen besonderer Richtlinien des . . .ministeriums den anerkannten Stellen auf Antrag Zuwendungen zu den anerkannten Personalkosten für hauptberuflich tätige Mitarbeiter und zu den erforderlichen Sachkosten.

(2) Die Förderung richtet sich nach . . .

(Raum für individuelle landesspezifische Regelungen)

§ 7 Inkrafttreten

Das Gesetz tritt am 31. März 1998 in Kraft.

2. Entwurf des Landes Nordrhein-Westfalen (sowie Richtlinienentwurf zur Anerkennung)

Entwurf
Gesetz zur Ausführung der Insolvenzordnung (InsO)

§ 1 Geeignete Stellen

Geeignete Stelle im Sinne von § 305 der Insolvenzordnung ist ausschließlich eine in der Schuldnerberatung tätige, für einen bestimmten, näher bezeichneten Bereich zuständige Einrichtung, bei der die Voraussetzungen des § 3 vorliegen und die von der zuständigen Behörde als geeignet anerkannt worden ist.

§ 2 Aufgaben

(1) Aufgabe der geeigneten Stelle ist die Beratung und Vertretung einer verschuldeten natürlichen Person, die keine oder nur eine geringfügige wirtschaftliche Tätigkeit ausübt, bei der Schuldenbereinigung, insbesondere bei dem Versuch einer außergerichtlichen Einigung mit den Gläubigern auf der Grundlage eines Plans. Bleibt dieser Versuch erfolglos, hat die geeignete Stelle eine Bescheinigung darüber auszustellen und den Schuldner über das Verbraucherinsolvenzverfahren zu beraten.

(2) Die geeignete Stelle darf den Schuldner, der mit dem Antrag auf Eröffnung des Insolvenzverfahrens oder unverzüglich danach den Antrag auf Erteilung der Restschuldbefreiung gestellt und einen Schuldnerbereinigungsplan vorgelegt hat, in dem gerichtlichen Verfahren beraten und vertreten bis zur Entscheidung über den Schuldenbereinigungsplan.

(3) Die Vorschriften des Rechtsberatungsgesetzes und des Steuerberatungsgesetzes bleiben unberührt.

§ 3 Anerkennungsvoraussetzungen

Die Anerkennung ist auszusprechen, wenn die Schuldnerberatungsstelle

- in kommunaler, frei-gemeinnütziger Trägerschaft oder Trägerschaft der Verbraucherzentrale NRW ist oder als innerbetriebliche Sozialeinrichtung arbeitet,
- von einer zuverlässigen Person geleitet wird,
- auf Dauer angelegt ist,
- mindestens eine Fachkraft vollzeitig oder zwei Fachkräfte teilzeitlich beschäftigt, die über mindestens zweijährige praktische Erfahrung in der Schuldnerberatung verfügen.
  Die Fachkraft/die Fachkräfte soll/sollen über
- eine Ausbildung
  - als Dipl.-Sozialarbeiter/Dipl.-Sozialarbeiterin bzw. Dipl.-Sozialpädagoge/Dipl.-Sozialpädagogin oder
  - als Bankkaufmann/Bankkauffrau oder
  - Betriebswirt/Betriebswirtin oder
  - als Ökonom/Ökonomin oder
  - Ökotrophologe/Ökotrophologin oder
  - eine Ausbildung im gehobenen Verwaltungs- oder Justizdienst oder
  - eine zur Ausübung des Anwaltsberufes befähigende Ausbildung oder
  - eine vergleichbare Ausbildung verfügen.

Sofern in der Schuldnerberatungsstelle keine Person mit einer Ausbildung tätig ist, die zur Ausübung des Anwaltsberufes befähigt ist, muß die notwendige juristische Beratung extern sichergestellt sein, etwa durch den Justitiar des Trägers oder durch einen niedergelassenen Rechtsanwalt.

Die Schuldnerberatungsstelle muß über zeitgerechte technische, organisatorische und räumliche Voraussetzungen verfügen, die eine ordnungsgemäße Schuldnerberatung sicherstellen. Die Beratung ist für die Schuldner gebührenfrei anzubieten.

Die Beratungsstelle ist verpflichtet, einen jährlichen Tätigkeitsbericht über ihre Tätigkeit in der Verbraucherinsolvenzberatung vorzulegen.

§ 4 Anerkennungsbehörde, Anerkennungsverfahren

Zuständige Behörde für die Anerkennung als geeignete Stelle ist das Versorgungsamt Düsseldorf.

§ 5 Aufgaben der Kreise/kreisfreien Städte

Die Kreise/kreisfreien Städte sollen für ein angemessenes Angebot an Verbraucherinsolvenzberatung sorgen. Neben dem Angebot durch geeignete Stellen ist dabei das durch geeignete Personen, das sind insbesondere Rechtsanwälte, Notare und Steuerberater, zu berücksichtigen.

(Dies ist eine freiwillige Aufgabe).

§ 6 Förderung der Verbraucherinsolvenzberatung

Soweit es zur Sicherstellung eines angemessenen Angebots an Verbraucherinsolvenzberatung erforderlich ist, stellt das Land den Kreisen/kreisfreien Städten Mittel für diese Aufgabe in Form einer fachbezogenen Pauschale auf der Grundlage der Einwohnerstatistik zur Verfügung.

§ 7

Der Minister für Arbeit, Gesundheit und Soziales erläßt die zur Durchführung dieses Gesetzes erforderlichen Richtlinien zur Anerkennung als Verbraucherinsolvenzberatungsstelle.

§ 8 Inkrafttreten

Das Gesetz tritt . . . in Kraft.

3. Vorschlag des AK-InsO der Arbeitsgemeinschaft Schuldnerberatung der Verbände

Entwurf
Richtlinien für die Anerkennung als Verbraucherinsolvenzberatungsstelle
Runderlaß des MAGS . . .

1. Gegenstand

Das Versorgungsamt Düsseldorf kann gemäß § 305 InsO (BGBl. 1 1994, S. 2866), § . . . . AGInsO vom . . . nach Maßgabe dieser Richtlinien auf Antrag Schuldnerberatungsstellen als Verbraucherinsolvenzberatungsstellen anerkennen.

2. Aufgaben

Die Aufgaben der Verbraucherinsolvenzberatungsstellen liegen in der Beratung und Begleitung verschuldeter Personen im vorgerichtlichen Verbraucherinsolvenzverfahren und im gerichtlichen Insolvenzverfahren bis zur Entscheidung über den Schuldenbereinigungsplan.

Hierzu gehört insbesondere

- Aufklärung der Verbraucher über das außergerichtliche Insolvenzverfahren, die Rechte und Pflichten der Schuldner und Gläubiger
- Beratung und Hilfestellung für die Verbraucher zur Feststellung ihrer Einkommens-/ Vermögensverhältnisse
- Aufstellung der Belastungen und der Gläubiger
- Hilfestellung bei Verhandlungen mit den Gläubigern und Aufstellung und Verhandlung eines (außergerichtlichen) Schuldenbereinigungsplans
- Dokumentation des Verhandlungsergebnisses des Schuldenbereinigungsplanes
- Bei Scheitern des Schuldenbereinigungsplans entsprechende Mitteilung an das Insolvenzgericht
- Beratung und Hilfestellung beim Antrag auf Restschuldbefreiung beim Insolvenzgericht
- Beratung und Begleitung des Schuldners im gerichtlichen Insolvenzverfahren bis zur gerichtlichen Entscheidung über den Schuldenbereinigungsplan
- ggf. Beratung und Begleitung des Schuldners in der Wohlverhaltensphase bis zur gerichtlichen Entscheidung über die Restschuldbefreiung
- ggf. Übernahme der Aufgabe als Treuhänder.

Die Tätigkeit soll sich nicht auf eine rechtliche und haushaltswirtschaftliche Beratung beschränken, sondern, soweit dies geboten erscheint, auch soziale und psychosoziale Beratung im Sinne einer ganzheitlichen Lebensberatung umfassen. Im Einzelfall ist dazu die Zusammenarbeit mit anderen Stellen (Familien- und Lebensberatungsstellen, Sucht- und Drogenberatungsstellen, Sozialämter) zu suchen.

3. Verfahren

3.1 Antrag

Der Antrag auf Anerkennung als Verbraucherinsolvenzberatungsstelle ist schriftlich bei dem Versorgungsamt Düsseldorf zu stellen.

Dem Antrag sind folgende Unterlagen beizufügen:

1. Vereinssatzung,

2. Stellungnahme des Spitzenverbandes der Freien Wohlfahrtspflege, soweit der Antragsteller einem solchen angeschlossen ist,
3. Versicherungsnachweis,
4. Gemeinnützigkeitsbescheinigung (dies gilt nicht für kommunale Einrichtungen und innerbetriebliche Einrichtungen, die Verbraucherinsolvenzberatung für Betriebsangehörige durchführen),
5. Nachweis über Anzahl, Ausbildung und Berufserfahrung in der Schuldnerberatung der hauptamtlichen Beratungsfachkräfte
6. Nachweis über Zusammenarbeit mit einem Juristen
7. Verpflichtungserklärung über die jährliche Erstellung von Tätigkeitsberichten

Das Versorgungsamt Düsseldorf entscheidet über den Antrag. Die Anerkennung ist widerruflich und kann unter Auflagen erteilt werden.

Über die Anerkennung ist dem Verein ein Bescheid auszustellen.

Das Versorgungsamt Düsseldorf unterrichtet die Kreise und kreisfreien Städte (Sozialamt) und die Insolvenzgerichte über die erfolgten Anerkennungen.

3.2 Tätigkeitsbericht

Durch Auflage ist sicherzustellen, daß anerkannte Verbraucherinsolvenzberatungsstellen dem Versorgungsamt Düsseldorf jährlich einen Tätigkeitsbericht vorlegen. Der Tätigkeitsbericht soll es dem Versorgungsamt Düsseldorf ermöglichen, ausgesprochene Anerkennungen auf den Fortbestand der Voraussetzungen überprüfen zu können. Daneben soll der Tätigkeitsbericht auch weitere Planungsdaten enthalten.

Der Tätigkeitsbericht hat sich zumindest auf folgende Angaben zu erstrecken

- Zahl, Name und Qualifikation der hauptamtlichen Fachkräfte,
- Anzahl der Schuldnerberatungsfälle der Stelle insgesamt,
- Anzahl der Beratungsfälle Verbraucherinsolvenz,
- Anzahl der vorgerichtlichen Einigungen,
- Anzahl der gescheiterten vorgerichtlichen Einigungsversuche,
- Anzahl der übernommenen Treuhänderschaften,
- Wartezeit zwischen Anmeldung und Beginn der Beratung

4. Schlußbestimmungen

Diese Richtlinien treten am . . . in Kraft.

4. Synopse der Entwürfe

a) Anforderungsprofil für „geeignete Stelle“ im InsO-Verfahren als Synopse

Vorschlag der Bund-Länder Arbeitsgruppe	Vorschlag der AK-InsO der Verbände
	1. *Die Schuldnerberatung muß einem Verband der freien Wohlfahrtspflege oder einer Verbraucherzentrale angehören oder eine Einrichtung einer Kommune oder Landkreises sein.*
1. Die Schuldnerberatungsstelle muß von einer zuverlässigen Person geleitet werden, die auch die Zuverlässigkeit der einzelnen Mitarbeiter gewährleistet.	2. *Der Träger einer Schuldnerberatungsstelle stellt sicher,* daß sie von einer zuverlässigen Person geleitet und auch die Zuverlässigkeit der einzelnen Mitarbeiter gewährleistet wird.
2. Die Schuldnerberatungsstelle muß auf Dauer angelegt sein.	3. Die Schuldnerberatungsstelle muß auf Dauer angelegt sein. *Schuldnerberatung sollte ausschließlich oder schwerpunktmäßig betrieben werden.*
3. In der Schuldnerberatungsstelle muß mindestens eine Person tätig sein, die über längerfristige praktische Erfahrungen mit Schuldnerberatung verfügt. Längerfristige praktische Erfahrung liegt in der Regel bei dreijähriger Tätigkeit vor.	4. In der Schuldnerberatungsstelle muß mindestens eine Person tätig sein, die über längerfristige praktische Erfahrungen mit Schuldnerberatung verfügt. Längerfristige praktische Erfahrung liegt in der Regel bei *zweijähriger* Tätigkeit vor.
Die Person soll über eine Ausbildung	*Beratungsfachkräfte in der Schuldnerberatung sollen über eine Ausbildung als*
– als Diplom-Sozialarbeiter/ Diplom-Sozialarbeiterin bzw. Diplom-Sozialpädagoge/ Diplom-Sozialpädagogin oder als Bankkaufmann/Bankkauffrau bzw. Betriebswirt/Betriebswirtin oder als Ökonom/Ökonomin bzw. Ökotrophologe/Ökotrophologin oder	– Diplom-Sozialarbeiter/ Diplom-Sozialarbeiterin bzw. Diplom-Sozialpädagoge/ Diplom-Sozialpädagogin *(und eine Zusatzqualifikation im Bereich Schuldnerberatung mit Schwerpunkt in wirtschaftlichen und rechtlichen Kenntnissen verfügen)* oder – Dipl. Betriebswirt/Dipl. Betriebswirtin (*) oder – Ökonom/Ökonomin (*) oder – Dipl. Ökotrophologe/Dipl. Ökotrophologin (*) oder
– eine Ausbildung im gehobenen Verwaltungs- oder Justizdienst oder	– eine Ausbildung im gehobenen Verwaltungs- oder Justizdienst (*) oder
– eine zur Ausübung des Anwaltsberufs befähigende Ausbildung oder	– eine zur Ausübung des Anwaltsberufs befähigende Ausbildung (*) oder
– eine vergleichbare Ausbildung	– eine vergleichbare Ausbildung (*)
verfügen.	verfügen.

Sofern in der Schuldnerberatungsstelle keine Person mit einer Ausbildung tätig ist, die zur Ausübung des Anwaltsberufs befähigt ist, muß die notwendige juristische Beratung extern sichergestellt sein, etwa durch den Justitiar des Trägers oder durch einen niedergelassenen Rechtsanwalt.

4. Die Schuldnerberatungsstelle muß über zeitgerechte technische, organisatorische und räumliche Voraussetzungen verfügen.

(*) mit Zusatzqualifikation in Schuldnerberatung mit dem Schwerpunkt Sozialarbeit

Sofern in der Schuldnerberatungsstelle keine Person mit einer Ausbildung tätig ist, die zur Ausübung des Anwaltsberufs befähigt ist, muß die notwendige juristische Beratung extern sichergestellt sein, etwa durch den Justitiar des Trägers oder durch einen niedergelassenen Rechtsanwalt.

5. Die Schuldnerberatungsstelle muß über zeitgerechte technische, organisatorische und räumliche Voraussetzungen verfügen.

b) Enwürfe zum Gesetz zur Ausführung der Insolvenzordnung (Auszüge)

Bund-Länder-AG	Nordrhein-Westfalen	AK-InsO der AG SBV
	§ 3 Anerkennungsvoraussetzungen Die Anerkennung ist auszusprechen, wenn die Schuldnerberatungsstelle – *in kommunaler, frei-gemeinnütziger Trägerschaft oder Trägerschaft der Verbraucherzentrale NRW ist oder als innerbetriebliche Sozialeinrichtung arbeitet,*	*Die Schuldnerberatung muß einem Verband der freien Wohlfahrtspflege oder einer Verbraucherzentrale angehören oder eine Einrichtung einer Kommune oder eines Landkreises sein*
§ 3 Anerkennung Eine Stelle kann als geeignet anerkannt werden, wenn 1. sie von einer zuverlässigen Person geleitet wird, die auch die Zuverlässigkeit der einzelnen Mitarbeiter gewährleistet,	– von einer zuverlässigen Person geleitet wird,	*Der Träger einer Schuldnerberatungsstelle stellt sicher,* daß sie von einer zuverlässigen Person geleitet und auch die Zuverlässigkeit der einzelnen Mitarbeiter gewährleistet wird.
2. sie auf Dauer angelegt ist,	– auf Dauer angelegt ist,	Die Schuldnerberatungsstelle muß auf Dauer angelegt sein. *Schuldnerberatung sollte ausschließlich oder schwerpunktmäßig betrieben werden.*
3. in ihr mindestens eine Person mit ausreichender praktischer Erfahrung in der Schuldnerberatung tätig ist	– mindestens eine Fachkraft vollzeitig oder zwei Fachkräfte teilzeitig beschäftigt, die über mindestens *zweijährige* praktische Erfahrung in der Schuldnerberatung verfügen.	In der Schuldnerberatungsstelle muß mindestens eine Person tätig sein, die über längerfristige praktische Erfahrungen mit Schuldnerberatung verfügt.
4. die erforderliche Rechtsberatung sichergestellt ist,		
5. sie über zeitgerechte technische, organisatorische und räumliche Voraussetzungen für ordnungsgemäße Schuldnerberatung verfügt.		Die Schuldnerberatungsstelle muß über zeitgerechte technische, organisatorische und räumliche Voraussetzungen verfügen.
Ausreichende praktische Erfahrung nach Satz 1 Nr. 3 liegt in der Regel bei dreijähriger Tätigkeit vor.		Längerfristige praktische Erfahrung liegt in der Regel bei *zweijähriger* Tätigkeit vor.

Bund-Länder-AG	Nordrhein-Westfalen	AK-InsO der AG SBV
Der Leiter oder eine sonstige in der Stelle tätige Person soll über – eine Ausbildung als Diplom-Sozialarbeiter/Diplom-Sozialarbeiterin bzw. Diplom-Sozialpädagoge/Diplom-Sozialpädagogin oder als Bankkaufmann/Bankkauffrau bzw. Betriebswirt/Betriebswirtin oder als Ökonom/Ökonomin bzw. Ökotrophologe/Ökotrophologin oder – eine Ausbildung im gehobenen Verwaltungs- oder Justizdienst oder – eine zur Ausübung des Anwaltsberufs befähigende Ausbildung oder – eine vergleichbare Ausbildung verfügen.	Die Fachkraft/die Fachkräfte soll/sollen über – eine Ausbildung – Diplom-Sozialarbeiter/Diplom-Sozialarbeiterin bzw. Diplom-Sozialpädagoge/Diplom-Sozialpädagogin oder – als Bankkaufmann/Bankkauffrau oder – Betriebswirt/Betriebswirtin oder – als Ökonom/Ökonomin oder – Ökotrophologe/Ökotrophologin oder – eine Ausbildung im gehobenen Verwaltungs- oder Justizdienst oder – eine zur Ausübung des Anwaltsberufs befähigende Ausbildung oder – eine vergleichbare Ausbildung verfügen.	*Beratungsfachkräfte in der Schuldnerberatung sollen über* – eine Ausbildung als Diplom-Sozialarbeiter/Diplom-Sozialarbeiterin bzw. Diplom-Sozialpädagoge/Diplom-Sozialpädagogin (und eine Zusatzqualifikation im Bereich Schuldnerberatung mit Schwerpunkt in wirtschaftlichen und rechtlichen Kenntnissen verfügen) oder – eine Ausbildung als Diplom-Betriebswirt/Diplom-Betriebswirtin (*) oder – eine Ausbildung als Ökonom/Ökonomin (*) oder – eine Ausbildung als Diplom-Ökotrophologe/Diplom-Ökotrophologin (*) oder – eine Ausbildung im gehobenen Verwaltungs- oder Justizdienst (*) oder – eine zur Ausübung des Anwaltsberufs befähigende Ausbildung (*) oder – eine vergleichbare Ausbildung (*) verfügen. *(*) mit Zusatzqualifikation in Schuldnerberatung mit dem Schwerpunkt Sozialarbeit*
Sofern in der Schuldnerberatungsstelle keine Person mit einer Ausbildung tätig ist, die zur Ausübung des Anwaltsberufs befähigt, muß die notwendige juristische Beratung extern sichergestellt sein, etwa durch den Justitiar des Trägers oder durch einen niedergelassenen Rechtsanwalt.	Sofern in der Schuldnerberatungsstelle keine Person mit einer Ausbildung tätig ist, die zur Ausübung des Anwaltsberufs befähigt, muß die notwendige juristische Beratung extern sichergestellt sein, etwa durch den Justitiar des Trägers oder durch einen niedergelassenen Rechtsanwalt.	Sofern in der Schuldnerberatungsstelle keine Person mit einer Ausbildung tätig ist, die zur Ausübung des Anwaltsberufs befähigt, muß die notwendige juristische Beratung extern sichergestellt sein, etwa durch den Justitiar des Trägers oder durch einen niedergelassenen Rechtsanwalt.

Bund-Länder-AG	Nordrhein-Westfalen	AK-InsO der AG SBV
	Die Schuldnerberatungsstelle muß über zeitgerechte technische, organisatorische und räumliche Voraussetzungen verfügen, die eine ordnungsgemäße Schuldnerberatung sicherstellen.	
	Die Beratung ist für die Schuldner gebührenfrei anzubieten.	
	Die Beratungsstelle ist verpflichtet, einen jährlichen Tätigkeitsbericht über ihre Tätigkeit in der Verbraucherinsolvenzberatung vorzulegen.	

Entwurf Richtlinien für die Anerkennung als Verbraucherinsolvenzberatungsstelle (Nordrhein-Westfalen)

Auszug 3. Verfahren

3.1 Antrag

Der Antrag auf Anerkennung als Verbraucherinsolvenzberatungsstelle ist schriftlich bei dem Versorgungsamt Düsseldorf zu stellen.

Dem Antrag sind folgende Unterlagen beizufügen:

1. Vereinssatzung,
2. Stellungnahme des Spitzenverbandes der Freien Wohlfahrtspflege, soweit der Antragsteller einem solchen angeschlossen ist,
3. Versicherungsnachweis
4. Gemeinnützigkeitsbescheinigung (dies gilt nicht für kommunale Einrichtungen und innerbetriebliche Einrichtungen, die Verbraucherinsolvenzberatung für Betriebsangehörige durchführen)
5. Nachweis über Anzahl, Ausbildung und Berufserfahrung in der Schuldnerberatung der hauptamtlichen Beratungsfachkräfte
6. Nachweis über Zusammenarbeit mit einem Juristen
7. Verpflichtungserklärung über die jährliche Erstellung von Tätigkeitsberichten.

. . .

Schuldnerberatung Itzendorf CAWIN 4.0

Haushalt Nr. . . : Mustermann, Volker (00000)
Dorfstraße 27
26999 Itzendorf

Telefon . . . . . : 0 49 99 66 789

Kennzahlen

Personen . . . . :	4	Wohnung . . . . . :	1 220,00	Einkommen . . . . :	3 591,00
Erwachsene . . . :	2	Festausgaben . . :	88,80	Ausgaben . . . . :	1 643,80
Kinder . . . . . . :	2	Versicherung . . :	185,00	Haush. Rest . . . :	-99,10
Unterhalt . . . . :	3	Raten . . . . :	150,00	Haush.geld . . . :	1 800,00
Kreditsalden . . :	22 522,00	Pfändbar ZPO . . :	3 200,00		

Personen

Name	Geb.	Alter	Status	Unterhalt
Volker	21.01.1962	35	Schuldner	Nein
Hannelore	12.08.1964	33	Ehepartner	Ja
Herbert	13.06.1987	10	Kind	Ja
Walter	12.11.1989	8	Kind	Ja

Einkommen

Art	Betrag	PfB	Bemerkung
Nettolohn/Gehalt	3 200,00	J	
Kindergeld	250,00	N	
Wohngeld	141,00	N	
Summe	3 591,00		
Davon gepfändet:	246,30		

Ausgaben

Art	Betrag	Z.modus	mtl. Betrag	Bemerkung
Miete	1 100,00	1	1 100,00	
Energiekosten	240,00	2	120,00	EWE
Telefongebühren	60,00	1	60,00	
Rundf./TV (GEZ)	71,40	3	23,80	
Mitgliedsbeiträge	60,00	1	5,00	Sportverein
Hausrat	160,00	1	13,33	
Privathaftpflicht	260,00	1	21,67	
Rechtsschutz	110,00	1	110,00	Soll gekündigt werden!
Unfall	480,00	1	40,00	
Summe			1 493,80	

Schulden

Gläubiger	Rate	Saldo	Tit.	AdNr	Vert. Datum
Creditreform München	100,00	689,00	J	00002	12.08.1991
CTB Bank	0,00	14 998,00	J	00003	08.07.1989
RAin Mumme	0,00	5 987,00	j	00004	26.08.1994
DID	50,00	848,00	j	00005	21.07.1993
Summe	150,00	22.522,00			

Ausgabenverteilung

Wohnungsausgaben ...... :	1 220,00	35,43 %
Festausgaben .... :	88,80	2,58 %
Versicherungsausgaben ... :	185,00	5,37 %
Haushaltsgeld .... :	1 800,00	32,27 %

C. Muster eines außergerichtlichen Vergleichs (erstellt mit CAWIN)

1. Gesamtübersicht

```
Schuldnerberatung Itzendorf                                CAWIN 4.0 / 29. 11. 1997
Restschuldbefreiung gem. §§ 286 ff. InsO

                              Gesamtübersicht

Schuldner ........................ : Mustermann, Volker (00000)
                                     Dorfstraße 27
                                     26999 Itzendorf

Anzahl der Gläubiger ............. :            4   davon in Regulierung ... : 4
Summe der Forderungen ............ :    22 522,00 DM
Pfändbares Einkommen p.M. ........ :       246,30 DM   Veränderungen gebucht? . : Nein
Beginn der Treuhandphase ......... :   07. 02. 1996    insolvent v. 01. 01. 1997 . : Ja
Restschuldbefreiung am ........... :   07. 02. 2001
Anfängliche Restschuld ........... :    22 522,00 DM
Lohnvorausabtretung? ............. : Ja
Abzinsungsfaktor für Barwert ..... : 8 % p.A.
Einmalige Zahlung ................ :         0,00 DM   entspr.    0 % d. Forderungen
Barwert zukünftiger Zahlung ...... :    10 419,62 DM   entspr. 46.2 % d. Ausg.schuld
Summe der Zahlungen .............. :    13 004,64 DM   entspr. 57.7 % d. Ausg.schuld
```

Jahr	Datum	Pfb.Eink.	Pfändbar	Kosten	Einzahlung	Restschuld
Beginn	07.02.1996				0,00	22 522,00
1. Jahr	07.01.1997	42 492,00	2 955,60	295,56	2 660,04	19 861,96
2. Jahr	07.01.1998	42 492,00	2 955,60	295,56	2 660,04	17 201,92
3. Jahr	07.01.1999	42 492,00	2 955,60	295,56	2 660,04	14 541,88
4. Jahr	07.01.2000	42 492,00	2 955,60	295,56	2 660,04	11 881,84
5. Jahr	07.01.2001	42 492,00	2 955,60	295,56	2 364,48	9 517,36
6. Jahr	07.01.2002	0,00	0,00	0,00	0,00	0,00
7. Jahr	07.01.2003	0,00	0,00	0,00	0,00	0,00
Gesamtsaldo		212 460,00	14 778,00	1 477,80	13 004,64	0,00
Barwert					10 419,62	
in % der Schuld bei Insolvenz					46,26 %	

2. Einzelübersicht Blätter 1 bis 4

Schuldnerberatung Itzendorf — CAWIN 4.0 / 29. 11. 1997

Restschuldbefreiung gem. §§ 286 ff. InsO

Einzelübersicht Blatt 1

Schuldner . . . . :	Mustermann, Volker (00000) Dorfstraße 27 26999 Itzendorf	
Gläubiger . . . . :	CTB Bank von Essen (00003) Hauptverwaltung Postfach 10 07 34 45007 Essen	
Forderung . . . . :	14 998,00 DM	
Pfändbares Einkommen p.M. . . . . :	246,30 DM	Veränderungen gebucht? . : Nein
Gläubigerquote . . . . :	66,59 %	
Beginn der Treuhandphase . . .:	07. 02. 1996	insolvent v. 01. 01. 1997 . : Ja
Restschuldbefreiung am . . . . :	07. 02. 2001	
Anfängliche Restschuld . . . . :	14 998,00 DM	
Lohnvorausabtretung? . . . . :	Ja	
Abzinsungsfaktor für Barwert . . . . :	8 % p.A.	
Einmalige Zahlung . . . . :	0,00 DM	entspr. 0,00 % d. Forderung
Barwert zukünftiger Zahlung . . . . :	8 523,40 DM	entspr. 56,83 % d. Ausg.schuld
Zahlungen insgesamt . . . . :	10 437,43 DM	entspr. 69,59 % d. Ausg.schuld

Jahr	Datum	Einzahlung	Restschuld
Beginn	07.02.1996	0,00	14998,00
1. Jahr	07.01.1997	2660,04	12337,96
2. Jahr	07.01.1998	2660,04	9677,92
3. Jahr	07.01.1999	1771,39	7906,53
4. Jahr	07.01.2000	1771,39	6135,14
5. Jahr	07.01.2001	1574,57	4560,57
6. Jahr	07.01.2002	0,00	4560,57
7. Jahr	07.01.2003	0,00	4560,57
Gesamtsaldo		10437,43	4560,57
Barwert		8523,40	
in % der Schuld bei Insolvenz		56,83 %	

Schuldnerberatung Itzendorf CAWIN 4.0 / 29. 11. 1997

Restschuldbefreiung gem. §§ 286 ff. InsO

Einzelübersicht Blatt 2

Schuldner .... :	Mustermann, Volker (00000) Dorfstraße 27 26999 Itzendorf		
Gläubiger .... :	Deutscher (00005) Inkasso Dienst Postfach 10 14 49 20009 Hamburg		
Forderung .... :	848,00 DM		
Pfändbares Einkommen p.M. .... :	246,30 DM	Veränderungen gebucht? . :	Nein
Gläubigerquote .... :	3,77 %		
Beginn der Treuhandphase .... :	07. 02. 1996	insolvent v. 01. 01. 1997 . :	Ja
Restschuldbefreiung am .... :	07. 02. 2001		
Anfängliche Restschuld .... :	848,00 DM		
Lohnvorausabtretung? .... :	Nein		
Abzinsungsfaktor für Barwert .... :	8 % p.A.		
Einmalige Zahlung .... :	0,00 DM	entspr. 0,00 % d. Forderung	
Barwert zukünftiger Zahlung .... :	213,72 DM	entspr. 25,20 % d. Ausg.schuld	
Zahlungen insgesamt .... :	289,34 DM	entspr. 34,12 % d. Ausg.schuld	

Jahr	Datum	Einzahlung	Restschuld
Beginn	07.02.1996	0,00	848,00
1. Jahr	07.01.1997	0,00	848,00
2. Jahr	07.01.1998	0,00	848,00
3. Jahr	07.01.1999	100,16	747,84
4. Jahr	07.01.2000	100,16	647,69
5. Jahr	07.01.2001	89,03	558,66
6. Jahr	07.01.2002	0,00	558,66
7. Jahr	07.01.2003	0,00	558,66
Gesamtsaldo		289,34	558,66
Barwert		213,72	
in % der Schuld bei Insolvenz		25,20 %	

Schuldnerberatung Itzendorf CAWIN 4.0 / 29. 11. 1997

Restschuldbefreiung gem. §§ 286 ff. InsO

Einzelübersicht Blatt 3

Schuldner . . . . :	Mustermann, Volker (00000) Dorfstraße 27 26999 Itzendorf		
Gläubiger . . . . :	Rechtsanwälte (00004) Simone Mumme & Partner AIS Bürodorf 19273 Amt Neuhaus		
Forderung . . . . :	5 987,00 DM		
Pfändbares Einkommen p.M. . . . . :	246,30 DM	Veränderungen gebucht? . :	Nein
Gläubigerquote . . . . :	26,58 %		
Beginn der Treuhandphase . . . . :	07. 02. 1996	insolvent v. 01. 01. 1997:	Ja
Restschuldbefreiung am . . . . :	07. 02. 2001		
Anfängliche Restschuld . . . . :	5 987,00 DM		
Lohnvorausabtretung? . . . . :	Nein		
Abzinsungsfaktor für Barwert	8 % p.A.		
Einmalige Zahlung . . . . :	0,00 DM	entspr. 0,00 % d. Forderung	
Barwert zukünftiger Zahlung . . . . :	1 508,86 DM	entspr. 25,20 % d. Ausg.schuld	
Zahlungen insgesamt . . . . :	2 042,78 DM	entspr. 34,12 % d. Ausg.schuld	

Jahr	Datum	Einzahlung	Restschuld
Beginn	07.02.1996	0,00	5 987,00
1. Jahr	07.01.1997	0,00	5 987,00
2. Jahr	07.01.1998	0,00	5 987,00
3. Jahr	07.01.1999	707,12	5 279,88
4. Jahr	07.01.2000	707,12	4 572,77
5. Jahr	07.01.2001	628,55	3 944,22
6. Jahr	07.01.2002	0,00	3 944,22
7. Jahr	07.01.2003	0,00	3 944,22
Gesamtsaldo		2 042,78	3 944,22
Barwert		1 508,86	
in % der Schuld bei Insolvenz		25,20 %	

Schuldnerberatung Itzendorf | CAWIN 4.0 / 29. 11. 1997

Restschuldbefreiung gem. §§ 286 ff. InsO

Einzelübersicht Blatt 4

Schuldner . . . . :	Mustermann, Volker (00000) Dorfstraße 27 26999 Itzendorf		
Gläubiger . . . . :	Creditreform München (00002) Frühschulz & Wipperling KG Postfach 15 03 29 80043 München		
Forderung . . . . :	689,00 DM		
Pfändbares Einkommen p.M. . . . . :	246,30 DM	Veränderungen gebucht? . :	Nein
Gläubigerquote . . . . :	3,06 %		
Beginn der Treuhandphase . . . . :	07. 02. 1996	insolvent v. 01. 01. 1997 . :	Ja
Restschuldbefreiung am . . . . :	07. 02. 2001		
Anfängliche Restschuld . . . . :	689,00 DM		
Lohnvorausabtretung? . . . . :	Nein		
Abzinsungsfaktor für Barwert . . . . :	8 % p.A.		
Einmalige Zahlung . . . . :	0,00 DM	entspr. 0,00 % d. Forderung	
Barwert zukünftiger Zahlung . . . . :	173,64 DM	entspr. 25,20 % d. Ausg.schuld	
Zahlungen insgesamt . . . . :	235,09 DM	entspr. 34,12 % d. Ausg.schuld	

Jahr	Datum	Einzahlung	Restschuld
Beginn	07.02.1996	0,00	689,00
1. Jahr	07.01.1997	0,00	689,00
2. Jahr	07.01.1998	0,00	689,00
3. Jahr	07.01.1999	81,38	607,62
4. Jahr	07.01.2000	81,38	526,25
5. Jahr	07.01.2001	72,33	453,91
6. Jahr	07.01.2002	0,00	453,91
7. Jahr	07.01.2003	0,00	453,91
Gesamtsaldo		235,09	453,91
Barwert		173,64	
in % der Schuld bei Insolvenz		25,20 %	

3. Zahlungsplan

Schuldnerberatung Itzendorf CAWIN 4.0 / 29. 11. 1997

Restschuldbefreiung: Zahlungsplan Blatt 1

Für .... : 00000 Mustermann, Volker
Zeitraum .... : 07. 02. 1996 bis 07. 02. 2001

LZ	Datum	Pfb.Eink.	Pfändbar	Kosten	Selbstbe.	Einzahlung	Restschuld
							22 522,00
1	07. 02. 1996	3 541,00	246,30	24,63	0,00	221,67	22 300,33
2	07. 03. 1996	3 541,00	246,30	24,63	0,00	221,67	22 078,66
3	07. 04. 1996	3 541,00	246,30	24,63	0,00	221,67	21 856,99
4	07. 05. 1996	3 541,00	246,30	24,63	0,00	221,67	21 635,32
5	07. 06. 1996	3 541,00	246,30	24,63	0,00	221,67	21 413,65
6	07. 07. 1996	3 541,00	246,30	24,63	0,00	221,67	21 191,98
7	07. 08. 1996	3 541,00	246,30	24,63	0,00	221,67	20 970,31
8	07. 09. 1996	3 541,00	246,30	24,63	0,00	221,67	20 748,64
9	07. 10. 1996	3 541,00	246,30	24,63	0,00	221,67	20 526,97
10	07. 11. 1996	3 541,00	246,30	24,63	0,00	221,67	20 305,30
11	07. 12. 1996	3 541,00	246,30	24,63	0,00	221,67	20 083,63
12	07. 01. 1997	3 541,00	246,30	24,63	0,00	221,67	19 861,96
13	07. 02. 1997	3 541,00	246,30	24,63	0,00	221,67	19 640,29
14	07. 03. 1997	3 541,00	246,30	24,63	0,00	221,67	19 418,62
15	07. 04. 1997	3 541,00	246,30	24,63	0,00	221,67	19 196,95
16	07. 05. 1997	3 541,00	246,30	24,63	0,00	221,67	18 975,28
17	07. 06. 1997	3 541,00	246,30	24,63	0,00	221,67	18 753,61
18	07. 07. 1997	3 541,00	246,30	24,63	0,00	221,67	18 531,94

LZ	Datum	Pfb.Eink.	Pfändbar	Kosten	Selbstbe.	Einzahlung	Restschuld
19	07.08.1997	3 541,00	246,30	24,63	0,00	221,67	18 310,27
20	07.09.1997	3 541,00	246,30	24,63	0,00	221,67	18 088,60
21	07.10.1997	3 541,00	246,30	24,63	0,00	221,67	17 866,93
22	07.11.1997	3 541,00	246,30	24,63	0,00	221,67	17 645,26
23	07.12.1997	3 541,00	246,30	24,63	0,00	221,67	17 423,59
24	07.01.1998	3 541,00	246,30	24,63	0,00	221,67	17 201,92
25	07.02.1998	3 541,00	246,30	24,63	0,00	221,67	16 980,25
26	07.03.1998	3 541,00	246,30	24,63	0,00	221,67	16 758,58
27	07.04.1998	3 541,00	246,30	24,63	0,00	221,67	16 536,91
28	07.05.1998	3 541,00	246,30	24,63	0,00	221,67	16 315,24
29	07.06.1998	3 541,00	246,30	24,63	0,00	221,67	16 093,57
30	07.07.1998	3 541,00	246,30	24,63	0,00	221,67	15 871,90
31	07.08.1998	3 541,00	246,30	24,63	0,00	221,67	15 650,23
32	07.09.1998	3 541,00	246,30	24,63	0,00	221,67	15 428,56
33	07.10.1998	3 541,00	246,30	24,63	0,00	221,67	15 206,89
34	07.11.1998	3 541,00	246,30	24,63	0,00	221,67	14 985,22
35	07.12.1998	3 541,00	246,30	24,63	0,00	221,67	14 763,55
36	07.01.1999	3 541,00	246,30	24,63	0,00	221,67	14 541,88
37	07.02.1999	3 541,00	246,30	24,63	0,00	221,67	14 320,21
38	07.03.1999	3 541,00	246,30	24,63	0,00	221,67	14 098,54
39	07.04.1999	3 541,00	246,30	24,63	0,00	221,67	13 876,87
40	07.05.1999	3 541,00	246,30	24,63	0,00	221,67	13 655,20
41	07.06.1999	3 541,00	246,30	24,63	0,00	221,67	13 433,53
42	07.07.1999	3 541,00	246,30	24,63	0,00	221,67	13 211,86
43	07.08.1999	3 541,00	246,30	24,63	0,00	221,67	12 990,19
44	07.09.1999	3 541,00	246,30	24,63	0,00	221,67	12 768,52

LZ	Datum	Pfb.Eink.	Pfändbar	Kosten	Selbstbe.	Einzahlung	Restschuld
45	07.10.1999	3 541,00	246,30	24,63	0,00	221,67	12 546,85
46	07.11.1999	3 541,00	246,30	24,63	0,00	221,67	12 325,18
47	07.12.1999	3 541,00	246,30	24,63	0,00	221,67	12 103,51
48	07.01.2000	3 541,00	246,30	24,63	0,00	221,67	11 881,84
49	07.02.2000	3 541,00	246,30	24,63	24,63	197,04	11 684,80
50	07.03.2000	3 541,00	246,30	24,63	24,63	197,04	11 487,76
51	07.04.2000	3 541,00	246,30	24,63	24,63	197,04	11 290,72
52	07.05.2000	3 541,00	246,30	24,63	24,63	197,04	11 093,68
53	07.06.2000	3 541,00	246,30	24,63	24,63	197,04	10 896,64
54	07.07.2000	3 541,00	246,30	24,63	24,63	197,04	10 699,60
55	07.08.2000	3 541,00	246,30	24,63	24,63	197,04	10 502,56
56	07.09.2000	3 541,00	246,30	24,63	24,63	197,04	10 305,52
57	07.10.2000	3 541,00	246,30	24,63	24,63	197,04	10 108,48
58	07.11.2000	3 541,00	246,30	24,63	24,63	197,04	9 911,44
59	07.12.2000	3 541,00	246,30	24,63	24,63	197,04	9 714,40
60	07.01.2001	3 541,00	246,30	24,63	24,63	197,04	9 517,36

4. Mustertilgungsplan

a) Gläubiger 1

Schuldnerberatung Itzendorf CAWIN 4.0 / 29. 11. 1997

Restschuldbefreiung: Tilgungsplan

Schuldner . . . : 00000 Mustermann, Volker
Zeitraum . . . : 07. 02. 1996 bis 07. 02. 2001

Forderung vom : 12. 08. 1991 Vertragsnummer: 777-0987865
Saldo . . . . . : 689,00 DM
Regulierung . : 689,00 DM
Bemerkung . . : Forderung von Baustoffhändler in Dachau
Gläubiger . . . : 00002 Creditreform München

Datum	LZ	Einzahlung	Restschuld
07. 02. 1996	1	0,00	689,00
07. 03. 1996	2	0,00	689,00
07. 04. 1996	3	0,00	689,00
07. 05. 1996	4	0,00	689,00
07. 06. 1996	5	0,00	689,00
07. 07. 1996	6	0,00	689,00
07. 08. 1996	7	0,00	689,00
07. 09. 1996	8	0,00	689,00
07. 10. 1996	9	0,00	689,00
07. 11. 1996	10	0,00	689,00
07. 12. 1996	11	0,00	689,00
07. 01. 1997	12	0,00	689,00
07. 02. 1997	13	0,00	689,00
07. 03. 1997	14	0,00	689,00
07. 04. 1997	15	0,00	689,00
07. 05. 1997	16	0,00	689,00
07. 06. 1997	17	0,00	689,00
07. 07. 1997	18	0,00	689,00
07. 08. 1997	19	0,00	689,00
07. 09. 1997	20	0,00	689,00
07. 10. 1997	21	0,00	689,00
07. 11. 1997	22	0,00	689,00
07. 12. 1997	23	0,00	689,00
07. 01. 1998	24	0,00	689,00
07. 02. 1998	25	6,78	682,22
07. 03. 1998	26	6,78	675,44
07. 04. 1998	27	6,78	668,66
07. 05. 1998	28	6,78	661,87

Datum	LZ	Einzahlung	Restschuld
07.06.1998	29	6,78	655,09
07.07.1998	30	6,78	648,31
07.08.1998	31	6,78	641,53
07.09.1998	32	6,78	634,75
07.10.1998	33	6,78	627,97
07.11.1998	34	6,78	621,19
07.12.1998	35	6,78	614,40
07.01.1999	36	6,78	607,62
07.02.1999	37	6,78	600,84
07.03.1999	38	6,78	594,06
07.04.1999	39	6,78	587,28
07.05.1999	40	6,78	580,50
07.06.1999	41	6,78	573,72
07.07.1999	42	6,78	566,93
07.08.1999	43	6,78	560,15
07.09.1999	44	6,78	553,37
07.10.1999	45	6,78	546,59
07.11.1999	46	6,78	539,81
07.12.1999	47	6,78	533,03
07.01.2000	48	6,78	526,25
07.02.2000	49	6,03	520,22
07.03.2000	50	6,03	514,19
07.04.2000	51	6,03	508,16
07.05.2000	52	6,03	502,13
07.06.2000	53	6,03	496,11
07.07.2000	54	6,03	490,08
07.08.2000	55	6,03	484,05
07.09.2000	56	6,03	478,02
07.10.2000	57	6,03	472,00
07.11.2000	58	6,03	465,97
07.12.2000	59	6,03	459,94
07.01.2001	60	6,03	453,91

b) Gläubiger 2

Schuldnerberatung Itzendorf CAWIN 4.0 / 29. 11. 1997

Restschuldbefreiung: Tilgungsplan

Schuldner . . . : 00000 Mustermann, Volker
Zeitraum . . . : 07. 02. 1996 bis 07. 02. 2001

Forderung vom : 21. 07. 1993 Vertragsnummer: 8756-98/6554
Saldo . . . . . : 848,00 DM
Regulierung . : 848,00 DM
Bemerkung . . : Versandhausforderung von OTTO
Gläubiger . . . : 00005 DID

Datum	LZ	Einzahlung	Restschuld
07. 02. 1996	1	0,00	848,00
07. 03. 1996	2	0,00	848,00
07. 04. 1996	3	0,00	848,00
07. 05. 1996	4	0,00	848,00
07. 06. 1996	5	0,00	848,00
07. 07. 1996	6	0,00	848,00
07. 08. 1996	7	0,00	848,00
07. 09. 1996	8	0,00	848,00
07. 10. 1996	9	0,00	848,00
07. 11. 1996	10	0,00	848,00
07. 12. 1996	11	0,00	848,00
07. 01. 1997	12	0,00	848,00
07. 02. 1997	13	0,00	848,00
07. 03. 1997	14	0,00	848,00
07. 04. 1997	15	0,00	848,00
07. 05. 1997	16	0,00	848,00
07. 06. 1997	17	0,00	848,00
07. 07. 1997	18	0,00	848,00
07. 08. 1997	19	0,00	848,00
07. 09. 1997	20	0,00	848,00
07. 10. 1997	21	0,00	848,00
07. 11. 1997	22	0,00	848,00
07. 12. 1997	23	0,00	848,00
07. 01. 1998	24	0,00	848,00
07. 02. 1998	25	8,35	839,65
07. 03. 1998	26	8,35	831,31
07. 04. 1998	27	8,35	822,96
07. 05. 1998	28	8,35	814,61
07. 06. 1998	29	8,35	806,27

Datum	LZ	Einzahlung	Restschuld
07.07.1998	30	8,35	797,92
07.08.1998	31	8,35	789,58
07.09.1998	32	8,35	781,23
07.10.1998	33	8,35	772,88
07.11.1998	34	8,35	764,54
07.12.1998	35	8,35	756,19
07.01.1999	36	8,35	747,84
07.02.1999	37	8,35	739,50
07.03.1999	38	8,35	731,15
07.04.1999	39	8,35	722,81
07.05.1999	40	8,35	714,46
07.06.1999	41	8,35	706,11
07.07.1999	42	8,35	697,77
07.08.1999	43	8,35	689,42
07.09.1999	44	8,35	681,07
07.10.1999	45	8,35	672,73
07.11.1999	46	8,35	664,38
07.12.1999	47	8,35	656,04
07.01.2000	48	8,35	647,69
07.02.2000	49	7,42	640,27
07.03.2000	50	7,42	632,85
07.04.2000	51	7,42	625,43
07.05.2000	52	7,42	618,01
07.06.2000	53	7,42	610,59
07.07.2000	54	7,42	603,17
07.08.2000	55	7,42	595,76
07.09.2000	56	7,42	588,34
07.10.2000	57	7,42	580,92
07.11.2000	58	7,42	573,50
07.12.2000	59	7,42	566,08
07.01.2001	60	7,42	558,66

c) Gläubiger 3

Schuldnerberatung Itzendorf CAWIN 4.0 / 29. 11. 1997

Restschuldbefreiung: Tilgungsplan

Schuldner . . . : 00000 Mustermann, Volker
Zeitraum . . . : 07. 02. 1996 bis 07. 02. 2001

Forderung vom : 26. 08. 1994 Vertragsnummer: 777/87-987
Saldo . . . . . : 5 987,00 DM
Regulierung . : 5 987,00 DM
Bemerkung . . : Postbank Forderung
Gläubiger . . . : 00004 RAin Mumme

Datum	LZ	Einzahlung	Restschuld
07. 02. 1996	1	0,00	5 987,00
07. 03. 1996	2	0,00	5 987,00
07. 04. 1996	3	0,00	5 987,00
07. 05. 1996	4	0,00	5 987,00
07. 06. 1996	5	0,00	5 987,00
07. 07. 1996	6	0,00	5 987,00
07. 08. 1996	7	0,00	5 987,00
07. 09. 1996	8	0,00	5 987,00
07. 10. 1996	9	0,00	5 987,00
07. 11. 1996	10	0,00	5 987,00
07. 12. 1996	11	0,00	5 987,00
07. 01. 1997	12	0,00	5 987,00
07. 02. 1997	13	0,00	5 987,00
07. 03. 1997	14	0,00	5 987,00
07. 04. 1997	15	0,00	5 987,00
07. 05. 1997	16	0,00	5 987,00
07. 06. 1997	17	0,00	5 987,00
07. 07. 1997	18	0,00	5 987,00
07. 08. 1997	19	0,00	5 987,00
07. 09. 1997	20	0,00	5 987,00
07. 10. 1997	21	0,00	5 987,00
07. 11. 1997	22	0,00	5 987,00
07. 12. 1997	23	0,00	5 987,00
07. 01. 1998	24	0,00	5 987,00
07. 02. 1998	25	58,93	5 928,07
07. 03. 1998	26	58,93	5 869,15
07. 04. 1998	27	58,93	5 810,22
07. 05. 1998	28	58,93	5 751,29
07. 06. 1998	29	58,93	5 692,37

Datum	LZ	Einzahlung	Restschuld
07.07.1998	30	58,93	5 633,44
07.08.1998	31	58,93	5 574,52
07.09.1998	32	58,93	5 515,59
07.10.1998	33	58,93	5 456,66
07.11.1998	34	58,93	5 397,74
07.12.1998	35	58,93	5 338,81
07.01.1999	36	58,93	5 279,88
07.02.1999	37	58,93	5 220,96
07.03.1999	38	58,93	5 162,03
07.04.1999	39	58,93	5 103,11
07.05.1999	40	58,93	5 044,18
07.06.1999	41	58,93	4 985,25
07.07.1999	42	58,93	4 926,33
07.08.1999	43	58,93	4 867,40
07.09.1999	44	58,93	4 808,47
07.10.1999	45	58,93	4 749,55
07.11.1999	46	58,93	4 690,62
07.12.1999	47	58,93	4 631,70
07.01.2000	48	58,93	4 572,77
07.02.2000	49	52,38	4 520,39
07.03.2000	50	52,38	4 468,01
07.04.2000	51	52,38	4 415,63
07.05.2000	52	52,38	4 363,25
07.06.2000	53	52,38	4 310,87
07.07.2000	54	52,38	4 258,50
07.08.2000	55	52,38	4 206,12
07.09.2000	56	52,38	4 153,74
07.10.2000	57	52,38	4 101,36
07.11.2000	58	52,38	4 048,98
07.12.2000	59	52,38	3 996,60
07.01.2001	60	52,38	3 944,22

d) Gläubiger 4

Schuldnerberatung Itzendorf CAWIN 4.0 / 29. 11. 1997

Restschuldbefreiung: Tilgungsplan

Schuldner . . . : 00000 Mustermann, Volker
Zeitraum . . . : 07. 02. 1996 bis 07. 02. 2001

Forderung vom : 08. 07. 1989 Vertragsnummer: 1121-987865
Saldo . . . . . : 14.998,00 DM
Regulierung . : 14.998,00 DM
Bemerkung . . : wird gepfändet
Gläubiger . . . : 00003 CTB Bank

Datum	LZ	Einzahlung	Restschuld
07. 02. 1996	1	221,67	14 776,33
07. 03. 1996	2	221,67	14 554,66
07. 04. 1996	3	221,67	14 332,99
07. 05. 1996	4	221,67	14 111,32
07. 06. 1996	5	221,67	13 889,65
07. 07. 1996	6	221,67	13 667,98
07. 08. 1996	7	221,67	13 446,31
07. 09. 1996	8	221,67	13 224,64
07. 10. 1996	9	221,67	13 002,97
07. 11. 1996	10	221,67	12 781,30
07. 12. 1996	11	221,67	12 559,63
07. 01. 1997	12	221,67	12 337,96
07. 02. 1997	13	221,67	12 116,29
07. 03. 1997	14	221,67	11 894,62
07. 04. 1997	15	221,67	11 672,95
07. 05. 1997	16	221,67	11 451,28
07. 06. 1997	17	221,67	11 229,61
07. 07. 1997	18	221,67	11 007,94
07. 08. 1997	19	221,67	10 786,27
07. 09. 1997	20	221,67	10 564,60
07. 10. 1997	21	221,67	10 342,93
07. 11. 1997	22	221,67	10 121,26
07. 12. 1997	23	221,67	9 899,59
07. 01. 1998	24	221,67	9 677,92
07. 02. 1998	25	147,62	9 530,30
07. 03. 1998	26	147,62	9 382,69
07. 04. 1998	27	147,62	9 235,07
07. 05. 1998	28	147,62	9 087,46
07. 06. 1998	29	147,62	8 939,84

Datum	LZ	Einzahlung	Restschuld
07.07.1998	30	147,62	8 792,22
07.08.1998	31	147,62	8 644,61
07.09.1998	32	147,62	8 496,99
07.10.1998	33	147,62	8 349,38
07.11.1998	34	147,62	8 201,76
07.12.1998	35	147,62	8 054,14
07.01.1999	36	147,62	7 906,53
07.02.1999	37	147,62	7 758,91
07.03.1999	38	147,62	7 611,30
07.04.1999	39	147,62	7 463,68
07.05.1999	40	147,62	7 316,06
07.06.1999	41	147,62	7 168,45
07.07.1999	42	147,62	7 020,83
07.08.1999	43	147,62	6 873,22
07.09.1999	44	147,62	6 725,60
07.10.1999	45	147,62	6 577,98
07.11.1999	46	147,62	6 430,37
07.12.1999	47	147,62	6 282,75
07.01.2000	48	147,62	6 135,14
07.02.2000	49	131,21	6 003,92
07.03.2000	50	131,21	5 872,71
07.04.2000	51	131,21	5 741,49
07.05.2000	52	131,21	5 610,28
07.06.2000	53	131,21	5 479,07
07.07.2000	54	131,21	5 347,85
07.08.2000	55	131,21	5 216,64
07.09.2000	56	131,21	5 085,42
07.10.2000	57	131,21	4 954,21
07.11.2000	58	131,21	4 822,99
07.12.2000	59	131,21	4 691,78
07.01.2001	60	131,21	4 560,57

Schuldnerberatung Itzendorf CAWIN 4.0 / 29. 11. 1997

Lohn- und Gehaltspfändung

Einkommensermittlung

Bruttoeinkommen ....:	0,00 DM
Mehrarbeitsvergütung ....:	0,00 DM
Urlaubsgeld ....:	0,00 DM
Aufwandsentschädigung: ....:	0,00 DM
sonst. unpf. Beträge ....:	0,00 DM
Lohnsteuer ....:	0,00 DM
Kirchensteuer ....:	0,00 DM
Krankenversicherung ....:	0,00 DM
Rentenversicherung ....:	0,00 DM
vermögenswirk. Leistungen ......:	0,00 DM
Arbeitslosenversicherung ......:	0,00 DM
Solidaritätszuschlag ....:	0,00 DM
----------	----------
Nettoeinkommen ....:	3 200,00 DM
Unterhaltsberechtigte Personen ..:	3
pfändbar ./. ....:	246,30 DM

Berechnet mit:
CAWIN 4.0 - Computer Assisted Debt Advice System
IFF - Institut für Finanzdienstleistungen e.V.
D-20095 Hamburg, Burchardstraße 22, Fax; 0 40/30 38 16 51

Rechtstatsachenforschung

Herausgegeben vom Bundesministerium der Justiz

Dieter Strempel (Hrsg.)

Mehr Recht durch weniger Gesetze?

Beiträge eines Forums des Bundesministers der Justiz zur Problematik der Verrechtlichung

132 Seiten, 16,5 × 24,4 cm, kartoniert, DM 34,80

Jochen Drukarczyk, Josef Duttle, Reinhard Rieger

Mobiliarsicherheiten

Arten, Verbreitung, Wirksamkeit

216 Seiten, 16,5 × 24,4 cm, Leinen, DM 35,–

Rechtsmittel im Zivilprozeß

– unter besonderer Berücksichtigung der Berufung –

Herausgegeben von Peter Gilles, Klaus F. Röhl, Paul Schuster, Dieter Strempel

432 Seiten, 16,5 × 24,4 cm, Leinen, DM 85,–

Gisela Zenz, Barbara von Eicken, Ellen Ernst, Cornelia Hofmann

Vormundschaft und Pflegschaft für Volljährige

Eine Untersuchung zur Praxis und Kritik des geltenden Rechts

152 Seiten, 16,5 × 24,4 cm, kartoniert, DM 25,–

Erhard Blankenburg (Hrsg.)

Prozeßflut?

Indikatorenvergleich von Rechtskulturen auf dem europäischen Kontinent

336 Seiten, 16,5 × 24,4 cm, Leinen, DM 125,90

Die gemeinsame Sorge geschiedener Eltern in der Rechtspraxis

Eine Rechtstatsachenstudie von Jutta Limbach

104 Seiten, 16,5 × 24,4 cm, kartoniert, DM 23,50

Barbara von Eicken, Ellen Ernst, Gisela Zenz

Fürsorglicher Zwang

Eine Untersuchung zur Legitimation von Freiheitsbeschränkung und Heilbehandlung in Einrichtungen für psychisch Kranke, für geistig Behinderte und für alte Menschen

128 Seiten, 16,5 × 24,4 cm, kartoniert, DM 25,–

Bernd-Dieter Meier

Die Kostenlast des Verurteilten

Eine empirische Untersuchung zur kriminalpolitischen und fiskalischen Bedeutung des strafprozessualen Kostenrechts

400 Seiten, 16,5 × 24,4 cm, Leinen, DM 105,–

Helga Oberloskamp, Angelika Schmidt-Koddenberg, Ernst Zieris

Hauptamtliche Betreuer und Sachverständige

Ausbildungs- bzw. Anforderungsprofil im neuen Betreuungsrecht

140 Seiten, 16,5 × 24,4 cm, kartoniert, DM 29,–

Margret Rottleuthner-Lutter

Gründe von Ehescheidungen in der Bundesrepublik Deutschland

Eine Inhaltsanalyse von Gerichtsakten

268 Seiten, 16,5 × 24,4 cm, Leinen, DM 112,–

Herausgegeben vom Bundesministerium der Justiz

Bundesanzeiger Verlag · Postfach 10 05 34 · 50445 Köln